Das Erste Englische Lesebuch für Medizinische Fachangestellte

Olivia Petit

Das Erste Englische Lesebuch für Medizinische Fachangestellte

Stufen A1 und A2

Zweisprachig mit Englisch-deutscher Übersetzung

Fachbegriffe, Mustersätze und Redewendungen

LANGUAGE
PRACTICE
PUBLISHING

Das Erste Englische Lesebuch für Medizinische Fachangestellte

von Olivia Petit

Audiodateien www.lppbooks.com/English/FirstMedicalReader/
Homepage www.audiolego.com

Design: Audiolego Design

3. Ausgabe

Druck: KN Digital Printforce GmbH, Ferdinand-Jühlke-Straße 7, 99095 Erfurt

Table of contents
Inhaltsverzeichnis

Englisches alphabet 7

Vokalgruppen 7

Konsonantengruppen 8

Die englischen Laute in der Internationalen Lautschrift 9

So steuern Sie die Geschwindigkeit der Audiodateien 11

Chapter 1 That is my medical record 12

Chapter 2 Where can I make an appointment? 17

Chapter 3 An anatomical atlas 22

Chapter 4 Internal organs 26

Chapter 5 Is the ENT doctor (otolaryngologist) still seeing patients? 29

Chapter 6 Tell us about your complaints 35

Chapter 7 The doctor sets the diagnosis 40

Chapter 8 An ultrasound scanner 45

Chapter 9 How long have you had these symptoms? 50

Chapter 10 You need to do some tests 55

Chapter 11 Can you write me a note for sick leave? 61

Chapter 12 There can be serious complications 66

Chapter 13 What's wrong with my arm? 72

Chapter 14 For how long will these relieve my condition? 78

Chapter 15 We cannot vaccinate today 83

Chapter 16 What happens if you do not treat periodontitis? 89

Chapter 17 I need the best and the most reliable filling 95

Chapter 18 Are you allergic to any medications? 101

Chapter 19 Prosthodontics **105**

Chapter 20 I got a piece of glass in my hand **110**

Chapter 21 Call us to make an appointment for your second tooth **115**

Die unregelmäßigen Verben **118**

Wichtige Adjektive **124**

Körperliche Eigenschaften **125**

Gegenteile **126**

Wörterbuch Englisch-Deutsch **127**

Wörterbuch Deutsch-Englisch **143**

Buchtipps **158**

Englisches Alphabet

Die englische Sprache wird im lateinischen Alphabet geschrieben. Es besteht aus denselben 26 Buchstaben, aus denen auch das deutsche Alphabet besteht. Sie werden jedoch anders ausgesprochen.

Sonderzeichen (außer: Apostroph, z.B. He'll...), Akzente und diakritische Zeichen kennt die englische Schrift nicht.

Buchstabe	Name	Aussprache (IPA)
A	*a*	/eɪ/
B	*bee*	/bi:/
C	*cee*	/si:/
D	*dee*	/di:/
E	*i*	/i:/
F	*ef*	/ɛf/
G	*gee*	/dʒi:/
H	*aitch*	/eɪtʃ/
I	*ei*	/aɪ/
J	*jay*	/dʒeɪ/
K	*kay*	/keɪ/
L	*el*	/ɛl/
M	*em*	/ɛm/
N	*en*	/ɛn/

Buchstabe	Name	Aussprache (IPA)
O	*o*	/oʊ/
P	*pee*	/pi:/
Q	*cue*	/kju:/
R	*ar*	/ɑr/
S	*ess*	/ɛs/
T	*tee*	/ti:/
U	*u*	/ju:/
V	*vee*	/vi:/
W	*double-u*	/ˈdʌblju:/
X	*ex*	/ɛks/
Y	*wy*	/waɪ/
Z	zed	/zɛd/, zee im Amerikanischen Englisch /zi:/

Vokalgruppen

En	De	Beschreibung	Beispiele
ai	ey	langes e, das in 'i' übergeht	air (Lüft)
aw	o:	offenes, langes o	paw (Pfote)
ei	ey	langes e, das in 'i' übergeht	eight (acht),
ei	ei	wie in Eifer	either [UK] (weder)
ei	i:	langes i, wie in Lied	deceit (Betrug)
ea	i:	langes i, wie in Lied	eat (essen)
ea	ä	offenes, kurzes ä	beaver (Biber)
ee	i:	langes i, wie in Lied	bee (Biene)

En	De	Beschreibung	Beispiele
ie	ie	langes i, wie in Lied	believe (glauben)
ia	eia	das i (ei) und das a (ä) getrennt ausgesprochen	liability (Verpflichtung)
ia	iä	kurzes i und kurzes ä	billiard (Billard)
eu	ju	wie in jung	Euro (Euro)
ew	ju	wie in jung	new (neu)
ue	ju:	wie in jung	due (gültig)
oo	u	langes u, wie in Jugend	foot (Fuß)

Konsonantengruppen

En	De	Beschreibung	Beispiele
ch	tsch	wie checken	chat (Unterhaltung)
ch	k	wie Kranz	Chemical (chemisch)
ck	k	wie Nacken	lock (Schloss)
gh	f	wie in kaufen	laugh (lachen), enough (genug)
gh	-	ohne Betonung	through (durch)
ng	ng	wie springen	sing (singen)
qu	kw	wie Quitte, mit schwach betontem w	quit (beenden)
sh	sch	wie lauschen	cash (Bargeld)
sp	sp	ein echtes sp	sport (Sport)
st	st	ein echtes st	stock (Aktienkapital)
th		weicher Laut	the (der, die, das)
th		harter Laut	theater (Theater)

Die englischen Laute in der Internationalen Lautschrift

Vokale

	Beispiele	Aussprache
ʌ	nut [nʌt] come [kʌm]	leicht geschlossenes aber ungerundetes a
ɑ:	start [stɑ:t] park [pɑ:k]	
æ	bat [bæt] cat [kæt]	
ə	printer [ˈprɪntə]	wie das End-e in Katze, bitte
e	pet [pet] get [get]	ä wie in Bär, Käse
ɜ:	earn [ɜ:n] firm [fɜ:m]	etwa wie ir in Wirt, aber offener
ɪ	bin [bɪn] big [bɪg]	kurzes i wie in Tisch
i:	meet [mi:t] sea [si:]	langes i wie in biegen
ɔ	box [bɔks] want [wɔnt]	
ɔ:	door [dɔ:] source [sɔ:s]	wie oo in boot
ʊ	cook [kʊk] good [gʊd]	kurzes u wie in Nummer
u:	two [tu:] cool [ku:l]	langes u wie in Blut, aber offener

Vokale, silbig

	Beispiele	Aussprache
aɪ	bike [baɪk] kind [kaɪnd]	etwa wie ei in Rein
aʊ	house [haʊs] round [raʊnd]	
əʊ	home [həʊm] go [gəʊ]	von /ə/ zu /ʊ/ gleiten
eə	care [keə] bear [beə]	
eɪ	game [geɪm] day [deɪ]	
ɪə	dear [dɪə] beer [bɪə]	von /ɪ/ zu /ə/ gleiten
ɔɪ	oil [ɔɪl] boy [bɔɪ]	etwa wie eu in neu
ʊə	poor [pʊə] tour /tʊə/	

Konsonanten

	Beispiele	Aussprache
j	year [jiə] few [fju:]	wie j in Junge
w	want [wɔnt] way [weɪ]	
ŋ	gang [gæŋ] king [kɪŋ]	wie ng in lang
r	carry [ˈkæri] room [ru:m]	
s	sad [sæd] face [feɪs]	stimmloses s wie in Pasta
z	is /ɪz/ zero [ˈzɪərəʊ]	stimmhaftes s wie in Hase
ʃ	cash [kæʃ] station [ˈsteɪʃn]	wie sch in Schale
tʃ	chain [tʃeɪn] much [mʌtʃ]	wie tsch in Tschüss
ʒ	conclusion [kənˈklu:ʒn]	
dʒ	jam [dʒæm] general [ˈdʒenrəl]	wie in Job
θ	month [mʌnθ] thanks [θæŋks]	
ð	this [ðɪs] father [ˈfɑ:ðə]	
v	drive [draɪv] very [ˈverɪ]	etwa wie w in wir

Betonungszeichen

: bedeutet, dass der vorhergehende Vokal lang zu sprechen ist

ˈ Hauptbetonung (bedeutet, dass die nachfolgende Silbe betont gesprochen wird)

ˌ Nebenbetonung (bedeutet, dass die nachfolgende Silbe betont gesprochen wird)

So steuern Sie die Geschwindigkeit der Audiodateien

Das Buch ist mit den Audiodateien ausgestattet. Die Adresse der Homepage des Buches, wo Audiodateien zum Anhören und Herunterladen verfügbar sind, ist am Anfang des Buches auf der bibliographischen Beschreibung vor dem Copyright-Hinweis aufgeführt.

Wir empfehlen Ihnen, den kostenlosen VLC-Mediaplayer zu verwenden, die Software, die zur Steuerung der Wiedergabegeschwindigkeit aller Audioformate verwendet werden kann. Die Steuerung der Geschwindigkeit ist auch einfach und erfordert nur wenige Klicks oder Tastatureingaben.

Android: Nach der Installation vom VLC Media Player klicken Sie auf die Audiodatei am Anfang eines Kapitels oder auf der Homepage des Buches, wenn Sie ein Papierbuch lesen. Wählen Sie "Open with VLC". Wenn Sie Schwierigkeiten beim Öffnen von Audiodateien mit VLC haben, ändern Sie die Standard-App für den Musik-Player. Gehen Sie zu Einstellungen>Apps, wählen Sie VLC und klicken Sie auf "Open by default" oder "Set default".

Kindle Fire: Nach der Installation vom VLC Media Player klicken Sie auf eine Audiodatei am Anfang eines Kapitels oder auf der Homepage des Buches, wenn Sie ein Papierbuch lesen. Wählen Sie "Complete action using>VLC".

iOS: Nach der Installation vom VLC Media Player kopieren Sie den Link zu der Audiodatei am Anfang eines Kapitels oder auf der Homepage des Buches, wenn Sie ein Papierbuch lesen, und fügen Sie ihn in den Download-Bereich des VLC Media Players ein. Nachdem der Download abgeschlossen ist, gehen Sie zu "Alle Dateien" und starten Sie die Audiodatei.

Windows: Starten Sie den VLC Media Player und klicken Sie auf die Audiodatei am Anfang eines Kapitels oder auf der Homepage des Buches, wenn Sie ein Papierbuch lesen. Gehen Sie nun in die Wiedergabe (Playback) und navigieren Sie die Geschwindigkeit.

MacOS: Starten Sie den VLC Media Player und klicken Sie auf die Audiodatei am Anfang eines Kapitels oder auf der Homepage des Buches, wenn Sie ein Papierbuch lesen. Nun, navigieren Sie zum Playback und öffnen die Optionen von Geschwindigkeit. Navigieren Sie die Geschwindigkeit.

1

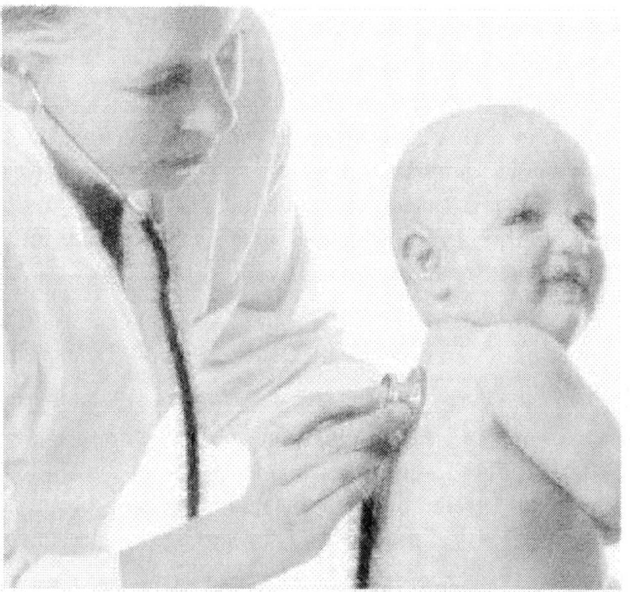

That is my medical record

Das ist meine Krankenakte

Words

1. act, to affect [ækt | tʊ ə'fekt] - handeln, beeinflussen
2. address [ə'dres] - die Adresse
3. and [ænd] - und
4. antibiotics [ˌæntɪbaɪ'ɔtɪks] - die Antibiotika
5. apartment [ə'pɑ:tmənt] - das Appartement
6. at [æt] - bei
7. bandage ['bændɪdʒ] - die Bandage
8. bank [bæŋk] - die Bank
9. be [bɪ] - sein
10. be able to [bɪ 'eɪbəl tu:] - fähig sein zu
11. be ill [bɪ ɪl] - krank sein
12. better ['betə] - besser
13. big [bɪg] - groß
14. blood pressure [blʌd 'preʃə] - der Blutdruck
15. blood pressure monitor [blʌd 'preʃə 'mənɪtə] - das Blutdruckmessgerät
16. business ['bɪznəs] - das Geschäft
17. but [bʌt] - aber
18. card, medical record [kɑ:d | 'medɪkəl rɪ'kɔ:d] - die Karte, die Krankengeschichte
19. cardiologist [ˌkɑ:dɪ'ɔlədʒɪst] - der Kardiologe
20. Chopin ['ʃopæn] - Chopin
21. complaint, what bothers a patient [kəm'pleɪnt | 'wɔt 'bɔðəz ə 'peɪʃnt] - das Leiden, das einen Patienten stört
22. complicated ['kɔmplɪkeɪtɪd] - kompliziert
23. cotton wool ['kɔtən wʊl] - die Baumwolle
24. course [kɔ:s] - ein Kurs

25. day [deɪ] - der Tag
26. dentist [ˈdentɪst] - der Zahnarzt
27. device [dɪˈvaɪs] - das Gerät
28. do [duː] - machen
29. doctor, physician [ˈdɔktə | fɪˈzɪʃən] - der Doktor, der Arzt
30. each [iːtʃ] - jede(r, -s)
31. electrocardiogram [ɪˌlektroʊˈkɑːdɪoʊgræm] - das Elektrokardiogramm
32. electronic [ˌɪlekˈtrɔnɪk] - elektronisch
33. equipment [ɪˈkwɪpmənt] - die Ausrüstung
34. evening [ˈiːvənɪŋ] - der Abend
35. exercise, exercises [ˈeksəsaɪz | ˈeksəsaɪzɪz] - die Übung, die Übungen
36. feel [fiːl] - fühlen
37. five [faɪv] - fünf
38. floor [flɔː] - der Flur
39. for [fɔː] - für
40. forty [ˈfɔːtɪ] - vierzig
41. from [frɔm] - von
42. give [gɪv] - geben
43. go in [goʊ ɪn] - hineingehen
44. good [gʊd] - gut
45. hand [hænd] - die Hand
46. he [hɪ] - er
47. head [hed] - der Kopf
48. heartbeat [ˈhɑːtbiːt] - der Herzschlag
49. hello [həˈloʊ] - Hallo
50. here [hɪə] - hier
51. hour [ˈaʊə] - die Stunde
52. house [ˈhaʊs] - das Haus
53. how [ˈhaʊ] - wie
54. how much [ˈhaʊ ˈmʌtʃ] - wieviel
55. I [ˈaɪ] - ich
56. in [ɪn] - in
57. in (a period of time) [ɪn ə ˈpɪərɪəd əv ˈtaɪm] - in (einer Zeitspanne)
58. insurance [ɪnˈʃʊərəns] - die Versicherung
59. job [dʒɔb] - die Arbeit, der Job
60. last [lɑːst] - letzte(r, -s)
61. listen [ˈlɪsən] - zuhören
62. live [laɪv] - leben
63. look, to examine [lʊk | tʊ ɪgˈzæmɪn] - schauen, prüfen
64. medical, for medical use [ˈmedɪkəl | fə ˈmedɪkəl ˈjuːs] - medizinisch, für medizinischen Gebrauch
65. mine [maɪn] - meine(r, -s)
66. Monday [ˈmʌndeɪ] - der Montag
67. monitor, to control [ˈmɔnɪtə | tə kənˈtroʊl] - überwachen, kontrollieren
68. mouth [maʊθ] - der Mund
69. must, have to [mʌst | həv tuː] - müssen
70. necessary, necessarily [ˈnesəsərɪ | ˌnesəˈserəlɪ] - nötig, notwendigerweise
71. need, must [niːd | mʌst] - brauchen, müssen
72. new [njuː] - neu
73. nine [naɪn] - neun
74. no [noʊ] - nein
75. normal [ˈnɔːməl] - normal
76. not [nɔt] - nicht
77. not enough [nɔt ɪˈnʌf] - nicht genug
78. not well [nɔt wel] - nicht gut
79. note, record [noʊt | rɪˈkɔːd] - eine Notiz, Aufzeichnung
80. of course [əv kɔːs] - natürlich
81. office [ˈɔfɪs] - das Büro
82. often [ˈɔfən] - oft
83. on [ɔn] - auf
84. on time [on ˈtaɪm] - rechtzeitig
85. open [ˈoʊpən] - öffnen
86. paid, covered [peɪd | ˈkʌvəd] - bezahlt, bedeckt
87. period of time [ˈpɪərɪəd əv ˈtaɪm] - eine Zeitspanne
88. pharmacy [ˈfɑːməsɪ] - die Apotheke
89. physical [ˈfɪzɪkəl] - körperlich
90. physical therapy [ˈfɪzɪkəl ˈθerəpɪ] - die Sporttherapie
91. pick up [pɪk ʌp] - aufsammeln
92. prescribe [prɪˈskraɪb] - verschreiben
93. procedure [prəˈsiːdʒə] - die Methode
94. pulse [pʌls] - der Puls
95. rarely [ˈreəlɪ] - selten
96. record / to write down [rɪˈkɔːd | tə ˈraɪt daʊn] - Akte, Notiz / aufnehmen, aufschreiben
97. result [rɪˈzʌlt] - das Resultat
98. right now [raɪt naʊ] - jetzt
99. say [ˈseɪ] - sagen
100. schedule, regimen [ˈʃedjuːl | ˈredʒɪmən] - der Zeitplan, der Tagesablauf, die Kur
101. second [ˈsekənd] - der, die, das Zweite

102. service ['sɜːvɪs] - der Dienst
103. set, in combination with [set | ɪn ˌkɔmbɪ'neɪʃən wɪð] - ein Satz, in Kombination mit
104. seven ['sevən] - sieben
105. seventeen [ˌsevn'tiːn] - siebzehn
106. she [ʃɪ] - sie
107. sterile ['steraɪl] - steril
108. street [striːt] - die Straße
109. strong [strɔŋ] - stark
110. syrup ['sɪrəp] - der Sirup
111. table ['teɪbəl] - der Tisch
112. tablet ['tæblɪt] - das Tablett
113. take, to measure [teɪk | tə 'meʒə] - nehmen, messen
114. ten [ten] - zehn
115. thank you [θæŋk jʊ] - danke
116. therapist ['θerəpɪst] - der Therapeut
117. therapy ['θerəpɪ] - die Therapie
118. there is [ðə ɪz] - dort ist
119. thermometer [θə'mɔmɪtə] - das Thermometer
120. these [ðiːz] - diese
121. think ['θɪŋk] - denken
122. this [ðɪs] - diese(r, -s)
123. throat [θroʊt] - die Kehle, die Gurgel, der Hals
124. time ['taɪm] - Zeit
125. to [tuː] - zu
126. today [tə'deɪ] - heute
127. tomograph [to'məgraf] - der Tomograph
128. twenty ['twentɪ] - zwanzig
129. two ['tuː] - zwei
130. ultrasound ['ʌltrəsaʊnd] - der Ultraschall
131. vitamin ['vɪtəmɪn] - das Vitamin
132. voucher ['vaʊtʃə] - der Gutschein
133. wait [weɪt] - warten
134. week [wiːk] - die Woche
135. what ['wɔt] - was
136. when [wen] - wenn
137. where [weə] - wo
138. which [wɪtʃ] - welche(r, -s)
139. wide, large [waɪd | lɑːdʒ] - breit, groß
140. will be [wəl bɪ] - wird sein
141. with [wɪð] - mit
142. work ['wɜːk] - die Arbeit; arbeiten
143. year ['jɪə] - das Jahr
144. yes [jes] - ja
145. you [jʊ] - Sie (formell)
146. your, yours [jə | jɔːz] - dein(e), euer, eure, Ihr(e)/deine(r, -s), euer, eure(s), Ihre(r, -s)

B

1	*1*
- Is today Monday?	- *Ist heute Montag?*
- Yes, today is Monday.	- *Ja, heute ist Montag.*
- What time is it?	- *Wie spät ist es?*
- It's ten o'clock.	- *Es ist 10 Uhr.*
- How are you?	- *Wie geht es dir?*
- Good, thank you.	- *Gut, danke.*
- Do you have some time?	- *Hast du etwas Zeit?*
- Yes, I do.	- *Ja, habe ich.*
- You can go into the office. The doctor is waiting for you.	- *Sie können in das Büro gehen. Der Doktor wartet auf Sie.*
2	*2*
- Hello!	- *Hallo!*
- Good afternoon!	- *Guten Tag!*
- What is that?	- *Was ist das?*
- That is my medical record.	- *Das ist meine Krankenakte.*
- Good. I have to make a note in it.	- *Gut. Ich muss etwas darin notieren.*
- I don't feel well.	- *Ich fühle mich nicht gut.*

- What is bothering you?
- I have a headache and a sore throat.

- Was haben Sie?
- Ich habe Kopfschmerzen und Halsschmerzen.

3

- I need to take a look at your throat. Open your mouth and say ah-ah-ah .
- Ah-ah -ah .
- Do you have headaches often?
- No, my headaches are rare.
- We need to take your blood pressure.
- Do you think that I'm unwell because of the blood pressure?
- Not necessarily. But you need to monitor your blood pressure.
- I rarely have my blood pressure taken.
- Do you have a blood pressure monitor at home?
- No, I do not have a blood pressure monitor.

3

- Ich muss mir Ihren Hals ansehen. Öffnen Sie den Mund und sagen Sie ah-ah-ah.
- Ah-ah-ah.
- Haben Sie oft Kopfschmerzen?
- Nein, ich habe selten Kopfschmerzen.
- Wir müssen Ihren Blutdruck messen.
- Denken Sie, dass es mir wegen des Blutdrucks schlecht geht?
- Nicht unbedingt. Aber Sie müssen Ihren Blutdruck überwachen.
- Ich lasse meinen Blutdruck selten messen.
- Haben Sie ein Blutdruckmessgerät zu Hause?
- Nein, ich habe kein Blutdruckmessgerät.

4

- Do you sometimes have a strong heartbeat?
- Yes, in the last few days I have had a strong heartbeat.
- I have to listen to take your pulse. Give me your hand. Your pulse is normal. But you need to do an electrocardiogram.
- Okay, I can do an electrocardiogram today.

4

- Haben Sie manchmal einen starken Herzschlag?
- Ja, in den letzten Tagen hatte ich einen starken Herzschlag.
- Ich muss hinhören, um Ihren Puls zu messen. Geben Sie mir Ihre Hand. Der Puls ist normal. Aber Sie müssen ein Elektrokardiogramm machen.
- Okay, ich kann heute ein Elektrokardiogramm machen.

5

- Where is your insurance card?
- My insurance card is right here. It is on the table. Here it is. This insurance covers a large set of medical services.
- What is included?
- It covers the services of physicians, dentists, and courses of physiotherapy.
- What is this?
- This is a voucher.

5

- Wo ist Ihre Versicherungskarte?
- Meine Versicherungskarte ist hier. Sie liegt auf dem Tisch. Hier ist sie. Die Versicherung haftet für viele medizinische Dienstleistungen.
- Was ist mit inbegriffen?
- Sie übernimmt die Dienste von Ärzten, Zahnärzten und Kurse der Physiotherapie.
- Was ist das?
- Das ist ein Gutschein.

6

- How old are you ?
- I am forty-five years old.
- What is your address?
- I live at 20 Chopin Street, apartment seventeen.
- Where do you work ?
- I work in a bank.
- What is your schedule?
- I work from nine a.m. to seven in the evening.

6

- Wie alt sind Sie?
- Ich bin fünfundvierzig Jahre alt.
- Was ist Ihre Adresse?
- Ich lebe in der Chopin Straße 20, Appartement siebzehn.
- Wo arbeiten Sie?
- Ich arbeite in einer Bank.
- Was ist Ihr Tagesablauf?
- Ich arbeite von neun Uhr morgens bis sieben Uhr abends.

7

- You need physical exercise.
- I exercises twice a week.
- That isn't enough. You must exercise every day.

8

- Where is the cardiologist's office?
- The cardiologist's office is on the second floor.
- When can I pick up the results of the electrocardiogram?
- You can pick up the results in an hour.

9

- I prescribe you ultrasound therapy .
- Will I feel better?
- Of course, you will feel better.
- Do I have to do physical exercise during physical therapy ?
- Yes, these treatments are effective in combination with exercise.

10

This is a thermometer. It is electronic. The thermometer is on the table. It is not new. This is a device for ultrasound. It is big. This is a tomograph. This device is new. This is a sophisticated piece of equipment . This is a bandage. It is for medical use. The cotton wool is sterile .
This is a pharmacy. The pharmacy has medicine tablets, syrup, antibiotics, and vitamins.

7

- Sie brauchen körperliche Bewegung.
- Ich mache zweimal in der Woche Sport.
- Das ist nicht genug. Sie müssen jeden Tag Sport machen.

8

- Wo ist das Büro des Kardiologen?
- Das Büro des Kardiologen ist in der zweiten Etage.
- Wann kann ich die Ergebnisse des Elektrokardiogramms abholen?
- Sie können die Ergebnisse in einer Stunde abholen.

9

- Ich verschreibe Ihnen eine Ultraschalltherapie.
- Werde ich mich besser fühlen?
- Natürlich werden Sie sich besser fühlen.
- Muss ich mich während der Physiotherapie körperlich bewegen?
- Ja, diese Behandlungen sind nur in Kombination mit körperlicher Bewegung effizient.

10

Das ist ein Thermometer. Es ist elektronisch. Das Thermometer ist auf dem Tisch. Es ist nicht neu. Das ist ein Gerät für den Ultraschall. Es ist groß. Das ist ein Tomograph. Dieses Gerät ist neu. Das ist eine hoch entwickelte Ausstattung.
Das ist eine Bandage. Sie ist zur medizinischen Nutzung. Die Baumwolle ist steril.
Das ist eine Apotheke. In der Apotheke gibt es Medizin, Tabletten, Sirup, Antibiotika und Vitamine.

2

Where can I make an appointment?
Wo kann ich einen Termin machen?

A

Words

1. after ['ɑ:ftə] - nach
2. also ['ɔ:lsoʊ] - auch
3. apply [ə'plaɪ] - bewerben
4. be sick [bɪ sɪk] - krank sein
5. behind [bɪ'haɪnd] - hinter
6. building ['bɪldɪŋ] - das Gebäude
7. cast, plaster [kɑ:st | 'plɑ:stə] - der Gips, das Pflaster
8. children ['tʃɪldrən] - die Kinder
9. children's ['tʃɪldrənz] - von Kindern
10. clinic ['klɪnɪk] - die Klinik
11. coat ['koʊt] - der Mantel
12. cold [koʊld] - kalt
13. come [kʌm] - kommen
14. complains [kəm'pleɪnz] - die Beschwerden
15. corridor, hall ['kɔrɪdɔ: | hɔ:l] - der Korridor, die Halle
16. dental ['dentəl] - Zahn…
17. dermatologist [ˌdɜ:mə'tɔlədʒɪst] - der Dermatologe
18. ear [ɪə] - das Ohr
19. elderly ['eldəlɪ] - älter
20. eleven [ɪ'levən] - elf
21. end [end] - das Ende
22. ENT (Ear, Nose and Throat) doctor ['ent | ɪə noʊz ənd θroʊt | 'dɔktə] - der HNS-Arzt (Hals, Nasen und Ohren)
23. examination [ɪgˌzæmɪ'neɪʃən] - die Untersuchung
24. expensive [ɪk'spensɪv] - teuer
25. experience [ɪk'spɪərɪəns] - die Erfahrung
26. experienced [ɪk'spɪərɪənst] - erfahren
27. film [fɪlm] - der Film

28. frontal ['frʌntəl] - frontal
29. good [gʊd] - gut
30. help [help] - helfen
31. here [hɪə] - hier
32. hospital ['hɔspɪtəl] - das Krankenhaus
33. illness, sickness ['ɪlnəs | 'sɪknəs] - die Krankheit
34. indirect [ˌɪndɪ'rekt] - indirekt
35. inexperienced [ˌɪnɪk'spɪərɪənst] - unerfahren
36. instrument ['ɪnstrʊmənt] - das Instrument
37. lead [li:d] - führen
38. lie, rest [laɪ | rest] - liegen, sich ausruhen
39. line, appointment [laɪn | ə'pɔɪntmənt] - die Linie, der Termin
40. located [loʊ'keɪtɪd] - sich befinden
41. long ago, for a long time ['lɔŋ ə'goʊ | fər ə 'lɔŋ 'taɪm] - vor langer Zeit, für eine lange Zeit
42. man [mæn] - der Mann
43. many, a lot ['menɪ | ə lɔt] - viele, eine Menge
44. microscope ['maɪkrəskoʊp] - das Mikroskop
45. mirror ['mɪrə] - der Spiegel
46. morning ['mɔ:nɪŋ] - der Morgen
47. near, next to [nɪə | nekst tu:] - nah, neben
48. neurologist [njʊə'rɔlədʒɪst] - der Neurologe
49. not young, elderly [nɔt jʌŋ | 'eldəlɪ] - nicht jung, älter
50. notebook, journal ['noʊtbʊk | 'dʒɜ:nəl] - das Notizbuch, das Protokoll
51. nurse [nɜ:s] - die Krankenschwester
52. office hours ['ɔfɪs 'aʊəz] - die Bürozeiten
53. on [ɔn] - auf
54. on the left [ɔn ðə left] - links
55. on the right [ɔn ðə raɪt] - rechts
56. ophthalmologist [ˌɔfθæl'mɔlədʒɪst] - der Augenarzt
57. ophthalmoscope [ɔf'θælməskoʊp] - das Ophthalmoskop
58. otoscope ['oʊtəskoʊp] - das Otoskop
59. own [oʊn] - eigen
60. parent ['peərənt] - der Elternteil
61. patient ['peɪʃnt] - der Patient
62. pediatrician [ˌpi:dɪə'trɪʃən] - der Kinderarzt
63. people ['pi:pəl] - die Leute
64. photograph ['foʊtəgrɑ:f] - die Fotografie
65. practice ['præktɪs] - üben
66. prescribe [prɪ'skraɪb] - verschreiben
67. prescription [prɪ'skrɪpʃən] - die Verschreibung
68. probably ['prɔbəblɪ] - wahrscheinlich
69. radiologist [ˌreɪdɪ'ɔlədʒɪst] - der Radiologe
70. recently ['ri:səntlɪ] - gerade
71. reflector [rɪ'flektə] - der Reflektor
72. register, sign up ['redʒɪstə | saɪn ʌp] - registrieren, sich anmelden
73. registration desk [ˌredʒɪ'streɪʃən desk] - die Anmeldung
74. related to plaster, related to cast [rɪ'leɪtɪd tə 'plɑ:stə | rɪ'leɪtɪd tə kɑ:st] - in Bezug auf Pflaster, Gips
75. ruler ['ru:lə] - das Lineal
76. see (patients, clients) ['si: 'peɪʃnts | 'klaɪənts] - sehen (die Patienten, die Klienten)
77. skiascopic [skɪas'kəpɪc] - endoskopisch
78. specialist ['speʃəlɪst] - der Spezialist
79. stairs [steəz] - die Stufen
80. stands [stændz] - der Ständer
81. surgeon ['sɜ:dʒən] - der Chirurg
82. they ['ðeɪ] - sie
83. third ['θɜ:d] - drittens
84. this, that [ðɪs | ðæt] - dies, das
85. three [θri:] - drei
86. traumatic injury [trɔ:'mætɪk 'ɪndʒərɪ] - die traumatische Verletzung
87. Tuesday ['tju:zdɪ] - der Dienstag
88. weather ['weðə] - das Wetter
89. what, which ['wɔt | wɪtʃ] - was, welche/r/s
90. where [weə] - wo
91. white [waɪt] - weiß
92. who [hu:] - wer
93. woman ['wʊmən] - die Frau
94. worker, professional ['wɜ:kə | prə'feʃnəl] - der Arbeiter, der Fachmann
95. X-ray ['eks reɪ] - die Röntgenuntersuchung
96. young [jʌŋ] - jung

B

1

- Is today Tuesday ?
- Yes, today is Tuesday.
- What time is it?
- It's ten a.m.
- How is the weather?
- The weather today is also good.

2

- What is that?
- This is the clinic building. Many doctors work here.
- What is the building next to it?
- The building next to it is a hospital.

3

- Who are these people?
- These are patients. They are waiting for their appointments.
- Who is this woman?
- She is a medical professional. She works at the registration desk.
- Where can I make an appointment?
- You can make an appointment at the front desk.

4

- Where is the ophthalmologist's office?
- The ophthalmologist's office is on the third floor.
- When are the ophthalmologist's office hours?
- His office hours are after eleven o'clock.

5

- Is there a pharmacy in the building?
- Yes, there is a pharmacy in the building.
- Where is it?
- It is at the end of the corridor.

6

- This is the surgeon's office. He treats patients with traumatic injuries.
- Does he have a lot of patients?
- Yes, a lot of people come during office hours.
- This man is a surgeon. He is not young. He is an experienced and good doctor.
- What is that?
- This is plaster and a bandage for a cast. They are on the table.

1

- *Ist heute Dienstag?*
- *Ja, heute ist Dienstag.*
- *Wie spät ist es?*
- *Es ist zehn Uhr morgens.*
- *Wie ist das Wetter?*
- *Das Wetter ist heute auch gut.*

2

- *Was ist das?*
- *Das ist das Klinikgebäude. Viele Ärzte arbeiten hier.*
- *Was ist das Gebäude daneben?*
- *Das Gebäude daneben ist ein Krankenhaus.*

3

- *Wer sind diese Leute?*
- *Sie sind Patienten. Sie warten auf ihre Termine.*
- *Wer ist diese Frau?*
- *Sie ist eine medizinische Fachangestellte. Sie arbeitet bei der Anmeldung.*
- *Wo kann ich einen Termin machen?*
- *Sie können einen Termin bei der Rezeption machen.*

4

- *Wo ist das Büro des Augenarztes?*
- *Das Büro des Augenarztes ist in der dritten Etage.*
- *Wann sind die Sprechzeiten des Augenarztes?*
- *Seine Sprechstunden sind nach elf Uhr.*

5

- *Gibt es dort eine Apotheke in dem Gebäude?*
- *Ja, es gibt eine Apotheke in dem Gebäude.*
- *Wo ist sie?*
- *Sie ist am Ende des Korridors.*

6

- *Das ist das Büro des Chirurgen. Er behandelt Patienten mit traumatischen Verletzungen.*
- *Hat er viele Patienten?*
- *Ja, viele Leute kommen während der Sprechzeiten.*
- *Dieser Mann ist ein Chirurg. Er ist nicht jung. Er ist ein erfahrener und guter Arzt.*
- *Was ist das?*
- *Das ist ein Pflaster und eine Bandage für einen Gips. Sie sind auf dem Tisch.*
- *Was macht er?*
- *Er trägt den Gips auf.*

- What is he doing?
- He is applying a cast.

7

- This is the X-ray room. They take X-rays here.
- What's in the office?
- There is an X-ray machine in the office. It is large. This machine is new.
- Who is that?
- That is a radiologist. She is young and inexperienced.
- What is that on her desk?
- This is a film for X-rays.

7

- Das ist der Röntgenraum. Sie machen hier Röntgenuntersuchungen.
- Was ist in dem Raum?
- Dort ist ein Röntgengerät. Es ist groß. Dieses Gerät ist neu.
- Wer ist das?
- Das ist eine Radiologin. Sie ist jung und unerfahren.
- Was ist das auf ihrem Schreibtisch?
- Das ist ein Film für Röntgenuntersuchungen.

8

- On the left is a physician's office.
- Who is this woman?
- This is a nurse. She is wearing a white coat. She helps the doctor.
- What is that on the table?
- This is a patient registration journal. The nurse takes notes.
- What is the physician doing?
- She is writing a prescription.

8

- Auf der linken Seite ist das Büro eines Arzt.
- Wer ist diese Frau?
- Das ist eine Krankenschwester. Sie trägt einen weißen Mantel. Sie hilft dem Arzt.
- Was ist das auf dem Tisch?
- Das ist das Patientenregistrierungsprotokoll. Die Krankenschwester macht Notizen.
- Was macht die Arzt?
- Sie schreibt ein Rezept aus.

9

- Where does this staircase lead?
- This staircase leads to the second floor.
- Where is the dermatologist's office?
- The dermatologist's office is on the second floor.
- Who is that?
- That is a dermatologist.
- Is this dermatologist experienced?
- Yes, the doctor is elderly and experienced.
- There is a microscope in the office. It is expensive.

9

- Wohin führt dieses Treppenhaus?
- Dieses Treppenhaus führt in den zweiten Stock.
- Wo ist das Büro des Hautarztes?
- Das Büro des Hautarztes ist im zweiten Stock.
- Wer ist das?
- Das ist ein Hautarzt.
- Ist der Hautarzt erfahren?
- Ja, der Arzt ist älter und erfahren.
- Dort ist ein Mikroskop im Büro. Es ist teuer.

10

- There is a long line here. What is this office?
- This is the neurologist's office.
- He is not young. He is probably a good specialist.
- Yes, he's a good doctor. He has a lot of patients.

10

- Hier ist eine lange Schlange. Was ist dieses Büro?
- Das ist das Büro des Neurologen.
- Er ist nicht jung. Er ist wahrscheinlich ein guter Spezialist.
- Ja, er ist ein guter Doktor. Er hat viele Patienten.

11

- Where is the physician's office?
- The physician's office is down the hall on the right.
- Who is that?
- This is the physician. She is a young doctor.

11

- Wo ist das Büro des Arztes?
- Das Büro des Arztes ist unten in der Halle auf der rechten Seite.
- Wer ist das?
- Das ist der Arzt. Sie ist ein junger Arzt.
- Ist sie eine gute Spezialistin?

- Is she a good specialist?
- Yes, she is experienced.
- Who is this woman?
- This is a nurse. She helps the physician.

12

- Is there a children's doctor at the clinic?
- Yes, there is a pediatrician's office.
- Is that woman a doctor?
- Yes, she is a pediatrician. She is not young but she is experienced.
- There are a lot of parents with children here.
- Yes, children get sick often.

13

- Is there a dentist's office here?
- Yes, there are three dental offices here.
- Do the offices have new equipment?
- Yes, the equipment in the offices is new.
- Are these dentists good specialists?
- Yes, two good dentists work here.

14

- Who is this doctor?
- This an ENT doctor. He is young. He started working recently. He is inexperienced.
- Does he see many patients?
- Yes, it is cold and there are many complaints of sore throats and ears.
- What is that?
- This is an otoscope. It is an instrument for examining patients.
- Why do you need a mirror?
- This is a frontal reflector. It is also needed for examining the ear.

15

- Which doctor sees patients in this office?
- The ophthalmologist sees patients here.
- Has she been working long?
- Yes, she has been working for a long time. She has a lot of experience.
- In there new equipment in the office?
- Yes, the equipment in the office is new.
- Does the doctor have an indirect ophthalmoscope?
- Yes, the doctor has an indirect ophthalmoscope and skiascopic ruler.

- Ja, sie ist erfahren.
- Wer ist diese Frau?
- Das ist eine Krankenschwester. Sie hilft dem Arzt.

12

- Gibt es einen Kinderarzt in der Klinik?
- Ja, es gibt hier ein Büro von einem Kinderarzt.
- Ist diese Frau ein Arzt?
- Ja, sie ist eine Kinderärztin. Sie ist nicht jung, aber sie ist erfahren.
- Es gibt viele Eltern mit Kindern hier.
- Ja, Kinder werden oft krank.

13

- Gibt es hier ein Büro von einem Zahnarzt?
- Ja, es gibt hier drei Büros von Zahnärzten.
- Haben diese Büros eine neue Ausstattung?
- Ja, die Ausstattung in den Büros ist neu.
- Sind die Zahnärzte gute Spezialisten?
- Ja, zwei gute Zahnärzte arbeiten hier.

14

- Wer ist dieser Arzt?
- Das ist ein HNO Arzt. Er ist jung. Er hat gerade angefangen zu arbeiten. Er ist unerfahren.
- Hat er viele Patienten?
- Ja, es ist kalt und es gibt viele Beschwerden über Hals- und Ohrenschmerzen.
- Was ist das?
- Das ist ein Otoskop. Es ist ein Instrument, um Patienten zu untersuchen.
- Warum brauchen Sie einen Spiegel?
- Das ist ein vorderer Reflektor. Es wird auch benötigt, um das Ohr zu untersuchen.

15

- Welcher Arzt empfängt die Patienten in diesem Büro?
- Die Augenärztin empfängt ihre Patienten hier.
- Arbeitet sie schon lange (in ihrem Beruf)?
- Ja, sie arbeitet schon lange. Sie hat viel Erfahrung.
- Gibt es eine neue Ausstattung in dem Büro?
- Ja, die Ausstattung in dem Büro ist neu.
- Hat der Arzt ein indirektes Ophthalmoskop?
- Ja, der Arzt hat ein indirektes Ophthalmoskop und ein Skiaskopielineal.

3

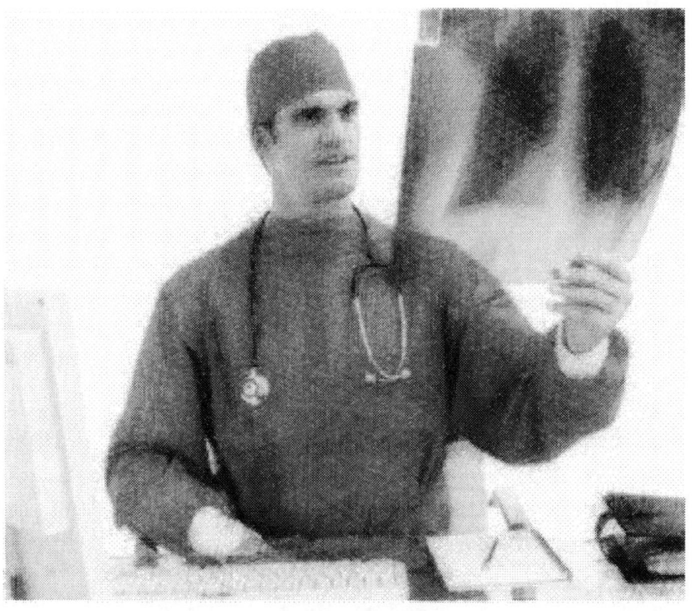

An anatomical atlas

Ein anatomischer Atlas

Words

1. also ['ɔ:lsoʊ] - auch
2. anatomical [ˌænə'tɔmɪkəl] - anatomisch
3. atlas ['ætləs] - der Atlas
4. back ['bæk] - der Rücken; hinten
5. behind, on the back [bɪ'haɪnd | ɔn ðə 'bæk] - hinten, auf dem Rücken
6. body ['bɔdɪ] - der Körper
7. breath [breθ] - der Atem
8. buttock ['bʌtək] - das Gesäß
9. cavity ['kævɪtɪ] - der Hohlraum
10. cheek [tʃi:k] - die Wange
11. chest [tʃest] - die Brust
12. chin [tʃɪn] - das Kinn
13. clavicle ['kəlævɪkl] - das Schlüsselbein
14. consist of [kən'sɪst ɔv] - bestehen aus
15. cover, to close ['kʌvə | tə kloʊz] - bedecken, schließen
16. covered ['kʌvəd] - bedeckt
17. crown (of the head) [kraʊn əv ðə hed] - der Scheitel (des Kopfes)
18. delicate ['delɪkət] - empfindlich
19. elbow ['elboʊ] - der Ellbogen
20. examine, to look closely [ɪg'zæmɪn | tə lʊk 'kloʊslɪ] - untersuchen, nah betrachten
21. eye [aɪ] - das Auge
22. eyeball (also apple) ['aɪbɔ:l 'ɔ:lsoʊ 'æpəl] - der Augapfel
23. eyebrow ['aɪbraʊ] - die Augenbraue
24. eyelash ['aɪlæʃ] - die Wimper
25. eyelid ['aɪlɪd] - das Augenlid
26. face [feɪs] - das Gesicht
27. finger ['fɪŋgə] - der Finger
28. fingernail [ˌfɪŋgə'neɪl] - der Fingernagel
29. five [faɪv] - fünf
30. foot [fʊt] - der Fuß

31. forearm [ˌfɔːˈrɑːm] - der Vorderarm
32. forehead [ˈfɔrɪd] - die Stirn
33. from [frɔm] - von
34. front, frontal [frʌnt | ˈfrʌntəl] - vorne, frontal
35. girdle, belt [ˈgɜːdəl | belt] - der Gürtel
36. hair [heə] - das Haar
37. hand [hænd] - die Hand
38. heel [hiːl] - die Ferse
39. human being [ˈhjuːmən ˈbiːɪŋ] - das menschliche Wesen
40. index finger [ˈɪndeks ˈfɪŋgə] - der Zeigefinger
41. is called [ɪz kɔːld] - wird genannt
42. jaw [dʒɔː] - der Kiefer
43. knee [niː] - das Knie
44. left [left] - links
45. leg [leg] - das Bein
46. lip [lɪp] - die Lippe
47. located [loʊˈkeɪtɪd] - sich befinden
48. lower [ˈloʊə] - der Untere
49. lower back [ˈloʊə ˈbæk] - der untere Rücken
50. middle [ˈmɪdəl] - die Mitte
51. more [mɔː] - mehr
52. nape [neɪp] - der Nacken
53. neck [nek] - der Hals
54. nose [noʊz] - die Nase
55. organ [ˈɔːgən] - das Organ
56. outer [ˈaʊtə] - äußerlich
57. palm of the hand [pɑːm əv ðə hænd] - die Innenfläche der Hand
58. pelvis [ˈpelvɪs] - das Becken
59. pinky finger [ˈpɪŋkɪ ˈfɪŋgə] - der kleine Finger
60. possible [ˈpɔsəbəl] - möglich
61. protect [prəˈtekt] - schützen
62. related to the eye [rɪˈleɪtɪd tə ðɪ aɪ] - in Bezug auf das Auge
63. relating to shoulder [rɪˈleɪtɪŋ tə ˈʃoʊldə] - in Bezug auf die Schulter
64. right [raɪt] - rechts
65. ring finger [rɪŋ ˈfɪŋgə] - der Ringfinger
66. rough [rʌf] - rau
67. scapula [ˈskæpjʊlə] - das Schulterblatt
68. see [ˈsiː] - sehen
69. shin [ʃɪn] - scheinen
70. shoulder [ˈʃoʊldə] - die Schulter
71. side [saɪd] - die Seite
72. skin [skɪn] - die Haut
73. sole [soʊl] - die Sohle
74. stomach [ˈstʌmək] - der Magen
75. structure [ˈstrʌktʃə] - die Struktur
76. such [sʌtʃ] - solch
77. thigh [θaɪ] - der Schenkel
78. tongue [tʌŋ] - die Zunge
79. tooth [tuːθ] - der Zahn
80. torso [ˈtɔːsoʊ] - der Rumpf
81. upper [ˈʌpə] - der Obere
82. we [wɪ] - wir
83. what, which [ˈwɔt | wɪtʃ] - was, welche/r/s
84. wrist [rɪst] - das Handgelenk

- What is this?
- This is an anatomical atlas. We can study the structure of the human body.
- What is this?
- This is the head.
- What's that on the head?
- On the head there is hair.
- What is the back of the head called?
- The back of the head is called the nape. And the top of the head is called the crown.
- What is the front of the head called?
- The front of the head is called the face. In the upper part of the face we see the

- Was ist das?
- Das ist ein anatomischer Atlas. Wir können die Struktur des menschlichen Körpers lernen.
- Was ist das?
- Das ist der Kopf.
- Was ist auf dem Kopf?
- Auf dem Kopf sind Haare.
- Wie wird die Hinterseite des Kopfes genannt?
- Die Hinterseite des Kopfes wird Nacken genannt. Und die Spitze des Kopfes wird Scheitel genannt.
- Wie wird die Vorderseite des Kopfes genannt?
- Die Vorderseite des Kopfes wird Gesicht genannt. Im oberen Teil des Gesichts sehen wir die Stirn, die

forehead, the eyebrows, and the eyes. The eyeball is protected by the upper and lower eyelids, upon which there are eyelashes.
- What is that?
- This is the nose. The nose is an external respiratory organ. It is located in the middle of the face. And in the lower part of the face, we see the mouth. These are the upper and lower lips. They cover the teeth. The teeth and tongue are located in the oral cavity.
- What is on the sides of the face?
- On each side of the face, there are cheeks, and we also see the ears on the left and right sides of the head. The facial skin is more delicate.
- What is on the lower part of the face?
- On the lower part of the face are the chin and the lower jaw. Below that, you can see the neck and torso. The front part of the neck is called the throat.
- What does the torso consist of?
- The human torso consists of the shoulder girdle, chest, abdomen, back, and pelvis.
- What is the shoulder girdle?
- The shoulder girdle consists of the clavicle and scapula. The arm consists of the shoulder, forearm, and hand.
- What is that?
- This is the elbow and wrist. The hand consists of the palm and fingers. Each hand has five fingers.
- What are they called?
- They are called the thumb, index-, middle-, ring-, and pinky fingers. The fingers have nails. The skin of the palms is rougher.
- What is on the front of the torso?
- On front of the body are the chest and abdomen.
- What is on the back of the torso?
- On the back of the torso are the back, the lower back, and the buttocks.
- What is that?
- This is the structure of the human legs and feet. The leg consists of the thigh, knee, shin, and foot. The foot has five toes, and on the back there is the heel. The human body is covered with skin.

Augenbrauen und die Augen. Der Augapfel wird von den oberen und unteren Augenlidern geschützt, auf denen es Wimpern gibt.
- Was ist das?
- Das ist die Nase. Die Nase ist das äußere Atemorgan. Sie befindet sich in der Mitte des Gesichts. Und im unteren Teil des Gesichts, sehen wir den Mund. Dies sind die Ober- und Unterlippen. Sie bedecken die Zähne. Die Zähne und Zunge befinden sich in der Mundhöhle.
- Was ist an den Seiten des Gesichts?
- Auf jeder Seite des Gesichts gibt es Wangen, und wir sehen auch Ohren auf der linken und rechten Seite des Kopfes. Die Gesichtshaut ist empfindlicher.
- Was ist im unteren Teil des Gesichts?
- Im unteren Teil des Gesichts sind das Kinn und der Unterkiefer. Darunter kann man den Hals und den Rumpf sehen. Der Vorderteil des Halses wird Kehle genannt.
- Woraus besteht der Oberkörper?
- Der menschliche Oberkörper besteht aus dem Schultergürtel, der Brust, dem Bauch, dem Rücken und dem Becken.
- Was ist der Schultergürtel?
- Der Schultergürtel besteht aus dem Schlüsselbein und dem Schulterblatt. Der Arm besteht aus der Schulter, dem Vorderarm und der Hand.
- Was ist das?
- Das ist der Ellbogen und das Handgelenk. Die Hand besteht aus der Handfläche und den Fingern. Jede Hand hat fünf Finger.
- Wie werden sie genannt?
- Sie werden Daumen, Zeige-, Mittel-, Ring-, und kleiner Finger genannt. Die Finger haben Nägel. Die Haut der Handflächen ist rauer.
- Was ist auf der Vorderseite des Oberkörpers?
- Auf der Vorderseite des Oberkörpers sind die Brust und der Unterleib.
- Was ist auf der Rückseite des Oberkörpers?
- Auf der Rückseite des Oberkörpers ist der Rücken, der untere Rücken und das Gesäß.
- Was ist das?
- Das ist Struktur der menschlichen Beine und Füße. Das Bein besteht aus dem Schenkel, dem Knie, dem Schienenbein und dem Fuß. Der Fuß hat fünf Zehen und auf der Rückseite ist die Ferse. Der menschliche Körper ist mit Haut bedeckt.

C

Questions about the text

1. What is on the head?
2. What is the back of the head called?
3. What is the front part of the head called?
4. What is in the upper part of the face?
5. What is in the middle of the face?
6. What is on the sides of the face?
7. What is in the lower part of the face?
8. What is the front of the neck called?
9. What does the torso consist of?
10. What is the shoulder girdle?
11. What are the names of the fingers?
12. What is on front of the torso?
13. What is on the back of the torso?
14. What do the leg and foot consist of?

Fragen zum Text

1. Was ist auf dem Kopf?
2. Wie wird die Rückseite des Kopfes genannt?
3. Wie wird der Vorderteil des Kopfes genannt?
4. Was in dem oberen Teil des Gesichts?
5. Was ist in der Mitte des Gesichts?
6. Was ist auf den Seiten des Gesichts?
7. Was ist in dem unteren Teil des Gesichts?
8. Wie wird die Vorderseite des Halses genannt?
9. Aus was besteht der Oberkörper?
10. Was ist der Schultergürtel?
11. Was sind die Namen der Finger?
12. Was ist die Vorderseite des Oberkörpers?
13. Was ist die Rückseite des Oberkörper?
14. Aus was bestehen das Bein und der Fuß?

4

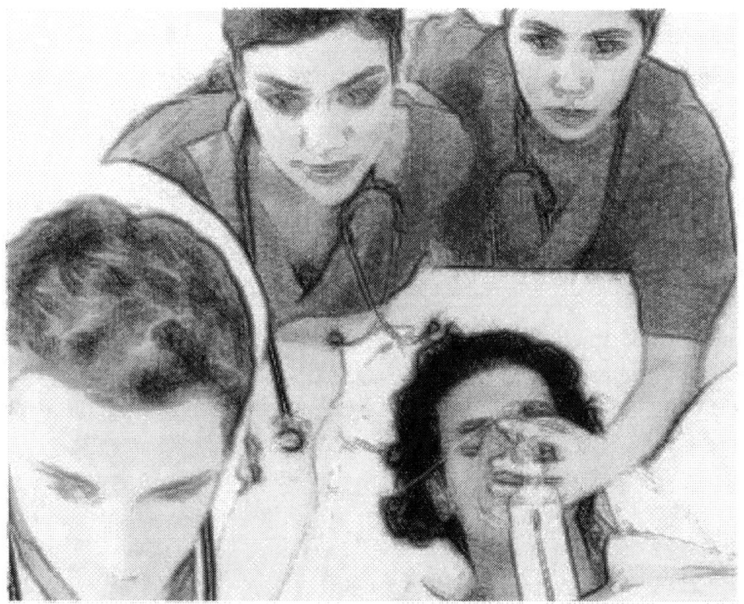

Internal organs

Innere Organe

Words

1. abdominal [æb'dɔmɪnəl] - Unterleibs…
2. above, over [ə'bʌv | 'oʊvə] - über
3. air [eə] - die Luft
4. also ['ɔ:lsoʊ] - auch
5. artery ['ɑ:tərɪ] - die Arterie
6. be attached [bɪ ə'tætʃt] - angehängt
7. below [bɪ'loʊ] - unter
8. bladder ['blædə] - die Blase
9. blood [blʌd] - das Blut
10. bone [boʊn] - der Knochen
11. both [boʊθ] - beide/s
12. brain [breɪn] - das Gehirn
13. bronchi ['brɔŋkaɪ] - der Bronchus
14. bubble ['bʌbəl] - die Blase
15. cavity, cell ['kævɪtɪ | sel] - die Karies, die Zelle
16. central ['sentrəl] - zentral
17. chest [tʃest] - die Brust
18. circulatory, blood-carrying [ˌsɜ:kjə'leɪtərɪ | 'blʌd-ˌkærɪŋ] - der Kreislauf, bluttragend
19. clean [kli:n] - säubern
20. digestion [dɪ'dʒestʃən] - die Verdauung
21. elbow ['elboʊ] - der Ellbogen
22. enter ['entə] - eintreten
23. esophagus [i:'sɔfəgəs] - die Speiseröhre
24. food [fu:d] - das Essen
25. for [fɔ:] - für
26. genital ['dʒenɪtəl] - Genital…
27. gland [glænd] - die Drüse
28. half [hɑ:f] - halb
29. have [hæv] - haben
30. head [hed] - der Kopf
31. heart [hɑ:t] - das Herz
32. help [help] - helfen
33. hemisphere ['hemɪsfɪə] - die

Hemisphäre
34. internal [ɪn'tɜ:nəl] - das Innere
35. intestine [ɪn'testɪn] - der Darm
36. it [ɪt] - es
37. joint [dʒɔɪnt] - das Gelenk
38. kidney ['kɪdnɪ] - die Niere
39. knee [ni:] - das Knie
40. large / thick [lɑ:dʒ θɪk] - groß / dick
41. liver ['lɪvə] - die Leber
42. lungs [lʌŋz] - die Lungen
43. most [moʊst] - meist, größte; die meisten
44. muscles ['mʌsəlz] - die Muskeln
45. near [nɪə] - nah
46. nerve [nɜ:v] - der Nerv
47. part [pɑ:t] - der Teil
48. peripheral [pə'rɪfərəl] - unbedeutend
49. plexus ['pleksəs] - das Netzwerk
50. related to nerves [rɪ'leɪtɪd tə nɜ:vz] - in Bezug auf die Nerven
51. relating to the back [rɪ'leɪtɪŋ tə ðə 'bæk] - in Bezug auf den Rücken
52. secretion [sɪ'kri:ʃən] - die Sekretion
53. side [saɪd] - die Seite
54. skeleton ['skelɪtən] - das Skelett
55. spine [spaɪn] - die Wirbelsäule
56. stomach ['stʌmək] - der Magen
57. support [sə'pɔ:t] - die Unterstützung
58. system ['sɪstəm] - das System
59. tendon ['tendən] - die Sehne
60. thin / small [θɪn | smɔ:l] - dünn / klein
61. to [tu:] - bis
62. trachea [trə'ki:ə] - die Luftröhre
63. urine ['jʊərɪn] - der Urin
64. vein [veɪn] - die Vene
65. very ['verɪ] - sehr

- What is that?
- This is a human skeleton. It consists of bones. These are joints. The human body has many joints. These are the knee and elbow joints. The skeleton supports the muscles.
- What is that?
- These are tendons. They help attach the muscles to the bones.
- What is that?
- That is the spine. It contains the spinal cord.
- What kinds of nervous systems are there?
- There are a central and a peripheral nervous systems. The brain and the spinal cord are the central nervous system.
- What is the peripheral nervous system?
- The peripheral nervous system consists of the nerves and nerve plexuses.
- What is that?
- That is the brain. It has a very complicated structure. It consists of left and right hemispheres.
- What is located in the chest?
- The heart is in the chest; it is located on the left side of the chest.
- The circulatory system consists of the veins, arteries, heart, and blood. The lungs and the bronchi are the internal respiratory organs.

- Was ist das?
- Das ist ein menschliches Skelett. Es besteht aus Knochen. Das sind Gelenke. Der menschliche Körper hat viele Gelenke. Das sind die Knie- und Ellbogengelenke. Das Skelett stützt die Muskeln.
- Was ist das?
- Das sind Sehnen. Sie helfen dabei die Muskeln mit den Knochen zu verbinden.
- Was ist das?
- Das ist die Wirbelsäule. Sie enthält das Rückenmark.
- Welche Arten von Nervensystemen sind dort?
- Dort sind ein zentrales und ein peripheres Nervensystem. Das Gehirn und das Rückenmark sind das zentrale Nervensystem.
- Was ist das periphere Nervensystem?
- Das periphere Nervensystem besteht aus den Nerven und Nervengeflechten.
- Was ist das?
- Das ist das Gehirn. Es hat eine sehr komplizierte Struktur. Es besteht aus der linken und rechten Gehirnhälfte.
- Was befindet sich in der Brust?
- Das Herz ist in der Brust; es befindet sich auf der linken Seite der Brust.
- Das Kreislaufsystem besteht aus den Venen, Arterien, Herz und Blut. Die Lungen und die

- What is that?
- It's the trachea. Through it, the air enters the lungs.
- What is located below the lungs?
- The esophagus and stomach are below the lungs. The food enters the stomach through the esophagus.
- What is located below?
- Below are the small and large intestines. These are digestive organs.
- What else is in the abdominal cavity?
- The kidneys are in the abdominal cavity. The kidneys are located on either side of the spine. The kidneys clean the blood.
- Where is the liver located?
- The liver is in the upper abdomen. The liver is the largest internal organ.
- Where is the bladder?
- The bladder located in the lower part of the abdominal cavity.
- What is located near the bladder?
- The internal parts of the genitals are near the bladder. And those are the endocrine glands.

Bronchien sind die inneren Atmungsorgane.
- Was ist das?
- Es ist die Luftröhre. Dadurch tritt Luft in die Lungen ein.
- Was befindet sich unter den Lungen?
- Die Speiseröhre und der Magen sind unter den Lungen. Das Essen tritt in den Magen durch die Speiseröhre ein.
- Was befindet sich darunter?
- Darunter sind die kleinen und großen Gedärme. Das sind Verdauungsorgane.
- Was ist noch in der Bauchhöhle?
- Die Nieren sind in der Bauchhöhle. Die Nieren befinden sich auf jeder Seite der Wirbelsäule. Die Nieren säubern das Blut.
- Wo befindet sich die Leber?
- Die Leber ist im oberen Unterleib. Die Leber ist das größte innere Organ.
- Wo ist die Blase?
- Die Blase befindet sich in dem unteren Teil der Bauchhöhle.
- Was befindet sich nahe der Blase?
- Die internen Teile der Genitalien sind nahe der Blase. Und diese sind Reproduktionsdrüsen.

Questions about the Text

1. What does the human skeleton consist of?
2. What is a skeleton?
3. Where is the spinal cord?
4. What kinds of nervous systems are there?
5. What is the peripheral nervous system?
6. What does the brain consist of?
7. What is located in the chest?
8. What is the circulatory system?
9. What are the lungs and bronchi?
10. What is located below the lungs?
11. What is located in the abdominal cavity?
12. Where is the liver?
13. Where is the bladder?
14. What is located near the bladder?

Fragen über den Text

1. Woraus besteht das menschliche Skelett?
2. Was ist ein Skelett?
3. Wo ist das Rückenmark?
4. Welche Arten von Nervensystemen sind dort?
5. Was ist das periphere Nervensystem?
6. Woraus besteht das Gehirn?
7. Was befindet sich in der Brust?
8. Was ist das Kreislaufsystem?
9. Was sind die Lungen und Bronchien?
10. Was befindet sich unter den Lungen?
11. Was befindet sich in der Bauchhöhle?
12. Wo ist die Leber?
13. Wo ist die Blase?
14. Was befindet sich in der Nähe der Blase?

5

Is the ENT doctor (otolaryngologist) still seeing patients?

Empfängt die HNO-Ärztin immer noch Patienten?

Words

1. all [ɔ:l] - alle
2. already [ɔ:l'redɪ] - schon
3. answer ['ɑ:nsə] - antworten
4. ask [ɑ:sk] - fragen
5. back ['bæk] - hinten
6. be sick, to be ill [bɪ sɪk | tə bɪ ɪl] - krank sein
7. become [bɪ'kʌm] - werden
8. bother ['bɔðə] - sich kümmern
9. breathe [bri:ð] - atmen
10. bring [brɪŋ] - bringen
11. buy [baɪ] - kaufen
12. check, examine [tʃek | ɪg'zæmɪn] - überprüfen, untersuchen
13. complications [ˌkɔmplɪ'keɪʃənz] - die Komplikationen
14. conduct [kən'dʌkt] - durchführen
15. continue [kən'tɪnju:] - fortfahren
16. dangerous ['deɪndʒərəs] - gefährlich
17. diagnosis [ˌdaɪəg'noʊsɪs] - die Diagnose
18. difficult ['dɪfɪkəlt] - schwierig
19. direction [dɪ'rekʃən] - die Richtung
20. drop [drɔp] - der Tropfen
21. drug, preparation ['drʌg | ˌprepə'reɪʃən] - die Droge, die Vorbereitung
22. ear [ɪə] - das Ohr
23. electrophoresis [əlektrofɔˌrɪˌsɪs] - die Elektrophorese
24. enough [ɪ'nʌf] - genug
25. explain [ɪk'spleɪn] - erklären
26. fatigue [fə'ti:g] - die Müdigkeit
27. flu [flu:] - die Grippe

28. follow-up, second [ˈfɔloʊ ʌp | ˈsekənd] - weiterverfolgen, der Zweite
29. frontal sinusitis [ˈfrʌntəl ˌsaɪnəˈsaɪtɪs] - die vordere Nasennebenhöhlenentzündung
30. go [goʊ] - gehen
31. goodbye [ˌgʊdˈbaɪ] - Auf Wiedersehen
32. gum [gʌm] - das Zahnfleisch
33. however [haʊˈevə] - trotzdem
34. inflammation [ˌɪnfləˈmeɪʃən] - die Entzündung
35. inhalation [ˌɪnhəˈleɪʃən] - das Inhalieren
36. inquire [ɪnˈkwaɪə] - anfragen
37. instrument [ˈɪnstrʊmənt] - das Instrument
38. laryngeal, relating to throat [ləˈrɪndʒɪəl | rɪˈleɪtɪŋ tə θroʊt] - der Kehlkopf, in Bezug auf den Hals
39. medicine [ˈmedsən] - die Medizin
40. mine [maɪn] - mein
41. more often [mɔːr ˈɔfən] - öfter
42. norm [nɔːm] - die Norm
43. not big, small [nɔt bɪg | smɔːl] - nicht groß, klein
44. on the side [ɔn ðə saɪd] - auf der Seite
45. oropharyngoscopy [ˌorəfərɪngəsˈkɔpɪ] - Oropharyngoskopie
46. otolaryngologist (ENT doctor) - HNO-Arzt
47. otoscopy [ˌotəsˈkɔpɪ] - Otoskopie
48. pain [peɪn] - der Schmerz
49. painful [ˈpeɪnfəl] - schmerzhaft
50. plan, instructions [plæn | ɪnˈstrʌkʃənz] - planen, die Anweisungen
51. possible [ˈpɔsəbəl] - möglich
52. press [pres] - drücken
53. prevention, preventative treatment [prɪˈvenʃən | prɪˈventətɪv ˈtriːtmənt] - die Vorbeugung, die vorbeugende Behandlung
54. put on, to wear [ˈpʊt ɔn | tə weə] - anziehen, tragen
55. rash [ræʃ] - der Ausschlag
56. recover [rɪˈkʌvə] - sich erholen
57. red [red] - rot
58. register, to write down [ˈredʒɪstə | tə ˈraɪt daʊn] - registrieren, aufschreiben
59. see [ˈsiː] - sehen
60. sinus [ˈsaɪnəs] - der Sinus
61. sometimes [ˈsʌmtaɪmz] - manchmal
62. speculum [ˈspekjələm] - das Spekulum
63. start [stɑːt] - anfangen
64. stuffy, congested [ˈstʌfɪ | kənˈdʒestɪd] - stickig, verstopft
65. sweating [ˈswetɪŋ] - schwitzen
66. take [teɪk] - nehmen
67. talk [ˈtɔːk] - sprechen
68. tell [tel] - erzählen
69. there [ðeə] - da
70. throat [θroʊt] - der Hals
71. tongue compressor [tʌŋ kəmˈpresə] - der Zungenkompressor
72. tonsil [ˈtɔnsɪl] - die Mandel
73. treatment [ˈtriːtmənt] - die Behandlung
74. unpleasant [ʌnˈpleznt] - unerfreulich
75. urgently [ˈɜːdʒəntlɪ] - dringend
76. want [wɔnt] - möchten, wünschen
77. weakness [ˈwiːknəs] - die Schwäche
78. wear [weə] - tragen

B

1

"Good afternoon! Is the ENT doctor (otolaryngologist) still seeing patients?" a man asks.
"Yes, her office hours are until two p.m.," the receptionist replies.
"Where is the doctor's office?" the man inquires.
"The ENT doctor's office is on the second floor," they explain in registration.

1

„Guten Tag! Empfängt die HNO-Ärztin immer noch Patienten?" fragt ein Mann.
„Ja, ihre Bürozeiten sind bis vierzehn Uhr," antwortet der Rezeptionist.
„Wo ist das Büro des Arztes?", fragt der Mann.
„Das Büro des HNO-Arztes ist im zweiten Stock," erklärt man ihm an der Rezeption.

2

"Please tell me, is this the line for the ENT doctor's office?" the man asks.

"Yes, all these people are going to see the ENT doctor," they reply.

"Who is the last in line to see the ENT doctor?" he asks again.

"I'm the last in line. You will go after me," a woman replies.

3

"Where is your medical record?" asks the nurse.

"My medical record is on the table," the man replies.

"What are your complaints (what is bothering you)?" asks the doctor.

"I have a stuffy nose. It is hard to breathe," he says.

"How long has it been bothering you?" inquires the doctor.

"It has already been bothering me for a week," he answers.

4

"I need to examine you," explains the doctor. On the table are the instruments. The doctor takes a tongue compressor. The doctor performs an oropharyngoscopy. He examines the throat and oral cavity.

"The teeth, gums, and cheeks are normal," the doctor says.

"What is that?" asks the patient.

"This a laryngeal mirror. I want to examine your tongue and tonsils," explains the doctor.

5

"Now I'll examine your throat. Open your mouth. It is red," the doctor says.

The doctor takes a laryngeal mirror.

"Do you have a sore throat?" he asks.

"No, my throat does not hurt," the patient replies.

"However, I see an inflammation there. I am prescribing you drugs for treatment and prevention," explains the doctor.

6

"Do you often feel tired, and have pain in the joints?" the doctor continues.

"I often feel tired, but I don't have pain in the joints," the patient responds.

"Do you sometimes feel weak?" asks the

2

„Sagen Sie mir bitte, ist das die Schlange für das Büro des HNO-Arztes?", fragt der Mann.

„Ja, alle diese Leute werden von dem HNO-Arzt empfangen," antworten sie.

„Wer ist der Letzte in der Schlange, um von dem HNO-Arzt empfangen zu werden?", fragt er wieder.

„Ich bin die letzte in der Schlange. Sie kommen nach mir dran," antwortet eine Frau.

3

„Wo ist Ihre Krankenakte?" fragt die Krankenschwester.

„Meine Krankenakte ist auf dem Tisch," antwortet der Mann.

„Was sind Ihre Beschwerden (was stört Sie)?", fragt der Arzt.

„Ich habe eine verstopfte Nase. Ich habe Schwierigkeiten beim Atmen," sagt er.

„Wie lange haben Sie diese Beschwerden schon?", fragt der Arzt.

„Sie stören mich schon seit einer Woche," antwortet er.

4

„Ich muss Sie untersuchen," erklärt der Arzt. Auf dem Tisch sind die Instrumente. Der Arzt nimmt einen Zungenspatel. Er führt eine Oropharyngoskopie durch. Er untersucht die Hals und die Mundhöhle.

„Die Zähne, Zahnfleisch und Wangen sind normal," sagt der Arzt.

„Was ist das?", fragt der Patient.

„Das ist ein Kehlkopfspiegel. Ich möchte Ihren Hals und Ihre Mandeln untersuchen," erklärt der Arzt.

5

„Jetzt werde ich Ihren Hals untersuchen. Öffnen Sie Ihren Mund. Er ist rot," sagt der Arzt.

Der Arzt nimmt einen Kehlkopfspiegel.

„Haben Sie Halsschmerzen?", fragt er.

„Nein, mein Hals tut nicht weh," antwortet der Patient.

„Trotzdem sehe ich dort eine Entzündung. Ich verschreibe Ihnen Medikamente zur Behandlung und Vorbeugung," erklärt der Arzt.

6

„Sind Sie oft müde, und haben Schmerzen in den Gelenken?", fährt der Arzt fort.

„Ich bin oft müde, aber ich habe keine Schmer-

doctor.
"Yes, I often feel weak. Sometimes I also have sweating," continues the patient.

7

"Did you have the flu recently?" asks the doctor.
"Yes, I had the flu two weeks ago," the patient replies.
"You may have complications from the flu," continues the doctor.
"Doctor, is it dangerous?" inquires the patient.
"I don't think so. You need to undergo a course of physiotherapy," explains the doctor.

8

The doctor takes a nasal mirror and examines the patient. The doctor examines the skin on his face.
"There are no inflammations or rashes on the skin," the doctor says.
"Do you have some other complaints?" he continues.
"Yes, I have more frequent headaches," says the patient.
"You have an inflammation of the sinuses," the doctor says.

9

"What is that?" asks the patient.
"This is a frontal reflector," explains the doctor.
The doctor puts on the frontal reflector and continues the examination. The doctor performs an otoscopy .
"Do you have an earache?"
"Yes, sometimes my right ear aches," the patient responds.
"I need an ear speculum," the doctor tells the nurse. She brings the sterile instrument. The doctor examines the ear through the ear speculum.
"Here I also see a small inflammation," the doctor says.

10

"Do you feel pain when I press the side of the nose?" asks the doctor.
"Yes, it hurts and feels unpleasant," the patient replies.
"I wrote down your diagnosis in the medical

zen in den Gelenken," antwortet der Patient.
„Fühlen Sie sich manchmal schwach?" fragt der Arzt.
„Ja, ich fühle mich oft schwach. Manchmal schwitze ich auch," fährt der Patient fort.

7

„Hatten Sie gerade die Grippe?", fragt der Arzt.
„Ja, ich hatte die Grippe vor zwei Wochen," antwortet der Patient.
„Sie haben vielleicht Komplikationen von der Grippe," fährt der Arzt fort.
„Doktor, ist es gefährlich?", fragt der Patient.
„Ich denke nicht. Sie müssen sich einem Physiotherapiekurs unterziehen," erklärt der Arzt.

8

Der Arzt nimmt den Nasenspiegel und untersucht den Patienten. Der Arzt untersucht die Haut auf seinem Gesicht.
„Sie haben keine Entzündung oder Ausschlag auf der Haut," sagt der Arzt.
„Haben Sie andere Beschwerden?", fährt er fort.
„Ja, ich habe öfter Kopfschmerzen," sagt der Patient.
„Sie haben eine Entzündung der Nasennebenhöhlen," sagt der Arzt.

9

„Was ist das?", fragt der Patient.
„Das ist ein frontaler Reflektor," erklärt der Arzt. Der Arzt zieht den frontalen Reflektor über und fährt mit der Untersuchung fort. Der Arzt führt eine Otoskopie durch.
„Haben Sie Ohrenschmerzen?"
„Ja, manchmal tut mein rechtes Ohr weh," antwortet der Patient.
„Ich brauche einen Ohrenspiegel," sagt der Arzt der Krankenschwester. Sie bringt das sterile Instrument. Der Arzt untersucht das Ohr durch den Ohrenspiegel.
„Hier ist auch eine kleine Entzündung," sagt der Arzt.

10

„Haben Sie Schmerzen, wenn ich auf die rechte Seite der Nase presse?", fragt der Arzt.
„Ja, es tut weh und fühlt sich unangenehm an," antwortet der Patient.
„Ich habe Ihre Diagnose in der Krankenakte

record. You have frontal sinusitis," explains the doctor.
"Does frontal sinusitis result in complications?" asks the patient.
"Of course. Complications can happen in the eyes, brain, upper and lower jaw, or ears," explains the doctor.

11

"You urgently need to start treatment," the doctor says.
"Of course, doctor. I do not want to be sick," the patient says.
"I prescribe you medications," the doctor continues.
"Do I have to undergo procedures?" asks the patient.
"Yes, you need to undergo ten procedures," the doctor says.

12

"I am giving you a referral for the procedures," the doctor says.
"What are these procedures?" asks the patient.
"These are inhalations—five procedures," explains the doctor.
"Is it enough?" inquires of the patient.
"No, you will need five more procedures of electrophoresis," continues the doctor.

13

"Take your prescription. You have to buy tablets, drops, and vitamins," the doctor says.
"Do I have to take them every day?" asks the patient.
"Yes, you need to take the medication every day following the plan," explains the doctor.
"Goodbye. Thank you," says the man.
"Goodbye. Have a good recovery. The follow-up appointment is in a week," the doctor says.

aufgeschrieben. Sie haben eine Stirnhöhlenentzündung," erklärt der Arzt.
„Resultiert die Stirnhöhlentzündung in Komplikationen?", fragt der Patient.
„Natürlich. Komplikationen können in den Augen, im Gehirn, dem oberen und unteren Kiefer und den Ohren auftreten," erklärt der Arzt.

11

„Sie müssen dringend die Behandlung beginnen," sagt der Arzt.
„Natürlich, Doktor. Ich möchte nicht krank sein," sagt der Patient.
„Ich verschreibe Ihnen Medikamente," fährt der Arzt fort.
„Muss ich mich einer Behandlung unterziehen?", fragt der Patient.
„Ja, Sie müssen sich zehn Behandlungen unterziehen", antwortet der Arzt.

12

„Ich gebe Ihnen eine Überweisung für die Behandlungen," sagt der Arzt.
„Was sind diese Behandlungen?" fragt der Patient.
„Das sind Inhalationen- fünf Behandlungen," erklärt der Arzt.
„Ist es genug?", fragt der Patient.
„Nein, Sie brauchen weitere fünf Behandlungen von der Elektrophorese," fährt der Arzt fort.

13

„Nehmen Sie Ihre Verschreibung. Sie müssen Tabletten kaufen, Tropfen und Vitamine," sagt der Arzt.
„Muss ich sie jeden Tag nehmen?", fragt der Patient.
„Ja, Sie müssen die Medikamente jeden Tag dem Plan folgend nehmen," erklärt der Arzt.
„Auf Wiedersehen. Danke," sagt der Mann.
„Auf Wiedersehen. Erholen Sie sich gut. Der Nachfolgetermin ist in einer Woche," sagt der Arzt.

Questions about the text

1. Where is the doctor's office?
2. What are the man's complaints?
3. How long has it been bothering him?

Fragen zum Text

1. Wo ist das Büro des Arztes?
2. Was sind die Beschwerden des Mannes?
3. Wie lange hat er diese Beschwerden schon?

4. What is on the table?
5. What does the doctor take?
6. What does the doctor examine?
7. What does the doctor prescribe?
8. What does the doctor put on?
9. What does the doctor use to examine the ear?
10. What does the nurse bring?
11. Where could there be complications?
12. What does the doctor prescribe?
13. What does the patient need to buy?
14. How should one take the medication?

4. Was ist auf dem Tisch?
5. Was nimmt der Arzt?
6. Was untersucht der Arzt?
7. Was verschreibt der Arzt?
8. Was zieht der Arzt an?
9. Was benutzt der Arzt, um das Ohr zu untersuchen?
10. Was bringt die Krankenschwester?
11. Wo könnten Beschwerden sein?
12. Was verschreibt der Arzt?
13. Was muss der Patient kaufen?
14. Wie sollte man die Medikamente nehmen?

6

Tell us about your complaints
Erzählen Sie uns von Ihren Beschwerden

A

Words

1. accelerated [əkˈseləreɪtɪd] - beschleunigt
2. anti-allergy medicine [ˈæntɪ ˈælədʒɪ ˈmedsən] - die Anti-Allergie Medizin
3. antibiotic [ˌæntɪbaɪˈɔtɪk] - antibiotisch
4. arterial [ɑːˈtɪərɪəl] - arteriell
5. ask [ɑːsk] - fragen
6. bandage [ˈbændɪdʒ] - der Verband
7. bed rest [bed rest] - die Bettruhe
8. begin [bɪˈgɪn] - anfangen
9. calendula [kəˈlendjʊlə] - die Ringelblume
10. carefully, attentively [ˈkeəfəlɪ | əˈtentɪvlɪ] - sorgsam, aufmerksam
11. chamomile [ˈkæməmaɪl] - die Kamille
12. child [tʃaɪld] - das Kind
13. clean [kliːn] - sauber
14. consequences, effects [ˈkɔnsɪkwənsɪz | ɪˈfekts] - die Konsequenzen, die Effekte
15. decoction [dɪˈkɔkʃən] - das Auskochen
16. deep [diːp] - tief
17. degree [dɪˈgriː] - der Grad
18. difficult [ˈdɪfɪkəlt] - schwierig
19. doctor, physician [ˈdɔktə | fɪˈzɪʃən] - der Doktor, der Arzt
20. drink [drɪŋk] - trinken
21. effective [ɪˈfektɪv] - effektiv
22. eight [eɪt] - acht
23. eucalyptus [ˌjuːkəˈlɪptəs] - der Eukalyptus
24. even [ˈiːvən] - gleichmäßig
25. fever [ˈfiːvə] - das Fieber
26. follow [ˈfɔloʊ] - folgen
27. gargle [ˈgɑːgəl] - gurgeln
28. give [gɪv] - geben
29. give back [gɪv ˈbæk] - zurückgeben
30. health [helθ] - die Gesundheit

31. herb [hɜ:b] - das Heilkraut
32. high, elevated [haɪ | 'elɪveɪtɪd] - hoch, gesteigert
33. history ['hɪstrɪ] - die Geschichte
34. hold [hoʊld] - halten
35. hypertension [ˌhaɪpə'tenʃən] - der erhöhte Blutdruck
36. illness ['ɪlnəs] - die Krankheit
37. immediately [ɪ'mi:dɪətlɪ] - sofort
38. infect [ɪn'fekt] - infizieren
39. infection [ɪn'fekʃən] - die Infektion
40. inflammation [ˌɪnflə'meɪʃən] - die Entzündung
41. inflammatory [ɪn'flæmətrɪ] - entzündlich
42. invite [ɪn'vaɪt] - einladen
43. juice [dʒu:s] - der Saft
44. laryngitis [ˌlærɪn'dʒaɪtɪs] - die Kehlkopfentzündung
45. long time ['lɔŋ 'taɪm] - lange Zeit
46. medicinal [mɪ'dɪsnəl] - medizinisch
47. middle ['mɪdəl] - die Mitte
48. milk [mɪlk] - die Milch
49. mineral ['mɪnərəl] - das Mineral, das Mineral…
50. normal ['nɔ:məl] - normal
51. notice, to note ['noʊtɪs | tə noʊt] - bemerken
52. only ['oʊnlɪ] - nur
53. otitis [əʊ'taɪtɪs] - die Ohrenentzündung
54. periodically [ˌpɪərɪ'ɔdɪkəlɪ] - periodisch
55. phonendoscope [fə'nɛndəˌskəʊp] - das Endoskop
56. please [pli:z] - bitte
57. pneumonia [nju:'moʊnɪə] - die Lungenentzündung
58. prescribe, to appoint [prɪ'skraɪb | tʊ ə'pɔɪnt] - verschreiben, anordnen
59. process ['proʊses] - der Prozess
60. purulent ['pjʊərələnt] - eitrig
61. put ['pʊt] - stellen, setzen, legen
62. quick, fast [kwɪk | fɑ:st] - schnell
63. recommendation [ˌrekəmen'deɪʃən] - die Empfehlung
64. rheumatism ['ru:mətɪzəm] - das Rheuma
65. sell [sel] - verkaufen
66. sick-leave ['sɪk li:v] - der Genesungsurlaub
67. sign, symptom [saɪn | 'sɪmptəm] - das Zeichen, das Symptom
68. stethoscope ['steθəskoʊp] - das Stethoskop
69. strictly ['strɪklɪ] - streng
70. study ['stʌdɪ] - lernen
71. take [teɪk] - nehmen
72. tell [tel] - erzählen
73. temperature, fever ['temprətʃə | 'fi:və] - die Temperatur, das Fieber
74. think ['θɪŋk] - denken
75. thirty ['θɜ:tɪ] - durstig
76. tolerate, to go through ['tɔləreɪt | tə goʊ θru:] - tolerieren, durchmachen
77. tonsillitis [ˌtɔnsɪ'laɪtɪs] - die Mandelentzündung
78. turn around [tɜ:n ə'raʊnd] - umdrehen
79. under ['ʌndə] - unter
80. underarm ['ʌndərɑ:m] - der Unterarm
81. usually ['ju:ʒəlɪ] - normalerweise
82. walk up to [wɔ:k ʌp tu:] - hingehen zu
83. warm [wɔ:m] - warm
84. water ['wɔ:tə] - das Wasser
85. wear, to put on [weə | tə 'pʊt ɔn] - tragen, anziehen
86. what ['wɔt] - was
87. wide [waɪd] - weit

A patient walks up to the registration desk.	*Ein Patient geht zum Anmeldeschalter.*
"Hello, can I pick up my medical record?" he asks.	*„Hallo, kann ich meine Krankenakte abholen?", fragt er.*
"Which doctor are you seeing?" they ask at the registration desk.	*„Welcher Arzt empfängt Sie?" fragen sie am Anmeldeschalter.*
"I see a physician at ten o'clock," the man says.	*„Ich habe einen Termin mit dem Arzt um zehn Uhr," sagt der Mann.*
"Your card is already in the doctor's office,"	*„Ihre Akte ist schon im Büro des Arztes," erfährt*

they reply at the registration desk.
"Thank you," says the man.
The nurse invites the patient into the physician's office.
"Come in, please," she says.
"Hello, tell us about your complaints," asks the doctor.
"I have a very sore throat, a headache, weakness," tells the patient.
"Open your mouth wide," asks the doctor. The doctor takes a tongue compressor and examines the patient's throat.
"Your throat is red and inflamed," she says.
"Do I have the flu?" asks the patient.
"No, you do not have the flu. I think you have tonsillitis. You have inflamed tonsils," explains the doctor. The doctor takes a thermometer and gives it to the patient.
"You need to take your temperature. Take this thermometer. It is electronic," she says.
"How long should I keep it in?" asks the patient.
"It measures the temperature immediately. Put it under the arm," says the doctor.
"Good. Here you go," says the patient and gives the thermometer back to the doctor.
"You have a fever of thirty eight degrees centigrade. There is an inflammatory process," the doctor says.
"I have fever and sore muscles," complains the patient.
"Yes, these are symptoms of high fever," explains the doctor.
The doctor takes a stethoscope.
"I have to listen to your lungs and bronchi," she says, and listens to the patient's chest.
"Breathe deeply. Do not breathe. Turn your back," says the doctor.
"Is everything okay?" asks the patient.
"Yes, the bronchi and the lungs are clean," responds the physician.
The doctor asks the nurse to give her the tonometer.
"We need to measure your blood pressure. Give me your hand," asks the doctor.
"I usually have normal blood pressure," the patient says.
"Now you have high blood pressure," the doctor says.

er am Anmeldeschalter.
„Danke," sagt der Mann.
Die Krankenschwester lädt den Patienten in das Büro des Arztes ein.
„Kommen Sie herein, bitte," sagt sie.
„Hallo, erzählen Sie uns von Ihren Beschwerden," fragt der Arzt.
„ Ich habe sehr starke Halsschmerzen, Kopfschmerzen, Schwäche," erzählt der Patient.
„Öffnen Sie weit Ihren Mund," sagt der Arzt. Der Arzt nimmt einen Zungenkompressor und untersucht den Hals des Patienten.
„Ihr Hals ist rot und entzündet," sagt sie.
„Habe ich die Grippe?", fragt der Patient.
„Nein, Sie haben keine Grippe. Ich denke Sie haben eine Mandelentzündung. Sie haben entzündete Mandeln," erklärt der Arzt. Der Arzt nimmt ein Thermometer und gibt es dem Patienten.
„Sie müssen Ihre Temperatur messen. Nehmen Sie dieses Thermometer. Es ist elektronisch," sagt sie.
„Wie lange soll ich es drinnen lassen?", fragt der Patient.
„Es misst sofort die Temperatur. Legen Sie es unter den Arm," sagt der Arzt.
„Gut, bitte sehr," sagt der Patient und gibt das Thermometer zurück zu dem Arzt.
„Sie haben Fieber von achtunddreißig Grad. Es gibt einen Entzündungsprozess," sagt der Arzt.
„Ich habe Fieber und entzündete Muskeln," beschwert sich der Patient.
„Ja, das sind Symptome von hohem Fieber," erklärt der Arzt.
Der Arzt nimmt ein Stethoskop.
„Ich muss mir Ihre Lunge und Bronchien anhören," sagt er und hört sich die Brust des Patienten an.
„Atmen Sie tief. Atmen Sie nicht. Drehen Sie Ihren Rücken," sagt der Arzt.
„Ist alles in Ordnung?" fragt der Patient.
„Ja, die Bronchien und Lungen sind sauber," antwortet der Arzt.
Der Arzt bittet die Krankenschwester ihm den Blutdruckmesser zu geben.
„Wir müssen Ihren Blutdruck messen. Geben Sie mir Ihre Hand," bittet der Arzt.
„Ich habe normalerweise normalen Blutdruck," sagt der Patient.

"Could I have hypertension?" the patient asks.
"No, I think this is the result of the fever," continues the doctor.
The doctor takes a phonendoscope.
"I need to listen to your heart," she says.
"Yes, in the last few days, my heart has been aching," the patient complains.
"You have an accelerated heartbeat. Do you have any complaints about the heart?" asks the doctor.
"Usually I have no complaints, only in the last few days," the patient responds.
The doctor examines the medical history and makes notes in the medical record.
"Two years ago, you had pneumonia," she observes.
"Yes, I had a difficult illness," says the patient.
"You should be more attentive to your health. I am writing you a prescription," the doctor says.
"I cannot be sick for very long," continues the patient.
"Then you must strictly follow the recommendations," says the doctor.
"The treatment should begin immediately," the doctor says.
"I cannot take sick leave," the patient responds.
"You can have complications. Think about that," she explains.
"What complications could there be?" asks the patient.
"Otitis of the middle-ear, laryngitis, inflammation of the kidneys, rheumatism," says the doctor.
"I prescribe bed rest. I prescribe you effective medications. These are vitamins, antibiotics," explains the doctor.
"I need to recover quickly," says the patient.
"Can I take my anti-allergy medications?" he continues.
"Of course, you even need to take these medications," the doctor says.
"You have to drink a lot of juices, mineral water, milk. Everything should be warm," she continues.
"How many times a day should I gargle?"

„Jetzt haben Sie hohen Blutdruck," sagt der Arzt.
„Könnte ich Bluthochdruck haben?" fragt der Patient.
„Nein, ich denke es ist ein Resultat des Fiebers," fährt der Arzt fort.
Der Arzt nimmt ein Phonendoskop.
„Ich muss mir Ihr Herz anhören," sagt er.
„Ja, in den letzten paar Tagen hat mir mein Herz wehgetan," beschwert sich der Patient.
„Sie haben einen erhöhten Herzschlag. Haben Sie irgendwelche Herzbeschwerden?", fragt der Arzt.
„Normalerweise habe ich keine Beschwerden, nur in den letzten paar Tagen," antwortet der Patient.
Der Arzt untersucht die Krankengeschichte und macht Notizen in der Krankenakte.
„Vor zwei Jahren hatten Sie eine Lungenentzündung," beobachtet er.
„Ja, ich hatte eine schwere Krankheit," sagt der Patient.
„Sie sollten mehr auf Ihre Gesundheit aufpassen. Ich stelle Ihnen ein Rezept aus," sagt der Arzt.
„Ich kann nicht so lange krank sein," fährt der Patient fort.
„Dann müssen Sie streng die Empfehlungen befolgen," sagt der Arzt.
„Die Behandlung sollte sofort beginnen," sagt der Arzt.
„Ich kann mich nicht krankschreiben lassen," antwortet der Patient.
„Sie können Komplikationen haben. Denken Sie darüber nach," erklärt sie.
„Welche Komplikationen könnte es geben?", fragt der Patient.
„Mittelohrenentzündung, Kehlkopfentzündung, Entzündung der Nieren, Rheuma," sagt der Arzt.
„Ich verschreibe Bettruhe. Ich verschreibe Ihnen effektive Medikamente. Diese sind Vitamine, Antibiotika," erklärt der Arzt.
„Ich muss mich schnell erholen," sagt der Patient.
„Kann ich meine Anti-Allergie Medikamente nehmen?", fährt er fort.
„Natürlich, Sie müssen diese Medikamente sogar nehmen," sagt der Arzt.
„Sie müssen viele Säfte, Mineralwasser, Milch trinken. Alles sollte warm sein," fährt er fort.
„Wie viele Male am Tag sollte ich gurgeln?",

asks the patient.
"You should gargle at least five times a day," says the doctor.
"What is best to gargle with?" asks the patient.
"You can make a decoction of chamomile, eucalyptus, and calendula," says the doctor.
"Is it sold at the pharmacy?" asks the patient.
"Yes, these medicinal herbs are sold at the pharmacy," the doctor says.
"Do you have children?" asks the doctor.
"Yes, I have a child. He is five years old," replies the man.
"A purulent tonsillitis is an infectious disease. You can infect him," says the doctor.
"OK. Then I can wear a mask," the patient says.
"I prescribe a follow-up visit in five days. Get well," the doctor said.
"Thank you very much. Goodbye," replies the patient.

fragt der Patient.
„Sie sollten mindestens fünf Mal am Tag gurgeln," sagt der Arzt.
„Mit was gurgelt man am Besten?", fragt der Patient.
„Sie können einen Absud aus Kamille, Eukalyptus und Calendula machen," sagt der Arzt.
„Wird es in der Apotheke verkauft?" fragt der Patient.
„Ja, diese medizinischen Kräuter werden in der Apotheke verkauft," sagt der Arzt.
„Haben Sie Kinder?", fragt der Arzt.
„Ja, ich habe ein Kind. Es ist fünf Jahre alt," antwortet der Mann.
„Eine eitrige Mandelentzündung ist eine Infektionskrankheit. Sie können es infizieren," sagt der Arzt.
„OK. Dann kann ich eine Maske tragen," sagt der Patient.
„Ich verschreibe einen Nachfolgebesuch in fünf Tagen. Gute Besserung," sagt der Arzt.
„Vielen Dank. Auf Wiedersehen," antwortet der Patient.

C

Questions about the text

1. Where does the patient go?
2. Where is his medical record?
3. Where does the nurse invite the patient to go?
4. What does the patient need to have taken?
5. What kind of thermometer is it?
6. What is his blood pressure usually?
7. Does he usually have a heart complaint?
8. What does the doctor examine?
9. When does he need to start treatment?
10. What complications could there be?
11. Can he take anti-allergy medications?
12. How many times a day does he need to gargle?
13. What is best to gargle with?
14. From what can he make a decoction?
15. When does the doctor prescribe a follow-up visit?

Fragen zum Text

1. Wohin geht der Patient?
2. Wo ist seine Krankenakte?
3. Wohin lädt die Krankenschwester den Patienten ein hinzugehen?
4. Was hätte der Patient nehmen müssen?
5. Welche Art von Thermometer wird verwendet?
6. Wie ist sein Blutdruck normalerweise?
7. Hat er normalerweise Herzbeschwerden?
8. Was untersucht der Arzt?
9. Wann muss er die Behandlung beginnen?
10. Welche Komplikationen könnten auftreten?
11. Kann er Anti-Allergie Medikamente nehmen?
12. Wieviel Mal am Tag muss er gurgeln?
13. Was ist die beste Flüssigkeit zum Gurgeln?
14. Woraus kann er einen Absud machen?
15. Wann verschreibt der Arzt einen Nachfolgebesuch?

7

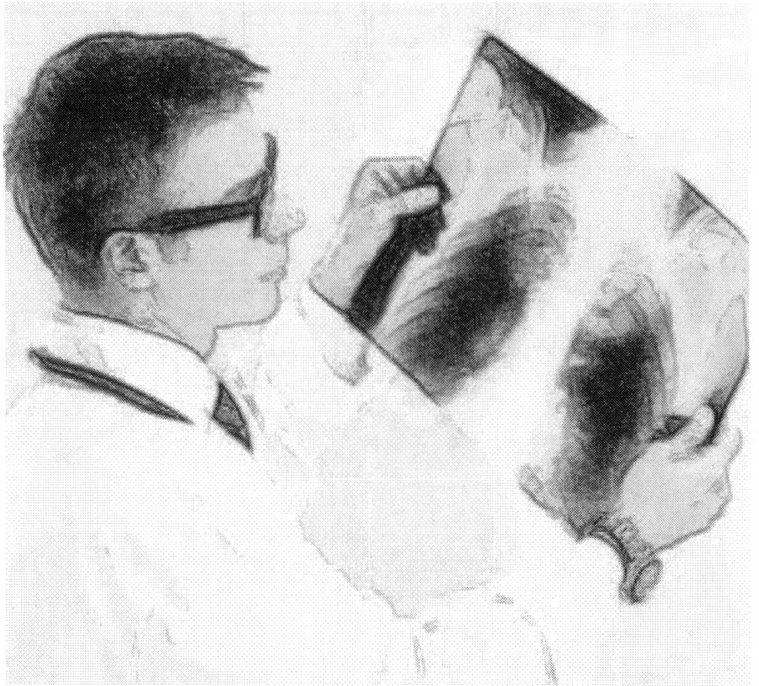

The doctor sets the diagnosis

Der Arzt macht die Diagnose

Words

1. advise [əd'vaɪz] - raten
2. allergic [ə'lɜ:dʒɪk] - allergisch
3. allergist ['ælədʒɪst] - der Allergologe
4. allergy ['ælədʒɪ] - die Allergie
5. anti-inflammatory ['æntɪ ɪn'flæmətrɪ] - entzündungshemmend
6. apply [ə'plaɪ] - anwenden
7. area ['eərɪə] - die Gegend
8. background ['bækgraʊnd] - der Hintergrund
9. call [kɔ:l] - anrufen
10. coagulator [ko'ægjʊleɪtə] - das Gerinnungsmittel
11. cold [koʊld] - kalt
12. comprehensive [ˌkɔmprɪ'hensɪv] - umfassend
13. consult [kən'sʌlt] - beraten
14. damaged ['dæmɪdʒd] - beschädigt
15. dangerous ['deɪndʒərəs] - gefährlich
16. dermatitis [ˌdɜ:mə'taɪtɪs] - die Hautreizung
17. dermatoscope [ˌdɜ:mətos'koʊp] - das Dermatoskop
18. disappearance [ˌdɪsə'pɪərəns] - das Verschwinden
19. dryness ['draɪnəs] - die Trockenheit
20. during ['djʊərɪŋ] - während
21. electric current [ɪ'lektrɪk 'kʌrənt] - der elektrische Strom
22. eosinophil [ˌi:ə'sɪnəfɪl] - das Eosinophil
23. examine [ɪg'zæmɪn] - untersuchen
24. exhibit [ɪg'zɪbɪt] - zeigen

25. faster ['fɑːstə] - schneller
26. feeling ['fiːlɪŋ] - das Gefühl
27. for [fɔː] - für
28. for now, so far [fə naʊ | 'soʊ 'fɑː] - für jetzt, soweit
29. for what [fə 'wɔt] - für was
30. four [fɔː] - vier
31. frequency ['friːkwənsɪ] - die Häufigkeit
32. full [fʊl] - voll
33. further ['fɜːðə] - weiter
34. general ['dʒenrəl] - allgemein
35. glove [glʌv] - der Handschuh
36. heals [hiːlz] - heilt
37. healthy ['helθɪ] - gesund
38. history ['hɪstrɪ] - die Geschichte
39. immune system [ɪ'mjuːn 'sɪstəm] - das Immunsystem
40. individual [ˌɪndɪ'vɪdʒʊəl] - individuell
41. ingredient, component [ɪn'griːdɪənt | kəm'poʊnənt] - der Inhaltsstoff, die Komponente
42. intolerance [ɪn'tɔlərəns] - die Intoleranz
43. level ['levəl] - die Stufe
44. lowered, weakened ['loʊəd | 'wiːkənd] - niedriger, geschwächt
45. meaning ['miːnɪŋ] - die Bedeutung
46. mine, my [maɪn | maɪ] - meins, mein
47. mole, growth [moʊl | groʊθ] - der Leberfleck, das Wachstum
48. nothing ['nʌθɪŋ] - nichts
49. number ['nʌmbə] - die Nummer
50. ointment ['ɔɪntmənt] - die Salbe
51. organism ['ɔːgənɪzəm] - der Organismus
52. other ['ʌðə] - der Andere
53. patient ['peɪʃnt] - der Patient
54. put ['pʊt] - stellen, setzen, legen
55. put on ['pʊt ɔn] - anziehen
56. reaction [rɪ'ækʃən] - die Reaktion
57. redness ['rednɪs] - die Rötung
58. referral, prescription [rɪ'fɜːrəl | prɪ'skrɪpʃən] - die Überweisung, die Verschreibung
59. registered ['redʒɪstəd] - registriert
60. replace [rɪ'pleɪs] - ersetzen
61. set, to establish [set | tʊ ɪ'stæblɪʃ] - einstellen, einführen
62. show [ʃoʊ] - zeigen
63. show up [ʃoʊ ʌp] - sich zeigen
64. side-effect [saɪd ɪ'fekt] - die Nebenwirkung
65. simple ['sɪmpəl] - einfach
66. skin [skɪn] - die Haut
67. stop [stɔp] - aufhören
68. symptom ['sɪmptəm] - das Symptom
69. take leave, say goodbye [teɪk liːv | 'seɪ ˌgʊd'baɪ] - eine Auszeit nehmen, auf Wiedersehen sagen
70. test, analysis ['test | ə'næləsɪs] - der Test, die Analyse
71. then [ðen] - dann
72. think ['θɪŋk] - denken
73. thirteen [ˌθɜː'tiːn] - dreizehn
74. visit ['vɪzɪt] - besuchen
75. worry ['wʌrɪ] - sich Sorgen machen

B

"Hello. Where is the dermatologist's office?" the woman asks.
"His office is on the second floor. Office number ten," they answer at the registration desk.
"Is he a good specialist?" asks the woman.
"Yes, he is a good and experienced doctor. Do you have an appointment?" asks the registration worker.
"Yes, I have an appointment for one p.m.," replies the woman.
A nurse invites the patient into the office.
"Come into the office," she says.

„Hallo. Wo ist das Büro des Dermatologen?", fragt die Frau.
„Sein Büro ist in der zweiten Etage. Büronummer zehn," antworten sie am Anmeldeschalter.
„Ist er ein guter Spezialist?", fragt die Frau.
„Ja, er ist ein guter und erfahrener Arzt. Haben Sie einen Termin?", fragt der Angestellte an der Anmeldung.
„Ja, ich habe einen Termin um dreizehn Uhr," antwortet die Frau.
Eine Krankenschwester lädt den Patienten in das Büro ein.
„Kommen Sie in das Büro," sagt sie.

“Here's my medical record,” says the woman and gives the medical record to the nurse.
“Put it on the table. What are your complaints?” asks the dermatologist.
“I have a skin rash,” explains the patient.
“Please show what you're concerned about,” says the doctor.
The woman shows some rashes on the hands and neck.
“Did these rashes appear a long time ago?” asks the doctor.
“No, they appeared four days ago,” the patient replies.
“Do these rashes itch?” asks the doctor.
“Yes, they are itchy and feel dry,” complains the patient.
The doctor takes a dermatoscope and puts on gloves.
“I have to see whether there are new moles on the skin,” says the dermatologist.
“Is it dangerous?” worries the woman.
“Do not worry. So far, I do not see anything dangerous. This is a simple dermatitis,” answers the doctor.
The doctor sets the diagnosis.
“What medications are you are currently taking?” he asks.
“I take anti-inflammatory medications,” the patient responds.
“How long have you been taking them?” the doctor goes on to ask.
“I have been taking them for five days,” says the patient.
The doctor checks whether the patient is suffering from the medicine's side-effects.
“You have an allergic reaction to the medicine's ingredients,” the doctor says.
“Do you think it is an allergy?” asks the patient.
“Yes, redness and itching are the body's allergic reactions,” the doctor clarifies.
“Can I continue taking this medicine?” inquires the women.
“No, you cannot take it. You have an individual intolerance to the medicine's ingredients,” explains the doctor.
“What should I do?” worries the patient.
“I think that you need to replace this medicine with another one. You need to consult

„Hier ist meine Krankenakte,“ sagt die Frau und gibt die Krankenakte der Krankenschwester.
„Legen Sie sie auf den Tisch. Was sind Ihre Beschwerden?“, fragt der Dermatologe.
„Ich habe einen Hautausschlag,“ erklärt die Patientin.
„Bitte zeigen Sie, worüber Sie besorgt sind,“ sagt der Arzt.
Die Frau zeigt einige Ausschläge auf den Händen und dem Hals.
„Sind diese Ausschläge vor langer Zeit erschienen?“ fragt der Arzt.
Nein, sie sind vor vier Tagen erschienen,“ antwortet die Patientin.
„Jucken die Ausschläge?, fragt der Arzt.
„Ja, sie jucken und fühlen sich trocken an,“ beschwert sich die Patientin.
Der Arzt nimmt ein Dermatoskop und zieht die Handschuhe an.
„Ich muss sehen, ob es neue Leberflecke auf der Haut gibt,“ sagt der Dermatologe.
„Ist es gefährlich?“ sorgt sich die Frau.
„Machen Sie sich keine Sorgen. Soweit sehe ich nichts Gefährliches. Das ist eine einfache Hautreizung,“ antwortet der Arzt.
Der Arzt macht die Diagnose.
„Welche Medikamente nehmen Sie zur Zeit?“, fragt er.
„Ich nehme entzündungshemmende Medikamente,“ antwortet die Patientin.
„Wie lange nehmen Sie sie schon?“, fragt der Arzt weiter.
„Ich nehme sie seit fünf Tagen“, sagt die Patientin.
Der Arzt überprüft, ob die Patientin unter den Nebenwirkungen der Medizin leidet.
„Sie haben eine allergische Reaktion auf die Inhaltsstoffe der Medizin,“ sagt der Arzt.
„Denken Sie es ist eine Allergie?“, fragt die Patientin.
„Ja, Rötung und Jucken sind die allergischen Reaktionen des Körpers,“ stellt der Arzt klar.
„Kann ich diese Medizin weiter nehmen?“, fragt die Frau an.
„Nein, Sie können sie nicht nehmen. Sie haben eine individuelle Intoleranz gegen die Inhaltsstoffe der Medizin,“ erklärt der Arzt.
„Was soll ich machen?“, sorgt sich die Patientin.
„Ich denke Sie müssen diese Medizin durch eine

with your physician again," the doctor says.
The doctor prescribes tests.
"You need to do a general blood test," he says.
"Why do I need to do a general blood test?" inquires the patient.
"We need the results to prescribe treatment," explains the dermatologist.
"When can I start treatment?" says the patient.
"We can begin a comprehensive treatment only after we get the test results," replies the doctor.
The doctor continues to gather the patient's history.
"Do you have skin rashes often?" asks the doctor.
"Yes, I sometimes have skin rashes," replies the patient.
"Do you have allergies?" continues the doctor.
"Yes, I often have allergies," says the woman.
"Then you need to visit an allergist," the doctor says.
Three days later, the dermatologist sets a follow-up visit with the test results.
"Your blood test shows a high level of eosinophils," the doctor says.
"Doctor, what does it mean?" asks the patient.
"This means that you have weakened immune system. Do you often get sick with the cold?" explains dermatologist.
"Yes, I am often sick with the cold and the flu," the patient responds.
" Because of a weakened immune system, you get skin allergies. I am writing you a prescription," says the dermatologist.
The doctor gives the woman the prescription and explains what to do.
"How am I supposed to treat the skin allergies?" asks the patient.
"I am prescribing you an ointment. You need to apply it to the damaged skin three times a day," explains the doctor.
"When can I stop the treatment?" the woman asks.
"You need to continue the treatment until the

andere ersetzen. Sie müssen Ihren Arzt noch einmal konsultieren, " sagt der Arzt.
Der Arzt verschreibt Tests.
„Sie müssen einen allgemeinen Bluttest machen, " sagt er.
„Warum muss ich einen allgemeinen Bluttest machen? ", fragt die Patientin an.
„Wir brauchen die Ergebnisse, um eine Behandlung zu verschreiben, " erklärt der Dermatologe.
„Wann kann ich die Behandlung beginnen? ", sagt die Patientin.
„Wir können die umfassende Behandlung nur beginnen, nachdem wir die Ergebnisse bekommen haben. " antwortet der Arzt.
Der Arzt macht damit weiter die Patientengeschichte zusammenzutragen.
„Haben Sie oft Hautausschläge? ", fragt der Arzt.
„Ja, manchmal habe ich Hautausschläge, " antwortet die Patientin.
„Haben Sie Allergien? ", fährt der Arzt fort.
„Ja, ich habe oft Allergien, " sagt die Frau.
„Dann müssen Sie einen Allergologen aufsuchen, " sagt der Arzt.
Drei Tage später setzt der Dermatologe einen Nachfolgebesuch mit dem Testresultaten fest.
„Ihr Bluttest zeigt ein hohes Level an Eosinophilen, " sagt der Arzt.
„Doktor, was bedeutet das? ", fragt die Patientin.
„Das bedeutet, dass Sie ein geschwächtes Immunsystem haben. Haben Sie oft Erkältungen? " erklärt der Hautarzt.
„Ja, ich habe oft Erkältungen und Grippe, " die Patientin antwortet.
„Bei dem geschwächten Immunsystem zeigen sich bei Ihnen Hautallergien. Ich schreibe Ihnen ein Rezept aus, " sagt der Dermatologe.
Der Arzt gibt der Frau ein Attest und erklärt ihr, was sie tun soll.
„Wie soll ich die Hautallergien behandeln? ", fragt die Patientin.
„Ich verschreibe Ihnen eine Salbe. Sie müssen sie auf die geschädigte Haut drei Mal am Tag auftragen, " erklärt der Arzt.
„Wann kann ich mit der Behandlung aufhören? ", fragt die Frau.
„Sie müssen mit der Behandlung weitermachen bis zum vollständigen Verschwinden der Symptome, " sagt der Dermatologe.
„Wo kann ich diese Salbe kaufen? " fragt die

complete disappearance of the symptoms," says the dermatologist.
"Where can I buy this ointment?" asks the patient.
"You can purchase this ointment at the pharmacy," says the doctor.
"What should I do to heal the dermatitis faster?" worries the patient.
"Dermatitis heals faster when it's treated with a coagulator."
"What is a coagulator?" inquires the patient.
"It is a device for skin treatment. It treats the skin with a high-frequency electric current. I advise you to undergo such treatments," says the dermatologist.
"Of course, I certainly want to undergo it," says the patient.
"You must undergo five treatments. After that, I am setting a follow-up visit," the doctor says.
"All right, doctor. Thank you. Goodbye," the patient takes her leave.
"Be well. Goodbye," says the doctor.

Patientin.
„Sie können diese Salbe in der Apotheke erwerben," sagt der Arzt.
„Was sollte ich tun, damit die Hautreizung schneller heilt?", sorgt sich die Patientin.
„Die Hautreizung heilt schneller, wenn sie mit einem Gerinnungsmittel behandelt wird."
„Was ist ein Gerinnungsmittel?", fragt die Patientin an.
„Es ist ein Gerät zur Hautbehandlung. Es behandelt die Haut mit einer Hochfrequenz elektrischen Stroms. Ich rate Ihnen sich solchen Behandlungen zu unterziehen," sagt der Dermatologe.
„Natürlich, ich möchte mich dem unterziehen," sagt die Patientin.
„Sie müssen sich fünf Behandlungen unterziehen. Danach setze ich einen Nachfolgebesuch fest," sagt der Arzt.
„In Ordnung, Doktor. Danke. Auf Wiedersehen," die Patientin nimmt ihre Krankschreibung.
„Gute Besserung. Auf Wiedersehen," sagt der Arzt.

Questions about the text

1. Where is the dermatologist's office?
2. Is he a good specialist?
3. What does the woman show?
4. What does the doctor prescribe?
5. Why does she need to do a general blood test?
6. Why do they need the results?
7. When can she start the comprehensive treatment?
8. When does the dermatologist set the follow-up visit?
9. What does the blood test show?
10. What does the doctor prescribe?
11. When can she stop the treatment?
12. Where can she buy the ointment?
13. What should she do to heal the dermatitis faster?
14. What is a coagulator?
15. How does the coagulator heal the skin?

Fragen zum Text

1. Wo ist das Büro des Dermatologen?
2. Ist er ein guter Spezialist?
3. Was zeigt die Frau?
4. Was verschreibt der Arzt?
5. Warum muss sie einen allgemeinen Bluttest machen?
6. Warum benötigen sie die Resultate?
7. Wann kann sie die umfassende Behandlung beginnen?
8. Wann hat der Dermatologe einen Nachfolgebesuch festgesetzt?
9. Was zeigt der Bluttest?
10. Was verschreibt der Arzt?
11. Wann kann sie mit der Behandlung aufhören?
12. Wo kann sie die Salbe kaufen?
13. Was sollte sie tun, damit die Hautreizung schneller heilt?
14. Was ist ein Gerinnungsmittel?
15. Wie heilt das Gerinnungsmittel die Haut?

8

An ultrasound scanner
Ein Ultraschallscanner

A

Words

1. a little [ə 'lɪtəl] - ein bisschen
2. acuity [ə'kju:ətɪ] - die Schärfe
3. annual, planned, general ['ænjʊəl | plænd | 'dʒenrəl] - jährlich, geplant, allgemein
4. archive ['ɑ:kaɪv] - das Archiv
5. assistant [ə'sɪstənt] - der Assistent
6. beginning [bɪ'gɪnɪŋ] - der Anfang
7. blurred vision [blɜ:d 'vɪʒən] - die verschwommene Sicht
8. calm down [kɑ:m daʊn] - sich beruhigen
9. cataract ['kætərækt] - der graue Star
10. change [tʃeɪndʒ] - der Wechsel
11. clinic ['klɪnɪk] - die Klinik
12. computerized, electronic [kəm'pju:təraɪzd | ˌɪlek'trɔnɪk] - computerisiert, elektronisch
13. contact-free ['kɔntækt fri:] - kontaktfrei
14. cornea ['kɔ:nɪə] - die Hornhaut
15. correction [kə'rekʃən] - die Korrektur
16. damage ['dæmɪdʒ] - der Schaden
17. detect [dɪ'tekt] - bemerken
18. determine, to measure [dɪ'tɜ:mɪn | tə 'meʒə] - bestimmen, messen
19. disappear [ˌdɪsə'pɪə] - verschwinden
20. electronic [ˌɪlek'trɔnɪk] - elektronisch
21. examination [ɪgˌzæmɪ'neɪʃən] - die Untersuchung
22. feel [fi:l] - fühlen
23. field [fi:ld] - das Feld
24. glasses ['glɑ:sɪz] - die Brille
25. help [help] - helfen

26. here [hɪə] - hier
27. if [ɪf] - wenn
28. in addition [ɪn ə'dɪʃən] - zusätzlich
29. in advance [ɪn əd'vɑ:ns] - im Voraus
30. in front [ɪn frʌnt] - vorne
31. inquire [ɪn'kwaɪə] - fragen, sich erkundigen
32. instructions [ɪn'strʌkʃənz] - die Anleitungen
33. intraocular [ˌɪntrə'okju:lə] - augeninnen-
34. invisible [ɪn'vɪzəbəl] - unsichtbar
35. last [lɑ:st] - halten
36. last name [lɑ:st 'neɪm] - der letzte Name
37. lead [li:d] - die Führung
38. level ['levəl] - das Level
39. look [lʊk] - sehen
40. medicine, medication ['medsən | ˌmedɪ'keɪʃən] - die Medizin, die Medikation
41. narrowing ['nærouɪŋ] - enger werden
42. necessary ['nesəsərɪ] - nötig
43. ophthalmologist [ˌɔfθæl'mɔlədʒɪst] - der Augenarzt
44. or [ɔ:] - oder
45. order ['ɔ:də] - die Reihenfolge
46. painless ['peɪnləs] - schmerzlos
47. phoropter [fə'rəʊptə] - der Phoropter
48. read [ri:d] - lesen
49. recall, to remember [rɪ'kɔ:l | tə rɪ'membə] - widerrufen, sich erinnern
50. register ['redʒɪstə] - registrieren
51. retina ['retɪnə] - die Netzhaut
52. sleep [sli:p] - schlafen
53. state, condition [steɪt | kən'dɪʃən] - die Lage, der Zustand
54. take (a place) [teɪk ə 'pleɪs] - (Platz) nehmen
55. tear up [teər ʌp] - zerreißen
56. time period ['taɪm 'pɪərɪəd] - die Zeitspanne
57. turn red [tɜ:n red] - rot werden
58. ultrasound ['ʌltrəsaʊnd] - der Ultraschall
59. ultrasound scanner ['ʌltrəsaʊnd 'skænə] - der Ultraschallscanner
60. unclear [ʌn'klɪə] - unklar
61. use eye drops ['ju:s aɪ drɔps] - die Augentropfen benutzen
62. vision ['vɪʒən] - die Vision
63. warn [wɔ:n] - warnen
64. wear [weə] - tragen
65. whether, if ['weðə | ɪf] - weder, ob
66. will be necessary [wəl bɪ 'nesəsərɪ] - wird nötig sein
67. with what [wɪð 'wɔt] - mit was

B

"Hello, I had an appointment with an ophthalmologist at eleven o'clock," says the man.
"Where is your medical history?" asks the assistant.
"The medical history is at the registration (archive)," replies the patient.
"Write down your last name. They will bring your medical history to the office," says the assistant.
The man goes to the ophthalmologist's office.
"Who is the last in line to see the ophthalmologist?" he asks.
"Your appointment will be after me. I'm the last one," a person in line says.
After a while, a nurse invites the patient into the office.
"Come into the office," she says.

„Hallo, ich habe um elf Uhr einen Termin mit einem Augenarzt," sagt der Mann.
„Wo ist Ihre Krankengeschichte?", fragt der Assistent.
„Die Krankengeschichte ist bei der Anmeldung (Archiv)," antwortet der Patient.
„Schreiben Sie Ihren Nachnamen auf. Sie werden Ihre Krankengeschichte in das Büro bringen," sagt der Assistent.
Ein Mann geht zum Büro des Augenarztes.
„Wer ist der letzte in der Schlange, um den Augenarzt zu sehen?" fragt er.
„Ihr Termin wird nach mir sein. Ich bin der Letzte," sagt eine Person in der Schlange.
Nach einer Weile lädt eine Krankenschwester den Patient in das Büro ein.
„Kommen Sie ins Büro," sagt sie.

"I have an annual checkup," says the man.
The doctor examines the medical history.
"Good. Do you have any complaints?" asks the doctor.
"Yes, sometimes my eyes hurt," says the patient.
"Can you always see well?" asks the ophthalmologist.
"Sometimes I can't see clearly," says the patient.
"Let's check your vision," the doctor says.
"OK, what should I do?" asks the patient.
The doctor walks the patient to an instrument and gives instructions.
"We check vision with the help of a new instrument, the electronic phoropter."
"What does the phoropter measure?" asks the patient.
"This device measures eyesight. Look over here," asks the doctor.
The doctor takes measurements and takes notes. She explains the results to the patient.
"Your eyesight is weakened," the doctor says.
"Will I have to wear glasses?" asks the patient.
"No, for now you do not need to wear glasses. First we will check the necessary level of correction," explains the doctor.
"Will it help?" worries the patient.
"Yes, it should help; in addition, I prescribe you eye drops and vitamins," says the ophthalmologist.
In the medical history, the doctor checks the time of the last tests.
"You need to have your intraocular pressure measured," she says.
"How is it done?" asks the patient.
"Intraocular pressure is measured in the ophthalmic clinic on a contact-free electronic tonometer," explains the doctor.
"I already have new results of an ocular pressure exam," the patient says.
The patient hands over the latest data from an ocular pressure exam. The doctor takes them and reads the data.
"I see that you have high ocular pressure," she says.
"Doctor, what caused it?" inquires the pa-

„Ich habe eine jährliche Kontrolluntersuchung," sagt der Mann.
Der Arzt untersucht die Krankengeschichte.
„Gut. Haben Sie irgendwelche Beschwerden?", fragt der Arzt.
„Ja, manchmal tun meine Augen weh," sagt der Patient.
„Können Sie immer gut sehen?", fragt der Augenarzt.
„Manchmal kann ich nicht klar sehen," sagt der Patient.
„Überprüfen wir Ihre Sehfähigkeit," sagt der Arzt.
„OK, was soll ich machen?", fragt der Patient.
Der Arzt führt den Patienten zu einem Instrument und gibt Anleitungen.
„Wir überprüfen die Sicht mit Hilfe eines neuen Instruments, dem elektronischen Phoropter."
„Was misst der Phoropter?", fragt der Patient.
„Dieses Gerät misst die Sehkraft. Gucken Sie hier herüber," sagt der Arzt.
Der Arzt nimmt die Maße und macht Notizen. Sie erklärt die Resultate dem Patienten.
„Ihre Sehkraft ist geschwächt," sagt der Arzt.
„Muss ich eine Brille tragen?", fragt der Patient.
„Nein, Sie brauchen jetzt keine Brille tragen. Zuerst müssen wir die nötige Korrekturstufe überprüfen," erklärt der Arzt.
„Wird es helfen?", sorgt sich der Patient.
„Ja, es sollte helfen; darüber hinaus verschreibe ich Ihnen Augentropfen und Vitamine," sagt der Augenarzt.
In der Krankengeschichte überprüft der Arzt die Zeit der letzten Tests.
„Sie müssen Ihren Augeninnendruck messen lassen," sagt sie.
„Wie wird es gemacht?", fragt der Patient.
„Augeninnendruck wird in einer Augenklinik auf einem kontaktfreien elektronischen Tonometer gemessen," erklärt der Arzt.
„Ich habe schon neue Ergebnisse eines Augendrucktests," sagt der Patient.
Der Patient händigt die neuesten Daten von dem Augendrucktest aus. Der Arzt nimmt sie und liest die Daten.
„Ich sehe, dass Sie hohen Augendruck haben," sagt sie.
„Doktor, was hat es verursacht?", fragt der Patient an.

tient.
"Do you spend a lot of time at the computer?" asks the ophthalmologist.
"Yes, I work at the computer," the patient responds.
"What are your other complaints?" asks the doctor.
"Sometimes I get watery eyes, and I have blurred vision; also, my eyelids and eyes turn red," replies the patient.
"Then we need to check whether there is damage to the retina or the cornea. These may be symptoms of an eye disease," the doctor says.
The patient is asked to go into another room. There is an ultrasound scanner.
"This is an ultrasound scanner. This procedure is painless," explains the doctor.
"What does the ultrasound scanner detect?" the patient inquires.
"This device uses ultrasound to detect damage to the eyes due to cataract," says the ophthalmologist.
"But I don't have any damage," says the patient.
"There may be changes in the retina. They are invisible to the ophthalmologist," explains the doctor.
"Do you sometimes have a narrowing of the field of vision?" the ophthalmologist continues to study the patient's condition.
"No, I do not experience the narrowing of the field of vision," the man replies.
"Do you feel dryness in the eyes?" asks the doctor.
"Yes, I sometimes have dry eyes," says the patient.
"The ultrasound scanner shows that there are no changes in the retina and cornea," says the ophthalmologist.
"It makes me calmer," the patient responds.
"But you have to undergo a preventive vision treatment," warns doctor.
The doctor writes a prescription, and explains the order in which the medication should be taken.
"Do I have to take medication?" inquires the patient.
"Yes, you have to take drops and medica-

„Verbringen Sie viel Zeit am Computer?", fragt der Augenarzt.
„Ja, ich arbeite am Computer," antwortet der Patient.
„Was sind Ihre anderen Beschwerden?" fragt der Arzt.
„Manchmal bekomme ich wässrige Augen, und ich habe eine verschwommene Sicht; auch werden meine Augenlider und Augen rot," antwortet der Patient.
„Dann müssen wir überprüfen, ob es eine Schädigung der Netzhaut und der Hornhaut gibt. Das kann ein Augenkrankheitszeichen sein," sagt der Arzt.
Der Patient wird gebeten, in einen anderen Raum zu gehen.
Dort ist ein Ultraschallscanner.
„Das ist ein Ultraschallscanner. Die Prozedur ist schmerzlos," erklärt der Arzt.
„Was ermittelt der Ultraschallscanner?", fragt der Patient.
„Dieses Gerät benutzt Ultraschall, um eine Schädigung der Augen aufgrund eines Katarakts aufzudecken." sagt der Augenarzt.
„Aber ich habe keine Schädigung," sagt der Patient.
„Es gibt vielleicht Änderungen bei der Netzhaut. Sie sind unsichtbar für den Augenarzt," erklärt der Arzt.
„Haben Sie manchmal eine eingeschränkte Sicht?" fährt der Augenarzt fort, um den Zustand des Patienten zu studieren.
„Nein, ich habe keine eingeschränkte Sicht erlebt," antwortet der Mann.
„Fühlen Sie Trockenheit in den Augen?" fragt der Arzt.
„Ja, manchmal fühle ich Trockenheit in den Augen," der Patient sagt.
„Der Ultraschallscanner zeigt, dass es keine Änderungen in der Netzhaut und Hornhaut gibt," sagt der Augenarzt.
„Es beruhigt mich," antwortet der Patient.
„Aber Sie müssen sich einer vorbeugenden Sichtbehandlung unterziehen," warnt der Arzt.
Der Arzt schreibt ein Rezept und erklärt die Reihenfolge, in der die Medikamente genommen werden sollen.
„Muss ich Medikamente nehmen?" fragt der Patient an.

tions. I am prescribing you vitamins and eye drops," the doctor says.
"Do I have to use eyes drops?" asks the patient.
"Yes, you have to use eyes drops twice a day: in the morning and before bedtime," explains the doctor.
"Can I continue to work at the computer?" asks the patient.
"You should work only a little on the computer during the treatment," the doctor advises.
"How long is the treatment?" asks the patient.
"The treatment lasts ten days. If the symptoms persist, then we will continue the exams," the doctor explains.
"You need to return for an appointment in ten days," she continues.
"Good. I will make an appointment in advance. Thank you, Doctor. Goodbye," says the patient.
"Be well. All the best," she says.

„Ja, Sie müssen Tropfen und Medikamente nehmen. Ich verschreibe Ihnen Vitamine und Augentropfen," sagt der Arzt.
„Muss ich Augentropfen benutzen?" fragt der Patient.
„Ja, Sie müssen Augentropfen zweimal am Tag benutzen: Morgens und vor der Schlafenszeit," erklärt der Arzt.
„Kann ich weiter am Computer arbeiten?", fragt der Patient.
„Sie sollten während der Behandlung nur wenig am Computer arbeiten," rät der Arzt.
„Wie lange dauert die Behandlung?", fragt der Patient.
„Die Behandlung dauert zehn Tage. Wenn die Symptome weiter bestehen, dann werden wir mit den Tests weitermachen," erklärt der Arzt.
„Sie müssen für einen Termin in zehn Tagen wiederkommen," fährt sie fort.
„Gut. Ich werde einen Termin im Voraus machen. Danke, Doktor. Auf Wiedersehen," sagt der Patient.
Gute Besserung. Alles Gute," sagt sie.

Questions about the text

1. Where is the medical history?
2. Where does the man go?
3. Where does the doctor lead the patient?
4. What does the phoropter measure?
5. Which drops does the doctor prescribe?
6. What does the doctor check in the medical history?
7. Where do they measure intraocular pressure?
8. What does the patient hand to the doctor?
9. What does the ultrasound scanner detect?
10. What preventative treatment should the patient undergo?
11. Which medications should he take?
12. How many times does he need to put in eyedrops?
13. How long does the treatment last?
14. After how many days does he need to come back for an appointment?

Fragen zum Text

1. Wo ist die Krankengeschichte?
2. Wohin geht der Mann?
3. Wohin führt der Arzt den Patienten?
4. Was misst der Phoropter?
5. Welche Tropfen verschreibt der Arzt?
6. Was überprüft der Arzt in der Krankengeschichte?
7. Wo messen sie den Augeninnendruck?
8. Was händigt der Patient dem Arzt aus?
9. Was stellt der Ultraschallscanner fest?
10. Welcher vorbeugenden Behandlung sollte sich der Patient unterziehen?
11. Welche Medikation sollte er nehmen?
12. Wieviel Mal muss er die Augentropfen benutzen?
13. Wie lange dauert die Behandlung?
14. Nach wie vielen Tag muss er für einen Termin zurückkommen?

9

How long have you had these symptoms?

Wie lange haben Sie die Symptome gehabt?

Words

1. activity, strain [æk'tɪvətɪ | streɪn] - die Aktivität, die Sorte
2. add [æd] - hinzufügen
3. additional [ə'dɪʃənəl] - zusätzlich
4. again [ə'gen] - nochmal
5. allow [ə'laʊ] - erlauben
6. amount [ə'maʊnt] - die Menge
7. avoid [ə'vɔɪd] - vermeiden
8. basis ['beɪsɪs] - die Basis
9. be tired [bɪ 'taɪəd] - müde sein
10. buy [baɪ] - kaufen
11. cardiovascular [ˌkɑ:dɪoʊ'væskjələ] - kardiovaskulär
12. cause [kɔ:z] - verursachen
13. change [tʃeɪndʒ] - wechseln
14. choose, put together [tʃu:z | 'pʊt tə'geðə] - wählen, zusammenlegen
15. chronic ['krɔnɪk] - chronisch
16. collect [kə'lekt] - sammeln
17. connected, related [kə'nektɪd | rɪ'leɪtɪd] - verbunden
18. contractions [kən'trækʃənz] - Die Verengungen
19. correctly [kə'rektlɪ] - korrekt
20. develop [dɪ'veləp] - entwickeln
21. diet ['daɪət] - die Diät
22. echocardiogram [ˌekoʊ'kɑ:dɪəgræm] - das Elektrokardiogramm
23. echocardiography [ˌekoʊ'kɑ:dɪəgræfɪ] - die Kardiografie
24. electrocardiogram (ECG) [ɪˌlektroʊ'kɑ:dɪoʊgræm] - Elektrokardiogramm (EKG)
25. establishing [ɪ'stæblɪʃɪŋ] - einführen
26. expansion [ɪk'spænʃən] - die Erweiterung
27. expose [ɪk'spoʊz] - entblößen
28. gastritis [gæ'straɪtɪs] - die Gastritis

29. give [gɪv] - geben
30. go in [goʊ ɪn] - gehen in
31. harm, damage [hɑ:m | 'dæmɪdʒ] - die Verletzung, der Schaden
32. have time [həv 'taɪm] - die Zeit haben
33. heart [hɑ:t] - das Herz
34. himself, myself [hɪm'self | maɪ'self] - sich selbst, mich selbst
35. illness ['ɪlnəs] - die Krankheit
36. indicator ['ɪndɪkeɪtə] - der Indikator
37. laboratory [lə'bɔrətrɪ] - das Labor
38. make, to commit ['meɪk | tə kə'mɪt] - machen, festlegen
39. me [mi:] - mich
40. mistake [mɪ'steɪk] - der Fehler
41. more seriously [mɔ: 'sɪərɪəslɪ] - ernster
42. movement ['mu:vmənt] - die Bewegung
43. numbness ['nʌmnəs] - die Taubheit
44. only ['oʊnlɪ] - nur
45. prevent, hinder [prɪ'vent | 'hɪndə] - vorbeugen, verhindern
46. preventative [prɪ'ventətɪv] - vorbeugend
47. program ['proʊgræm] - das Programm
48. put together ['pʊt tə'geðə] - zusammenlegen
49. regularly ['regjʊləlɪ] - regelmäßig
50. rhythm ['rɪðəm] - der Rhythmus
51. risk [rɪsk] - das Risiko
52. sedative ['sedətɪv] - beruhigend
53. shortness of breath ['ʃɔ:tnəs əv breθ] - die Kurzatmigkeit
54. smoke [smoʊk] - rauchen
55. speed, rate [spi:d | reɪt] - die Schnelligkeit, die Geschwindigkeit
56. sport, athletics [spɔ:t | æθ'letɪks] - der Sport
57. stop [stɔp] - aufhören
58. tight [taɪt] - eng
59. treat, to regard [tri:t | tə rɪ'gɑ:d] - behandeln
60. turn to [tɜ:n tu:] - zu etwas werden
61. valve [vælv] - das Ventil
62. wall [wɔ:l] - die Wand
63. weaken ['wi:kən] - schwächer werden
64. with [wɪð] - mit
65. work ['wɜ:k] - die Arbeit
66. worry ['wʌrɪ] - die Sorge
67. write down ['raɪt daʊn] - aufschreiben

B

"Hello, I have an appointment with a cardiologist for twelve o'clock," says the man.	*„Hallo, ich habe einen Termin mit einem Kardiologen, um zwölf Uhr", sagt der Mann.*
"So you are registered? Are they expecting you?" they ask at registration.	*„So, sind Sie angemeldet? Werden Sie erwartet?", fragen sie bei der Anmeldung.*
"Yes, they are expecting me. Could you tell me, where is the cardiologist's office?" the man asks.	*„Ja, ich werde erwartet. Könnten Sie mir sagen, wo das Büro des Kardiologen ist?", fragt der Mann.*
"The cardiologist's office is on the second floor to the right," replies the receptionist.	*„Das Büro des Kardiologen ist im zweiten Stock auf der rechten Seite," antwortet der Rezeptionist.*
"Please come into the office," the nurse says.	*„Kommen Sie in das Büro," sagt die Krankenschwester.*
The patient comes into the cardiologist's office.	*Der Patient kommt in das Büro des Kardiologen.*
"Hand me your medical record. What troubles you?" asks the doctor.	*„Händigen Sie mir Ihre Krankenakte aus. Was macht Ihnen Schwierigkeiten?", fragt der Arzt.*
"I am concerned about numbness in my left arm and an accelerated heartbeat," says the patient.	*„Ich mache mir um die Taubheit in meinem linken Arm und einen erhöhten Herzschlag Sorgen," sagt der Patient.*
"How long have you had these symptoms?" asks the cardiologist.	*„Wie lange haben Sie die Symptome gehabt?", fragt der Kardiologe.*
"It has been bothering me for a week," says the man.	*„Es stört mich schon seit einer Woche," sagt der*

"You should have come in immediately. Do you have any other complaints?" asks the doctor.
"Yes, I have shortness of breath, and I get tired quickly," adds the patient.
The doctor collects the medical history necessary for a diagnosis.
"How old are you?" asks the doctor.
"I'm forty- three years old," the patient responds.
"How often do you visit the cardiologist?" asks the doctor.
"I rarely visit the cardiologist," says the patient.
"People over forty years should visit the cardiologist regularly," the doctor advises. "I need to examine you. I need to measure your pulse and blood pressure."
"I often have high blood pressure," says the patient.
The cardiologist takes a tonometer in order to measure the blood pressure.
"We will measure blood pressure using this tonometer. Give me your arm," asks the doctor.
"Doctor, can the blood pressure change because of the weather?" asks the patient.
"Yes, it can. But it's not the only reason," says the doctor.
"Is my blood pressure normal now?" inquires the patient.
"No, you have high blood pressure now," the doctor says.
The doctor continues to study the medical history in order to make the right diagnosis.
"Do you have any chronic illness?" asks the doctor.
"Yes, I have chronic illnesses," says the patient.
"What are the illnesses?" asks the cardiologist.
"I have gastritis and varicose veins," says the man.
"You have to take your health more seriously. Do you smoke?" says the doctor.
"I smoke very rarely," the patient responds.
"It's dangerous for you. You need to quit smoking," the doctor says.
"Varicose veins is very dangerous with heart

Mann.
„Sie hätten sofort kommen sollen. Haben Sie irgendwelche anderen Beschwerden?“, fragt der Arzt.
„Ja, ich habe Kurzatmigkeit und ich werde schnell müde,“ fügt der Patient hinzu.
Der Arzt sammelt die nötige Krankengeschichte für eine Diagnose.
„Wie alt sind Sie?“, fragt der Arzt.
„Ich bin dreiundvierzig Jahre alt,“ antwortet der Patient.
„Wie oft gehen Sie zum Kardiologen?“, fragt der Arzt.
„Ich gehe selten zum Kardiologen,“ sagt der Patient.
„Leute über vierzig sollten regelmäßig zum Kardiologen gehen,“ rät der Arzt.„Ich muss Sie untersuchen. Ich muss Ihren Puls und Blutdruck messen.“
„Ich habe oft hohen Blutdruck,“ sagt der Patient.
Der Kardiologe nimmt ein Tonometer, um den Blutdruck zu messen.
„Wir werden den Blutdruck messen, indem wir dieses Tonometer benutzen. Geben Sie mir Ihren Arm,“ fragt der Arzt.
„Doktor, kann der Blutdruck sich wegen des Wetters ändern?“, fragt der Patient.
„Ja, er kann. Aber es ist nicht der einzige Grund,“ sagt der Arzt.
„Ist mein Blutdruck jetzt normal?“, fragt der Patient.
„Nein, Sie haben jetzt hohen Blutdruck,“ sagt der Arzt.
Der Arzt studiert weiter die Krankengeschichte, um die richtige Diagnose aufzustellen.
„Haben Sie irgendeine chronische Krankheit?“, fragt der Arzt.
„Ja, ich habe chronische Krankheiten,“ sagt der Patient.
„Was sind diese Krankheiten?“, fragt der Kardiologe.
„Ich habe Gastritis und Krampfadern,“ sagt der Mann.
„Sie müssen Ihre Gesundheit ernster nehmen. Rauchen Sie?“ sagt der Arzt.
„Ich rauche sehr selten,“ antwortet der Patient.
„Es ist gefährlich für Sie. Sie müssen aufhören zu rauchen,“ sagt der Arzt.
„Krampfadern sind sehr gefährlich bei einer

disease. This prevents normal blood flow. You need to undergo an additional examination," the doctor goes on to explain.
The doctor prescribes additional diagnostic tests.
"You need to do a laboratory test," says the cardiologist.
"Are these additional examinations?" asks the patient.
"Yes, you need to do an electrocardiogram (ECG)," explains the doctor.
"What is the purpose of an ECG?" the patient inquires.
"The ECG shows the general condition of the heart, the heart rate, and rhythm. In addition to the ECG, you need to do an echocardiography," says the doctor.
"Are you prescribing a comprehensive diagnostic test?" asks the patient.
"Yes, your condition is worrying," says the cardiologist.
"What does the echocardiogram show?" the patient inquires again.
"The echocardiogram allows us to determine the condition of the walls of the heart, valve operation, the rate of the blood flow," explains the doctor.
"Is high blood pressure related to the rate of blood flow?" asks the patient.
"Of course, these indicators are closely related," the doctor says. "Based on the results of the diagnostic test, I put together your treatment plan."
The doctor writes down a treatment plan and the amount of physical activity.
"Do I need a special diet?" asks the patient.
"Yes, you need to put together a diet, and a schedule of physical activity," the doctor says.
"Can I play sports?" asks the patient.
"Yes, you should play sports. Your cardiovascular system is weakened because of low physical activity," explains the doctor. "Are you taking any medications?" asks the doctor.
"Yes, I take sedatives and allergy medications," the patient says.
"Who prescribes you these medications?" asks cardiologist.

Herzkrankheit. Das verhindert normalen Blutfluss. Sie müssen sich einer zusätzlichen Untersuchung unterziehen, " erklärt der Arzt weiter.
Der Arzt verschreibt weitere diagnostische Tests.
„Sie müssen einen Labortest machen, " sagt der Kardiologe.
„Sind das zusätzliche Untersuchungen? ", fragt der Patient.
„Ja, Sie müssen ein Elektrokardiogramm (EKG) machen, " erklärt der Arzt.
„Was ist der Zweck eines EKGs? ", fragt der Patient.
„Das EKG zeigt den allgemeinen Zustand des Herzens, die Pulsfrequenz und den Rhythmus. Zusätzlich zum EKG müssen Sie eine Echokardiografie machen, " sagt der Arzt.
„Verschreiben Sie einen vollständigen diagnostischen Test? ", fragt der Patient.
„Ja, Ihr Zustand ist besorgniserregend, " sagt der Kardiologe.
„Was zeigt das Echokardiogramm? ", erkundigt sich der Patient.
„Das Echokardiogramm erlaubt uns den Zustand der Wände des Herzens zu bestimmen, die Herzklappenvorgänge, die Geschwindigkeit des Blutflusses, " erklärt der Arzt.
„Ist Bluthochdruck mit der Geschwindigkeit des Blutflusses verbunden? " fragt der Patient.
„Natürlich, diese Indikatoren sind sehr eng verbunden, " sagt der Arzt. „Basierend auf den Ergebnissen des diagnostischen Tests werde ich Ihren Behandlungsplan zusammenstellen. "
Der Arzt schreibt einen Behandlungsplan und den Umfang an körperlicher Bewegung auf.
„Brauche ich eine besondere Ernährung? " fragt der Patient.
„Ja, Sie müssen sich eine Diät zusammenstellen, und einen Plan zur körperlichen Betätigung, " sagt der Arzt.
„Kann ich Sport treiben? ", fragt der Patient.
„Ja, Sie sollten Sport treiben. Bei geringen körperlichen Aktivität, schwächt Ihre Herz-Kreislauf-System ab, " erklärt der Arzt. „Nehmen Sie irgendwelche Medikamente? ", fragt der Arzt.
„Ja, ich nehme Beruhigungsmittel und Allergiemedikamente, " sagt der Patient.
„Wer verschreibt Ihnen diese Medikamente? ", fragt der Kardiologe.
„Ich kaufe sie selbst in der Apotheke, " antwortet

"I buy them at the pharmacy myself," the patient responds.
"You are making a mistake. You are putting yourself at risk. This can damage your health," the doctor says.
"What should I do to avoid the risk of cardiovascular disease?" the patient wants to know.
"You should visit the cardiologist on a regular basis," the doctor says.
"Do I need preventative treatment?" asks the patient.
"Yes, I am developing an effective preventative program for you," explains the doctor.
"What is the purpose of the preventative program?" asks the patient.
"Preventative treatment doesn't let illness develop," replies the physician.
"Thank you, doctor. I will be more attentive to my health. Goodbye," says the man.
"Make an appointment for a visit in three days. By this time, I will be able to develop a program for you. All the best, be well," the doctor says.

der Patient.
„Sie machen einen Fehler. Sie setzen sich selbst einem Risiko aus. Das kann Ihre Gesundheit schädigen," sagt der Arzt.
„Was sollte ich machen, um das Risiko einer Herz-Kreislauf-Erkrankung zu vermeiden?", möchte der Patient wissen.
„Sie sollten regelmäßig zum Kardiologen gehen," sagt der Arzt.
„Brauche ich eine vorbeugende Behandlung?", fragt der Patient.
„Ja, ich entwickle ein wirksames, vorbeugendes Programm für Sie," erklärt der Arzt.
„Was ist der Zweck des vorbeugenden Programms?", fragt der Patient.
„Durch eine vorbeugende Behandlung entwickelt sich keine Krankheit," antwortet der Arzt.
„Danke, Doktor. Ich werde mehr auf meine Gesundheit achten. Auf Wiedersehen," sagt der Mann.
„Machen Sie einen Termin für einen Besuch in drei Tagen. Bis dann werde ich ein Programm für Sie entwickeln können. Alles Gute, gute Besserung," sagt der Arzt.

C

Questions about the text

1. Where is the cardiologist's office?
2. What troubles the patient?
3. How old is he?
4. What does cardiologist take?
5. What is used to measure blood pressure?
6. What are his chronic illnesses?
7. What is dangerous with heart disease?
8. What diagnostic tests does he have to undergo?
9. What is the purpose of an ECG?
10. What does the echocardiogram show?
11. What conditions are related to high blood pressure?
12. What medications is the patient taking now?
13. What does the doctor develop?
14. What is the purpose of the preventative program?

Fragen zum Text

1. Wo ist das Büro des Kardiologen?
2. Was beunruhigt den Patienten?
3. Wie alt ist er?
4. Was nimmt der Kardiologe?
5. Was wird benutzt, um Blutdruck zu messen?
6. Was sind seine chronischen Krankheiten?
7. Was ist gefährlich an einer Herzkrankheit?
8. Welchen diagnostischen Tests muss er sich unterziehen?
9. Was ist der Zweck eines EKGs?
10. Was zeigt das Elektrokardiogramm?
11. Welche Beschwerden beziehen sich auf Bluthochdruck?
12. Welche Medikamente nimmt der Patient jetzt?
13. Was entwickelt der Arzt?
14. Was ist der Zweck des vorbeugenden Programms?

10

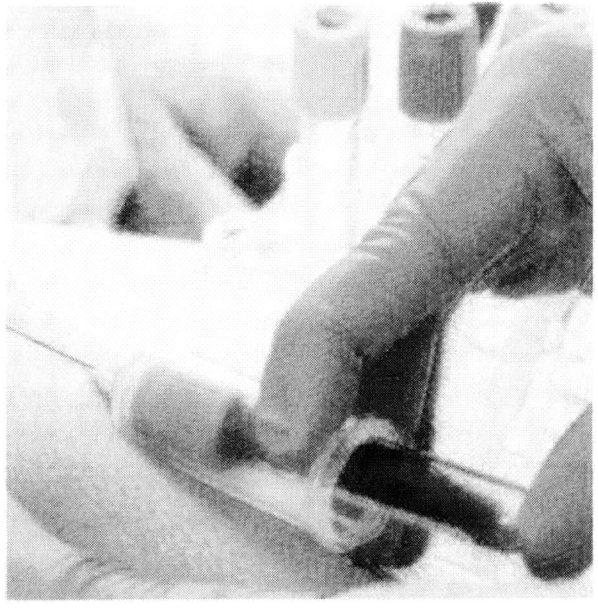

You need to do some tests

Sie müssen einige Tests machen

Words

1. again [ə'gen] - wieder
2. all [ɔ:l] - all, ganz; jede(r, -s)
3. any ['enɪ] - (irgend)ein(e), einige, etwas
4. anyone ['enɪwʌn] - (irgend)jemand, jeder
5. apathy ['æpəθɪ] - die Apathie
6. application [ˌæplɪ'keɪʃən] - die Anwendung
7. ask [ɑ:sk] - fragen
8. assume [ə'sju:m] - annehmen
9. attention [ə'tenʃən] - die Aufmerksamkeit
10. attentive, careful [ə'tentɪv | 'keəfʊl] - aufmerksam, vorsichtig
11. be disappointed [bɪ ˌdɪsə'pɔɪntɪd] - enttäuscht sein
12. be irritated [bɪ 'ɪrɪteɪtɪd] - irritiert sein
13. because [bɪ'kɔz] - weil
14. call, to ring [kɔ:l | tə rɪŋ] - (an)rufen, klingeln
15. certain ['sɜ:tən] - sicher, bestimmt
16. completely [kəm'pli:tlɪ] - völlig
17. cure [kjʊə] - heilen
18. deficiency [dɪ'fɪʃnsɪ] - das Defizit
19. demand [dɪ'mɑ:nd] - fordern
20. depend [dɪ'pend] - sich verlassen, angewiesen sein
21. diabetes [ˌdaɪə'bi:tɪz] - Diabetes
22. discover [dɪ'skʌvə] - entdecken
23. disrupted [dɪs'rʌptɪd] - unterbrochen
24. disruption, imbalance [dɪs'rʌpʃən | ˌɪm'bæləns] - die Unterbrechung, die Schwankung
25. do [du:] - machen
26. during ['djʊərɪŋ] - während
27. earlier ['ɜ:lɪə] - früher

28. easy [ˈiːzɪ] - einfach
29. endocrinologist [ˌendokrəˈnɑːlədʒəst] - der Endokrinologe
30. excessive [ɪkˈsesɪv] - exzessiv
31. existence [ɪgˈzɪstəns] - die Existenz
32. experience [ɪkˈspɪərɪəns] - erleben, erfahren
33. extended [ɪkˈstendɪd] - ausgedehnt
34. first [ˈfɜːst] - zuerst, als Erster
35. frequent [frɪˈkwent] - oft
36. get tired [ˈget ˈtaɪəd] - müde werden
37. give [gɪv] - geben
38. go in [goʊ ɪn] - hineingehen
39. happen [ˈhæpən] - passieren
40. hormonal [ˈhɔːmoʊn] - hormonell
41. hormone [ˈhɔːmoʊn] - die Hormone
42. improvement [ɪmˈpruːvmənt] - die Verbesserung
43. in [ɪn] - in, an, auf; in/on time [ɪn/on taɪm] - rechtzeitig
44. ineffective [ˌɪnɪˈfektɪv] - ineffektiv
45. initial [ɪˈnɪʃəl] - anfänglich
46. intravenous [ˌɪntrəˈviːnəs] - intravenös
47. lack, deficiency [læk | dɪˈfɪʃnsɪ] - der Mangel, das Defizit
48. lead [liːd] - führen
49. metabolism [məˈtæbəˌlɪzəm] - der Stoffwechsel
50. miss [mɪs] - vermissen
51. mood [muːd] - die Laune
52. no one [noʊ wʌn] - keiner
53. not complicated [nɔt ˈkɔmplɪkeɪtɪd] - nicht kompliziert
54. order [ˈɔːdə] - der Auftrag
55. ours [ˈaʊəz] - unser
56. prescription [preskˈrɪpʃən] - das Rezept
57. refer [rɪˈfɜː] - sich beziehen auf; überweisen
58. relating to sugar [rɪˈleɪtɪŋ tə ˈʃʊgə] - auf Zucker bezogen
59. relation [rɪˈleɪʃən] - die Beziehung
60. relative [ˈrelətɪv] - relativ; von der Familie
61. same [seɪm] - selbe
62. shortfall, deficiency [ˈʃɔːtfɔːl | dɪˈfɪʃnsɪ] - der Mangel, das Defizit
63. so [ˈsoʊ] - so
64. stage [steɪdʒ] - die Phase
65. strain [streɪn] - die Zerrung, die Belastung
66. substance [ˈsʌbstəns] - die Substanz
67. suffer [ˈsʌfə] - leiden
68. sugar [ˈʃʊgə] - der Zucker
69. swing [swɪŋ] - hin und her schwingen
70. tension [ˈtenʃən] - die Spannung
71. thyroid [ˈθaɪrɔɪd] - die Schilddrüse
72. turn out [tɜːn ˈaʊt] - sich herausstellen
73. turn to [tɜːn tuː] - sich zuwenden
74. undergo [ˌʌndəˈgoʊ] - sich unterziehen
75. very, strong [ˈverɪ | strɔŋ] - sehr, stark
76. weak [wiːk] - schwach
77. why [waɪ] - warum
78. weight [weɪt] - das Gewicht
79. without [wɪðˈaʊt] - ohne
80. worry [ˈwʌrɪ] - sich Sorgen machen

B

A woman comes into the hospital building. She goes to registration.	*Eine Frau kommt in das Krankenhausgebäude. Sie geht zur Anmeldung.*
“Hello, I'm looking for an endocrinologist,” the woman says.	*„Hallo, ich suche einen Endokrinologen,” sagt die Frau.*
“Go to the third floor. Do you have an appointment?” they ask at registration.	*„Gehen Sie in den dritten Stock. Haben Sie einen Termin?” fragen sie an der Anmeldung.*
“Yes, I have an appointment. I've called registration,” she explains.	*„Ja, ich habe einen Termin. Ich habe bei der Anmeldung angerufen,” erklärt sie.*
“What time is your appointment?” they ask at registration.	*„Um wieviel Uhr ist Ihr Termin?” fragen sie an der Anmeldung.*
“I have an appointment for three o'clock,” the woman says.	*„Ich habe einen Termin um drei Uhr,” sagt die Frau.*

"Here is your medical record. Is this your first appointment?" asks the registration worker.
"Yes, this is my first appointment with the endocrinologist," explains the woman.
The woman takes her medical record and goes to the doctor's office
"Who referred you?" asks the doctor.
"I was referred by a physician," the patient responds..
The doctor is checking the patient's condition.
"What troubles you?" asks the doctor.
"I am troubled by frequent mood swings," explains the patient.
"Do you often experience such states?" asks the endocrinologist.
"No, I didn't used to experience that. I am easily irritated, disappointed," complains the woman.
"Do you notice any other changes in your body?" asks the doctor.
"My nails and hair have became weak," she continues.
"These symptoms are not enough to make a diagnosis. You need to do some tests," the doctor says.
"I am thirsty all the time and have a dry mouth," she adds.
"You may have high blood sugar," suggests the endocrinologist.
The doctor continues to study the patient's condition.
"I have to measure your blood pressure," continues the doctor.
"I usually have normal blood pressure," says the patient.
"Now you have low blood pressure. Do you feel weak?" asks the doctor.
"Yes, I find it hard to work. I get very tired. I feel apathetic," the patient complains.
The doctor makes an initial examination. She writes a referral for tests.
"I am writing a referral for some tests," the doctor says.
"Which tests should I do?" asks the patient.
"You need to check your hormone levels," explains the endocrinologist.

„Hier ist Ihre Krankenakte. Ist das Ihr erster Termin?" fragt der Mitarbeiter an der Anmeldung.
„Ja, das ist mein erster Termin mit dem Endokrinologen," erklärt die Frau.
Die Frau nimmt ihre Krankenakte und geht zu dem Büro des Doktors.
„Wer hat Sie überwiesen?" fragt der Doktor.
„ Ich bin von einem Arzt überwiesen worden, " antwortet der Patient.
Der Arzt überprüft den Zustand des Patienten.
„Was macht Ihnen Schwierigkeiten?", fragt der Arzt.
„Mir machen häufige Stimmungsschwankungen Schwierigkeiten," erklärt der Patient.
„Erleben Sie oft solche Zustände?", fragt der Endokrinologe.
Nein, früher habe ich sowas nicht erlebt. Ich bin schnell nervös, enttäuscht," beschwert sich die Frau.
„Haben Sie irgendwelche Änderungen in Ihrem Körper bemerkt?", fragt der Arzt.
„Meine Nägel und Haare wurde schwach," fährt sie fort.
„Diese Symptome sind nicht genug, um eine Diagnose stellen zu können. Sie müssen einige Tests machen," sagt der Arzt.
„Ich bin die ganze Zeit durstig und habe einen trockenen Mund," fügt sie hinzu.
„Sie haben vielleicht hohen Blutzucker," schlägt der Endokrinologe vor.
Der Arzt fährt damit fort den Zustand des Patienten zu studieren.
„Ich muss Ihren Blutdruck messen," fährt der Arzt fort.
„Ich habe normalerweise normalen Blutdruck," sagt der Patient.
„Jetzt haben Sie niedrigen Blutdruck. Fühlen Sie sich schwach?", fragt der Arzt.
„Ja, ich finde es schwierig zu arbeiten. Ich werde sehr müde. Ich fühle mich apathisch," beschwert sich der Patient.
Der Arzt macht eine erste Untersuchung. Sie schreibt eine Überweisung für Tests.
„Ich schreibe eine Überweisung für einige Tests," sagt der Arzt.
„Welche Tests sollte ich machen?", fragt der Patient.
„Sie müssen Ihre Hormonlevel überprüfen," sagt der Endokrinologe.

"Are the tests expensive?" asks the patient.
"Yes, but you have good insurance," says the doctor.
The doctor explains the diagnosis to the patient.
"You probably have a hormonal imbalance," she says.
"Is this imbalance serious?" worries the patient.
"No, you came to see the doctor in time. We can bring the hormone levels back to normal," soothes the doctor.
"What does this mean?" asks the woman.
"You have a deficiency of a certain hormone. Its shortfall leads to a feeling of weakness, a bad mood," explains the doctor.
"Why is it so important?" asks the patient.
"Because the body's functioning is completely dependent on hormone levels," the doctor explains again.
The doctor gives her recommendations. The doctor explains the sequence of the treatment stages.
"You need to do general and extended blood tests," the doctor says.
"Can you prescribe me medication without the test?" inquires the patient.
"Of course not. Only a blood test can determine the presence of an illness," says endocrinologist.
"Could this be diabetes?" worries the woman.
"You may have a disrupted metabolism, thyroid disease, or adult diabetes," explains the doctor.
The doctor continues to study the details of the patient's history.
"How old are you?" she asks.
"I'm thirty-eight years old," says the woman.
"Does anyone in your family suffer from diabetes?" asks the doctor.
"No, no one in our family has diabetes," says the patient.
"Is anyone in your family overweight?" asks the doctor.
"No, none of us are overweight," replies the patient.

„Sind diese Tests teuer?", fragt der Patient.
„Ja, aber Sie haben eine gute Versicherung," sagt der Arzt.
Der Arzt erklärt dem Patienten die Diagnose.
„Sie haben wahrscheinlich ein hormonelles Ungleichgewicht," sagt sie.
„Ist dieses Ungleichgewicht gefährlich?", sorgt sich der Patient.
„Nein, Sie sind rechtzeitig zum Arzt gegangen. Wir können die Hormonlevel zurück in den Normalzustand bringen," beruhigt der Arzt.
„Was bedeutet das?", fragt die Frau.
„Sie haben einen Mangel eines bestimmten Hormons. Dieses Defizit führt zu einem Gefühl von Schwäche, einer schlechten Laune," erklärt der Arzt.
„Warum ist es so wichtig?", fragt der Patient.
„Weil das Funktionieren des Körpers komplett von den Hormonleveln abhängig ist," erklärt der Arzt noch einmal.
Der Arzt gibt seine Empfehlungen. Der Arzt erklärt die Abfolge der Behandlungsstadien.
„Sie müssen allgemeine und erweiterte Bluttests machen," sagt der Arzt.
„Können Sie mir Medikamente ohne die Tests verschreiben?", fragt der Patient.
„Natürlich nicht. Nur ein Bluttest kann die Präsenz einer Krankheit bestimmen," sagt der Endokrinologe.
„Könnte es Diabetes sein?", sorgt sich die Frau.
„Sie haben vielleicht einen gestörten Stoffwechsel, Schilddrüsenkrankheit oder Erwachsenendiabetes," erklärt der Arzt.
Der Arzt macht damit weiter die Details der Patientengeschichte zu studieren.
„Wie alt sind Sie?", fragt sie.
„Ich bin achtunddreißig Jahre alt," sagt die Frau.
„Leidet jemand aus Ihrer Familie an Diabetes?", fragt der Arzt.
„Nein, niemand in unserer Familie hat Diabetes," sagt der Patient.
„Ist jemand in Ihrer Familie übergewichtig?", fragt der Arzt.
„Nein, niemand von uns ist übergewichtig," antwortet der Patient.
Nach dem Erhalt der Testergebnisse berät der Arzt den Patienten.
„Machen Sie sich keine Sorgen. Die Testergebnisse haben den Mangel eines gewissen Hormons aufge-

After receiving the test results, the doctor advises the patient.
“Do not worry. The test results revealed the deficiency of a certain hormone,” she says.
“Doctor, what caused it?” asks the patient.
“This may be caused by nervous tension (stress),” replies the physician.
“Can it be cured?” worries the woman.
“Of course. You came in for treatment just in time,” soothes doctor.
The endocrinologist draws the patient's attention to having a serious attitude toward her treatment.
“I must warn you, the treatment is not complicated, but it requires a careful and serious attitude,” says the doctor.
“What does it mean, a serious attitude?” asks the patient.
“You should not forget to take your medication,” the doctor says.
“Can I take them at any time?” asks the patient.
“No, you have to take the medications at the same time,” the doctor explains.
“Does this regimen last for the entire course of treatment?” asks the woman.
“Yes, the medications are taken at the same time for the entire course of the treatment,” the doctor says.
“When would I notice some improvement?” asks the patient.
“Your condition should improve in a week. If the pills are ineffective, I prescribe an intravenous application of the medication,” says the endocrinologist.

deckt,“ sagt sie.
„Doktor, was hat es verursacht?“, fragt der Patient.
„Das ist vielleicht durch nervliche Belastung (Stress) verursacht,“ antwortet der Arzt.
„Kann es geheilt werden?“, sorgt sich die Frau.
„Natürlich. Sie sind gerade rechtzeitig noch zur Behandlung gekommen,“ beruhigt der Arzt.
Der Endokrinologe macht den Patienten darauf aufmerksam, dass sie die Behandlung ernst nehmen muss.
„Ich muss Sie warnen, die Behandlung ist nicht kompliziert, aber benötigt eine vorsichtige und ernste Haltung,“ sagt der Arzt.
„Was bedeutet das, eine ernste Haltung?“, fragt der Patient.
„Sie sollten nicht vergessen Ihre Medikamente zu nehmen,“ sagt der Arzt.
„Kann ich sie zu jeder Zeit nehmen?“ fragt der Patient.
„Nein, Sie müssen die Medikamente zur gleichen Zeit nehmen,“ erklärt der Arzt.
„Dauert diese Kur den ganzen Verlauf der Behandlung an?“, fragt die Frau.
„Ja, die Medikamente werden zur gleichen Zeit für den ganzen Verlauf der Behandlung genommen,“ sagt der Arzt.
„Wann würde ich eine Verbesserung bemerken?“, fragt der Patient.
„Ihr Zustand wird sich in einer Woche verbessern. Wenn die Tabletten ineffektiv sind, verschreibe ich eine intravenöse Anwendung der Medikamente,“ sagt der Endokrinologe.

C

Questions about the text

1. How many appointments has the woman had with an endocrinologist?
2. What does the woman take?
3. Who referred her?
4. What troubles the patient?
5. What is the patient's usual blood pressure?
6. Which tests should she do?
7. What kind of imbalance does the patient

Fragen zum Text

1. Wie viele Termine hatte die Frau mit einem Endokrinologen?
2. Was nimmt die Frau?
3. Wer hat sie überwiesen?
4. Was beunruhigt den Patienten?
5. Was ist der normale Blutdruck des Patienten?
6. Welche Tests sollte sie machen?
7. Welche Art von Ungleichgewicht hat der

have?
8. What is the result of the deficiency of a certain hormone?
9. What does the functioning of the body depend upon?
10. How old is the patient?
11. What did the test results show?
12. What does the treatment require?
13. When should the patient take the medication?
14. When would she see an improvement?

Patient?
8. Was ist das Resultat des Mangels eines gewissen Hormons?
9. Wovon hängt das Funktionieren des Körpers ab?
10. Wie alt ist der Patient?
11. Was zeigen die Testresultate?
12. Was benötigt die Untersuchung?
13. Wann sollte der Patient die Medikamente nehmen?
14. Wann sollte sie eine Verbesserung sehen?

11

Can you write me a note for sick leave?
Können Sie mir eine Krankschreibung ausstellen?

Words

1. accurate [ˈækjərət] - genau
2. active [ˈæktɪv] - aktiv
3. ameliorate [əˈmiːlɪəreɪt] - verbessern
4. anyone [ˈenɪwʌn] - jeder, jemand
5. at the beginning [ət ðə bɪˈgɪnɪŋ] - zu Beginn
6. bad [bæd] - schlecht
7. calm down, relax [kɑːm daʊn | rɪˈlæks] - sich beruhigen, sich entspannen
8. clarify, make clear [ˈklærɪfaɪ | ˈmeɪk klɪə] - näher erläutern, klarstellen
9. clinical [ˈkəlɪnɪkl] - klinisch
10. CNS (central nervous system) [ˈsentrəl ˈnɜːvəs ˈsɪstəm] - ZNS (zentrales Nervensystem)
11. come out [kʌm ˈaʊt] - herauskommen
12. completely [kəmˈpliːtlɪ] - komplett
13. cry [kraɪ] - weinen
14. development [dɪˈveləpmənt] - die Entwicklung
15. dizziness [ˈdɪzɪnəs] - der Schwindel
16. Doppler ultrasound [ˈdɑːplər ˈʌltrəsaʊnd] - der Doppler-Ultraschall
17. effect [ɪˈfekt] - der Effekt
18. examine [ɪgˈzæmɪn] - untersuchen
19. flashlight pen [ˈflæʃlaɪt pen] - der Leuchtstift
20. flow [floʊ] - fließen
21. forget [fəˈget] - vergessen
22. get upset [ˈget ˌʌpˈset] - sich aufregen
23. grandmother [ˈgræn ˌmʌðə] - die Großmutter
24. happen [ˈhæpən] - geschehen, passieren
25. harmless [ˈhɑːmləs] - harmlos

26. head [hed] - der Kopf
27. hit (a mark) [hɪt ə mɑ:k] - treffen (eine Markierung)
28. impossible [ɪm'pɔsəbəl] - unmöglich
29. inexpensive [ˌɪnɪk'spensɪv] - billig
30. irritable ['ɪrɪtəbəl] - reizbar
31. life [laɪf] - das Leben
32. lose [lu:z] - verlieren
33. magnetic resonance [mæg'netɪk 'rezənəns] - die magnetische Resonanz
34. make ['meɪk] - machen
35. mallet ['mælɪt] - der Holzhammer
36. manual ['mænjʊəl] - manuell
37. method, technique ['meθəd | tek'ni:k] - die Methode, die Technik
38. migraine ['mi:greɪn] - die Migräne
39. modern, contemporary ['mɔdən | kən'tempərərɪ] - modern, zeitgenössisch
40. more [mɔ:] - mehr
41. MRT (magnetic resonance tomography) [mæg'netɪk 'rezənəns tə'mɔgrəfɪ] - MRT(die Magnetresonanztomografie)
42. much ['mʌtʃ] - viel
43. nausea ['nɔ:sɪə] - die Übelkeit
44. necessary ['nesəsərɪ] - nötig
45. neurological [ˌnjʊərə'lɔdʒɪkəl] - neurologisch
46. neurologist [njʊə'rɔlədʒɪst] - der Neurologe
47. never ['nevə] - nie
48. new [nju:] - neu
49. noise [nɔɪz] - der Lärm
50. ozone therapy ['oʊzoʊn 'θerəpɪ] - die Ozontherapie
51. percussion [pə'kʌʃən] - die Perkussion
52. prescribe [prɪ'skraɪb] - verschreiben
53. pupil ['pju:pəl] - die Pupille
54. receive [rɪ'si:v] - erhalten
55. reflex ['ri:fleks] - der Reflex
56. related to pain [rɪ'leɪtɪd tə peɪn] - in Bezug auf den Schmerz
57. relating to percussion [rɪ'leɪtɪŋ tə pə'kʌʃən] - in Bezug auf Perkussion
58. sensitivity [ˌsensə'tɪvɪtɪ] - die Empfindlichkeit
59. serious ['sɪərɪəs] - ernst
60. six months, half a year [sɪks mʌnθs | hɑ:f ə 'jɪə] - die sechs Monate, das halbe Jahr
61. sleep [sli:p] - schlafen
62. soft [sɔft] - weich
63. something ['sʌmθɪŋ] - etwas
64. spin [spɪn] - drehen
65. stabilize ['steɪbəlaɪz] - stabilisieren
66. style [staɪl] - der Stil
67. such, similar [sʌtʃ | 'sɪmələ] - solche, ähnlich
68. surface ['sɜ:fɪs] - die Oberfläche
69. take [teɪk] - nehmen
70. tomography [tə'mɔgrəfɪ] - Tomografie
71. vessel ['vesəl] - das Gefäß
72. wake up [weɪk ʌp] - aufwachen

B

"Hello, I am here to see a neurologist," the woman says.
"Please get in line. They will call you," replies the nurse.
"Will I have time to see the doctor?" she asks.
"Do not worry, the doctor will see all the patients," the nurse says.
A nurse comes out of the office and calls in patients.
"You are next in line. Come into the office," she says.
"Hello, doctor. I don't feel well," the woman says.

„Hallo, ich bin hier um einen Neurologen zu sehen," sagt die Frau.
„Bitte stellen Sie sich in der Schlange an. Sie werden Sie rufen," antwortet die Krankenschwester.
„Werde ich Zeit haben den Arzt zu sehen?", fragt sie.
„Machen Sie sich keine Sorgen, der Arzt wird alle Patienten empfangen," sagt die Krankenschwester.
Die Krankenschwester kommt aus dem Büro heraus und ruft Patienten auf.
„Sie sind der Nächste in der Schlange. Kommen Sie in das Büro herein," sagt sie.

"What troubles you?" asks the doctor.
"I have a headache and dizziness. Sometimes I also have nausea," complains the woman.
"How often do you have dizziness?" asks the doctor.
"I often feel dizzy during the day," says the patient.
The doctor reads the entries in the medical record and looks for the precise cause.
"Have you ever had a head injury?" he asks.
"No, I have never had a head injury," the patient replies.
"Do you sleep well?" asks the doctor.
"No, I do not sleep well, I often wake up and cannot sleep for a long time," says the patient.
"Are you often in a bad mood?" the doctor goes on to ask.
"Yes, I get very upset, and I want to cry. I am very irritable sometimes," the woman says.
"How long have you had migraines?" asks the doctor.
"I've had migraines for about six months," the patient replies.
"Do you sometimes have a ringing in your ears?" asks the doctor.
"Yes, I sometimes have ringing in my ears, but not often," the patient complains.
"Do you sometimes completely forget something?" inquires the neurologist.
"Yes, I've been losing everything lately," the patient complains.
"Does anyone in your family have migraines?" asks the doctor.
"Yes, my grandmother had severe headaches," says the patient.
The doctor conducts an examination. He needs to establish a diagnosis.
"Now I have to conducts an examination. Hand me the instruments," he asks the nurse.
The doctor takes a percussion mallet. He checks the reflexes and the response to percussion.
"The reflexes are normal. There is an increased sensitivity to pain," the doctor says.
The neurologist takes an ophthalmoscope and a flashlight pen. He continues the neurological examination.
"You have dilated pupils. You have to calm

„Hallo, Doktor. Ich fühle mich nicht gut," sagt die Frau.
„Was macht Ihnen Schwierigkeiten?" fragt der Arzt.
„Ich habe Kopfschmerzen und Schwindel. Manchmal ist mir auch schlecht," beschwert sich die Frau.
Wie oft haben Sie Schwindel?" fragt der Arzt.
„Mir ist oft während des Tages schwindelig," sagt der Patient.
Der Arzt liest die Angaben in der Krankenakte und sucht nach der präzisen Ursache.
„Hatten Sie jemals eine Kopfverletzung?", fragt er.
„Nein, ich hatte noch nie eine Kopfverletzung," antwortet der Patient.
„Schlafen Sie gut?", fragt der Arzt.
„Nein, ich schlafe nicht gut, ich wache oft auf und kann für lange Zeit nicht schlafen," sagt der Patient.
„Haben Sie oft schlechte Laune?", fragt der Arzt weiter.
„Ja, ich bin sehr traurig und ich möchte weinen. Ich bin manchmal sehr nervös," sagt die Frau.
„Wie lange hatten Sie Migräne?", fragt der Arzt.
„Ich hatte Migräne für ungefähr sechs Monate," antwortet der Patient.
„Haben Sie manchmal ein Klingeln in Ihren Ohren?", fragt der Arzt.
„Ja, manchmal habe ich Klingeln in meinen Ohren, aber nicht oft," beschwert sich der Patient.
„Vergessen Sie manchmal etwas komplett?", fragt der Neurologe.
„Ja, ich habe in letzter Zeit alles verloren," beschwert sich der Patient.
„Hat jemand in Ihrer Familie Migräne?", fragt der Doktor.
„Ja, meine Großmutter hatte ernste Kopfschmerzen," sagt der Patient.
Der Arzt führt eine Untersuchung durch. Er muss eine Diagnose stellen.
„Ich muss jetzt eine Untersuchung durchführen. Geben Sie mir die Instrumente," bittet er die Krankenschwester. Der Arzt nimmt einen Perkussionshammer. Er überprüft die Reflexe und die Antwort auf den Schlag.
„Die Reflexe sind normal. Es gibt eine erhöhte Sensitivität für Schmerz," sagt der Arzt.
Der Neurologe nimmt ein Ophthalmoskop und

down. Everything looks good," explains the doctor.
"Give me the Taylor mallet. I want to check surface sensitivity," he asks the nurse.
"I cannot make an accurate diagnosis without further examination," the doctor continues.
"Do I need to undergo an examination?" worries the patient.
"Yes, I prescribe you a comprehensive examination. You have to do a general clinical blood test and a Doppler ultrasound of the head and neck blood vessels," explains the doctor.
"Is it an expensive examination?" inquires the patient.
"No, it isn't expensive. But you should make an appointment in advance," says the doctor.
"Three days after the Doppler ultrasound, you have to do a magnetic resonance tomography of the brain (MRT). This test is expensive," the doctor goes on to explain.
"Is it necessary?" the woman wants to make clear.
"Yes, it is necessary. Modern methods of diagnosis of the central nervous system (CNS) give us timely warning about the development of serious illnesses," explains the neurologist.
The doctor makes his diagnoses. He writes a prescription.
"Can I start taking them today?" asks the patient.
"Yes, they are harmless. They ameliorate and stabilize the condition," says the doctor.
The doctor talks about additional therapeutic methods.
"For the best results, I prescribe you a modern method of treatment—ozone therapy," he says.
"Can manual therapy help me?" the woman inquires.
"I think that you might benefit from soft manual therapy," the doctor says.
"Do I need to get the test results first?" asks the patient.
"Yes, first get the results. Without them, it is impossible to start therapy," explains the neurologist.
The patient is worries about her condition.

einen Blitzlichtstift. Er macht mit der neurologischen Untersuchung weiter.
„Sie haben geweitete Pupillen. Sie müssen sich beruhigen. Alles sieht gut aus, " erklärt der Arzt.
„Geben Sie mir den Taylor-Hammer. Ich möchte die Oberflächensensibilität überprüfen, " fragt er die Krankenschwester.
„Ich kann keine akkurate Diagnose ohne weitere Untersuchung machen", fährt der Arzt fort.
„Muss ich mich einer Untersuchung unterziehen? ", sorgt sich der Patient.
„Ja, ich verschreibe Ihnen eine komplette Untersuchung. Sie müssen einen allgemeinen klinischen Bluttest und einen Doppler-Ultraschall des Kopfes und der Halsblutgefäße machen, " erklärt der Arzt.
„Ist es eine teure Untersuchung? ", fragt der Patient an.
Nein, es ist nicht teuer. Aber Sie sollten einen Termin im voraus machen, " sagt der Arzt.
„Drei Tage nach dem Doppler-Ultraschall, müssen Sie eine Magnetresonanz-Tomografie des Gehirns machen (MRT). Der Test ist teuer, " erklärt der Arzt weiter.
„Ist es nötig? ", stellt die Frau.
„Ja, es ist nötig. Moderne Methoden der Diagnose des zentralen Nervensystems (ZNS) geben uns eine rechtzeitige Warnung über die Entwicklung von ernsten Krankheiten, " erklärt der Neurologe.
Der Arzt macht seine Diagnosen. Er schreibt ein Rezept.
„Kann ich beginnen sie heute zu nehmen? ", fragt der Patient.
„Ja, sie sind harmlos. Sie verbessern und stabilisieren den Zustand, " sagt der Arzt.
Der Arzt redet über zusätzliche therapeutische Methoden.
„Für beste Resultat, verschreibe ich Ihnen eine moderne Methode der Behandlung - Ozontherapie, " sagt er.
„Kann manuelle Therapie mir helfen? ", fragt die Frau.
„Ich denke, dass sanfte manuelle Therapie für Sie von Nutzen sein kann, " sagt der Arzt.
„Muss ich die Testergebnisse zuerst bekommen? " fragt der Patient.
„Ja, zuerst bekommen Sie die Ergebnisse. Ohne sie ist es unmöglich die Therapie zu beginnen, " erklärt der Neurologe.

"Doctor, will I recover?" she asks.
"Of course, physiotherapy and modern treatment techniques are very effective for such disorders," replies the doctor.
"Can you write me a note for sick leave?" asks the woman.
"Yes. It will be much better for you. Take the medications, spend more time outdoors, and lead an active lifestyle. Goodbye," the doctor says.
"Thank you very much. Goodbye," says the woman.

Der Patient macht sich um seinen Zustand Sorgen.
„Doktor, werde ich mich erholen?", fragt sie.
„Natürlich, Physiotherapie und moderne Behandlungstechniken sind sehr effektiv für solche Störungen," antwortet der Arzt.
„Können Sie mir eine Krankschreibung ausstellen?", fragt die Frau.
„Ja. Es wird viel besser für Sie sein. Nehmen Sie die Medikamente, verbringen Sie viel Zeit draußen und führen Sie einen aktiven Lebensstil. Auf Wiedersehen," sagt der Arzt.
„Vielen Dank. Auf Wiedersehen," sagt die Frau.

C

Questions about the text

1. What troubles the woman?
2. When does she have dizziness?
3. Has she had a head injury?
4. Has the patient had migraines for long?
5. Does she have ringing in her ears often?
6. Which of her relatives has migraines?
7. What does the doctor take?
8. What does the doctor examine?
9. What is the purpose of a Taylor mallet?
10. What should the patient do three days after the Doppler ultrasound?
11. What do the modern methods of diagnosis of the CNS make possible?
12. Why does the doctor prescribe ozone therapy?
13. What kind of manual therapy does the doctor prescribe?
14. What helps with such disorders?

Fragen zum Text

1. Was beunruhigt die Frau?
2. Wann ist ihr schwindelig?
3. Hatte sie eine Kopfverletzung?
4. Hatte der Patient schon lange Migräne gehabt?
5. Hat sie das Klingeln in ihren Ohren oft?
6. Welcher ihrer Verwandten hat Migräne?
7. Was nimmt der Arzt?
8. Was untersucht der Arzt?
9. Was ist der Zweck eines Taylor-Hammers?
10. Was sollte der Patient drei Tage nach dem Doppler - Ultraschall machen?
11. Was machen die modernen Diagnosemethoden des ZNS möglich?
12. Warum verschreibt der Arzt Ozontherapie?
13. Welche Art der manuellen Therapie verschreibt der Arzt?
14. Was hilft bei solchen Störungen?

12

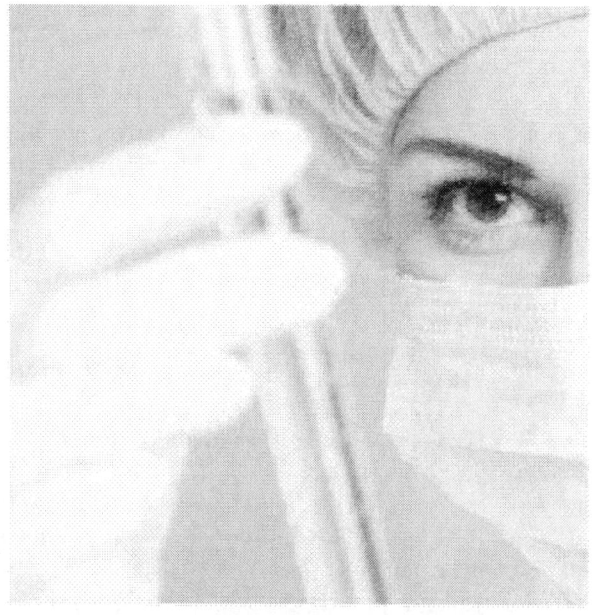

There can be serious complications

Es kann ernsthafte Komplikationen geben

Words

1. area [ˈeərɪə] - die Gegend
2. aspirator [ˈæspɪreɪtə] - das Absaugegerät
3. below [bɪˈloʊ] - unter
4. better [ˈbetə] - besser
5. bring out, to take out [brɪŋ ˈaʊt | tə teɪk ˈaʊt] - rausbringen, rausnehmen
6. bringing out, taking out [ˈbrɪŋɪŋ ˈaʊt | ˈteɪkɪŋ ˈaʊt] - herausbringen, herausnehmen
7. catheter [ˈkæθɪtə] - der Katheter
8. center [ˈsentə] - das Zentrum
9. crush [krʌʃ] - zerdrücken
10. cystitis [sɪˈstaɪtɪs] - die Blasenentzündung
11. cystoscope [ˈsɪstəˌskəʊp] - das Zystoskop
12. develop, grow into [dɪˈveləp | groʊ ˈɪntə] - entwickeln, hineinwachsen
13. endoscopic [ˌendoˈskɑːpɪk] - endoskopisch
14. evacuator [ɪˈvækjʊeɪtə] - der Absauger
15. examination [ɪgˌzæmɪˈneɪʃən] - die Untersuchung
16. examine [ɪgˈzæmɪn] - untersuchen
17. fenestrated [ˈfɛnɪˌstreɪtɪd] - gefenstert
18. fifteen [ˌfɪfˈtiːn] - fünfzehn
19. following [ˈfɔloʊɪŋ] - folgend
20. form [ˈfɔːm] - die Form
21. fragment [frægˈment] - das Fragment
22. further [ˈfɜːðə] - weiter
23. give [gɪv] - geben
24. guarantee [ˌgærənˈtiː] - die Garantie
25. hypothermia [ˌhaɪpəˈθɜːmɪə] - die Unterkühlung
26. insert [ɪnˈsɜːt] - einfügen
27. lithotripter [ˈlɪθəˌtrɪptə] - der Nieren-

steinzertrümmerer
28. manipulation [mə͵nɪpjʊ'leɪʃən] - die Manipulation
29. medicinal [mɪ'dɪsnəl] - medizinisch
30. meet [mi:t] - treffen
31. month [mʌnθ] - der Monat
32. near [nɪə] - nah
33. norm [nɔ:m] - die Norm
34. now [naʊ] - jetzt
35. otherwise ['ʌðəwaɪz] - andererseits
36. outside [͵aʊt'saɪd] - draußen
37. painful ['peɪnfəl] - schmerzhaft
38. phenomenon [fɪ'nɔmɪnən] - das Phänomen
39. prepare [prɪ'peə] - vorbereiten
40. pyelonephritis [͵paɪələʊnɪ'fraɪtɪs] - die Nierenbeckenentzündung
41. recovery [rɪ'kʌvərɪ] - die Genesung
42. relating to pharmacotherapy [rɪ'leɪtɪŋ tə ͵fɑ:mə'kɔ'θerəpɪ] - in Bezug auf Medikamententherapie
43. remind [rɪ'maɪnd] - sich erinnern
44. remove [rɪ'mu:v] - entfernen
45. sand [sænd] - der Sand
46. self-treatment (without medical care) [self 'tri:tmənt | wɪð'aʊt 'medɪkəl keə] - die Selbstbehandlung (ohne medizinische Unterstützung)
47. several ['sevrəl] - mehrere
48. solution [sə'lu:ʃən] - die Lösung
49. stone [stoʊn] - der Stein
50. terrible, frightening ['terəbəl | 'fraɪtənɪŋ] - schrecklich, angsteinflößend
51. that [ðæt] - dies
52. to who, whom [tə hu: | hu:m] - für wen, wen; wem; den, die, das
53. unpleasant [ʌn'pleznt] - unerfreulich
54. urethrae [jʊ'ri:θrə] - die Harnröhre
55. urethral cystoscope [jʊ'ri:θrəl 'sɪstə͵skəʊp] - das Harnröhrengastroskop
56. urination [͵jʊərɪ'neɪʃən] - das Urinieren
57. urolithiasis [jʊəroʊlɪ'θaɪəsɪs] - das Harnsteinleiden
58. urological [͵jʊərəʊ'lædʒɪkl] - urologisch
59. urologist [jʊə'rɔlədʒɪst] - der Urologe
60. weakened ['wi:kənd] - geschwächt

B

A man walks into a medical center.	*Ein Mann geht in ein medizinisches Zentrum.*
"Hello, I have an appointment with an urologist. Is he still seeing patients?" he asks.	*„Hallo, ich habe einen Termin mit einem Urologen. Empfängt er immer noch Patienten?", fragt er.*
"What time is your appointment?" asks the nurse.	*„Um wie viel Uhr ist Ihr Termin?", fragt die Krankenschwester.*
"I have an appointment for four o'clock," replies the man.	*„Ich habe einen Termin um sechzehn Uhr," antwortet der Mann.*
"He is expecting you. Go on in," she says.	*„Er erwartet Sie. Gehen Sie herein," sagt sie.*
The doctor meets the patient in the office.	*Der Arzt trifft den Patienten im Büro.*
"When was your last appointment with an urologist?" the doctor asks.	*„Wann war Ihr letzter Termin mit einem Urologen?", fragt der Arzt.*
"Over a year ago," replies the man.	*„Vor über einem Jahr," antwortet der Mann.*
"Where is your medical record?" asks the doctor.	*„Wo ist Ihre Krankenakte?" fragt der Arzt.*
"I have the medical record. Here," the man gives his record to the doctor.	*„Ich habe die Krankenakte. Hier," der Mann gibt seine Akte dem Arzt.*
The doctor takes the card and checks the symptoms.	*Der Arzt nimmt die Karte und überprüft die Symptome.*
"What troubles you?" he asks.	*„Was macht Ihnen Schwierigkeiten?", fragt er.*
"It has become painful to urinate, and I	*„Es ist schmerzhaft geworden zu urinieren und ich*

have discomfort in my lower stomach," says the patient.

habe leichte Schmerzen in meiner unteren Bauchgegend," sagt der Patient.

"Take your temperature. Here is a thermometer," says the doctor.

„Messen Sie Ihre Temperatur. Hier ist das Thermometer," sagt der Arzt.

"Doctor, here, take the thermometer," the patient gives the doctor the thermometer.

„Doktor, hier, nehmen Sie das Thermometer," der Patient gibt dem Arzt das Thermometer.

"Your temperature is thirty-seven point four. It is a sign of an inflammatory process," he says.

„Ihre Temperatur ist siebenunddreißig Punkt vier. Es ist ein Zeichen eines Entzündungsprozesses," sagt er.

The urologist studies the patient's history.

Der Urologe studiert die Geschichte des Patienten.

"When did the pain start?" he asks to clarify.

„Wann begann der Schmerz?", fragt er zur Klarstellung.

"The pain started about a month ago," says the patient.

„Der Schmerz begann vor ungefähr einem Monat," sagt der Patient.

"You should have come to see the doctor right away," says the doctor.

„Sie hätten gleich zum Arzt gehen sollen," sagt der Arzt.

"Could there be complications now?" asks the patient.

„Könnte es jetzt Komplikationen geben?", fragt der Patient.

"An ultrasound and other tests will determine that," the doctor replies.

„Ein Ultraschall und andere Tests werden das bestimmen," antwortet der Arzt.

"The doctor writes a referral to perform the ultrasound. He gives it to the patient.

Der Arzt schreibt eine Überweisung, um den Ultraschall zu machen. Er gibt sie dem Patienten.

"You must undergo an ultrasound of the bladder and of the kidneys," the doctor says.

„Sie müssen sich einem Ultraschall der Blase und der Nieren unterziehen," sagt der Arzt.

"Where can I have it done?" asks the man.

„Wo kann ich es gemacht bekommen?", fragt der Mann.

"The ultrasound is done on the second floor. In addition, you will need to do an examination of the urethra," the doctor adds.

„Der Ultraschall wird in der zweiten Etage gemacht. Zusätzlich müssen Sie eine Untersuchung der Harnröhre machen," fügt der Arzt hinzu.

"Is that painful?" the man worries.

„Ist es schmerzhaft?", sorgt sich der Mann.

"No, it isn't painful. A precise diagnosis of the urological illness guarantees a recovery," explains the doctor.

„Nein, es ist nicht schmerzhaft. Eine präzise Diagnose der urologischen Krankheit garantiert eine Erholung," erklärt der Arzt.

The patient goes to do an ultrasound. He comes back with the results.

Der Patient geht, um einen Ultraschall machen zu lassen. Er kommt zurück mit den Ergebnissen.

"Have you had pyelonephritis?" the doctor goes on to ask.

„Hatten Sie schon einmal Pyelonephritis?", fragt der Arzt weiter.

"Yes, I had an inflammation of the kidneys. But that was fifteen years ago," clarifies the patient.

„Ja, ich hatte eine Entzündung der Nieren. Aber das war vor fünfzehn Jahren," stellt der Patient klar.

"Nevertheless, your kidneys are weakened. Did you have a cold this month?" asks the doctor.

„Trotzdem sind Ihre Nieren geschwächt. Hatten Sie diesen Monat eine Erkältung?", fragt der Arzt.

"Yes, I had a cold a week ago," replies the patient.

„Ja, ich hatte vor einer Woche eine Erkältung," antwortet der Patient.

The urologist prepares to examine the patient using instruments.

Der Urologe bereitet sich vor den Patienten zu untersuchen, indem er Instrumente benutzt.

"I need to examine you using a urethral

„Ich muss Sie untersuchen, indem ich ein urethra-

cystoscope," he explains.
"And what will it determine?" inquires the patient.
"An endoscopic examination will determine whether there is an inflammation in the bladder and the urethra," replies the doctor.
"Will you conduct a treatment right away?" asks the patient.
"No, we will conduct the treatment after all the tests," says the doctor.
The doctor examines the ultrasound results.
"The ultrasound results show the existence of kidney stones," says the doctor.
"Is that an inflammation of the kidneys?" worries the patient.
"No, that is urolithiasis. You have stones and sand in your kidneys," explains the doctor.
"What other tests do I need to do?" asks the man.
"For now these are enough. They will now bring the results of the bladder ultrasound," says the doctor.
"I need to examine the bladder using a cystoscope," says the doctor.
"Doctor, is everything OK?" asks the patient.
"Yes, the ultrasound and the examination show that the bladder is normal. However, hypothermia led to a slight inflammation, cystitis," explains the doctor.
"What are the dangers?" asks the patient.
"Nothing terrible. I will use a catheter to deliver a medical solution into the bladder," says the doctor.
"Will I need some other treatment?" asks the patient.
"Yes I will prescribe medications. Without medical treatment, cystitis develops into a chronic form with chronic pain in the pelvis," explains the doctor.
"Kidney stones are very unpleasant and painful," continues the doctor.
"What should I do?" asks the patient.
"They must be removed immediately. Otherwise there can be serious complications," explains the doctor.

les Zystoskop benutze," erklärt er.
„Und was wird es bestimmen?", fragt der Patient.
„Eine endoskopische Untersuchung wird bestimmen, ob eine Entzündung in der Blase oder in der Harnröhre ist," antwortet der Arzt.
„Werden Sie sofort eine Behandlung durchführen?", fragt der Patient.
„Nein, wir werden die Behandlung nach all den Tests durchführen," sagt der Arzt.
Der Arzt untersucht die Ultraschallergebnisse.
„Die Ultraschallergebnissee zeigen die Existenz von Nierensteinen," sagt der Arzt.
„Ist es Entzündung der Nieren?" beunruhigt sich der Patient.
„Nein, es ist Urolithiasis. Sie haben Harnsteine und Harnsand in den Nieren," erklärt der Arzt.
„Welche anderen Tests muss ich machen?", fragt der Mann.
„Momentan reichen diese. Sie werden jetzt die Ergebnisse des Ultraschalls der Blase bringen," sagt der Arzt.
„Ich muss die Blase untersuchen, indem ich ein Zystoskop benutze," sagt der Arzt.
„Doktor, ist alles OK?", fragt der Patient.
„Ja, der Ultraschall und die Untersuchung zeigen, dass die Blase normal ist. Trotzdem, Hypothermie führt zu einer leichten Entzündung, Blasenentzündung," erklärt der Arzt.
„Was sind die Gefahren?", fragt der Patient.
„Nichts Schreckliches. Ich werde einen Katheter benutzen, um die medizinische Lösung in die Blase zu bringen," sagt der Arzt.
„Werde ich eine andere Behandlung brauchen?", fragt der Patient.
„Ja, ich werde Medikamente verschreiben. Ohne medizinische Behandlung entwickelt sich eine Blasenentzündung zu einer chronischen Form mit chronischem Schmerz im Becken," erklärt der Arzt.
„Nierensteine sind unangenehm und schmerzhaft," fährt der Arzt fort.
„Was sollte ich tun?", fragt der Patient.
„Sie müssen sofort entfernt werden. Sonst kann es ernsthafte Komplikationen geben," erklärt der Arzt.
„Werden Sie sie zerkleinern?", sorgt sich der Patient.

"Will you crush them?" worries the patient. "Yes, we will have to crush some of the stones. We will do it using a lithotripter," says the doctor. The doctor writes a prescription.

"For further treatment and the removal of sand from the kidneys, I prescribe you pharmacotherapy," he says.

"What does that mean?" inquires the patient.

"It means that you will need to drink a lot of water and take medications. It helps get the sand out of the kidneys," explains the doctor.

"How do you get out the stones? Asks the patient.

"We use an aspirator and evacuator to get out the stone fragments, says the doctor. The doctor sets a follow-up appointment to review all the test results.

"You have a follow-up visit in a week," he reminds him.

"Will I feel better?" worries the patient.

"Of course, your condition will improve," says the doctor.

"Thank you, doctor. Goodbye," says the man.

"Goodbye. Get well," replies the doctor.

„Ja, ich muss einige der Steine zerkleinern. Wir werden es machen, indem wir einen Nierensteinzertrümmerer benutzen," sagt der Arzt. Der Arzt schreibt ein Rezept aus.

„Für die weitere Behandlung und Entfernung des Sands der Nieren verschreibe ich Ihnen Medikamententherapie," sagt er.

„Was bedeutet das?", fragt der Patient an.

„Es bedeutet, dass Sie viel Wasser trinken und Medikamente nehmen müssen. Es hilft dabei den Sand aus den Nieren zu bekommen," erklärt der Arzt.

„Wie bekommen Sie die Steine heraus?", fragt der Patient.

„Wir benutzen einen Absauger um die Steinfragmente herauszubekommen," sagt der Arzt. Der Arzt legt einen Folgebesuch fest, um die Testergebnisse erneut zu überprüfen.

„Sie haben einen Nachfolgebesuch in einer Woche," erinnert er ihn.

„Werde ich mich besser fühlen?", sorgt sich der Patient.

„Natürlich, Ihr Zustand wird sich verbessern," sagt der Arzt.

„Danke, Doktor. Auf Wiedersehen," sagt der Mann.

„Auf Wiedersehen. Gute Besserung," antwortet der Arzt.

C

Questions about the text

1. Where does the man go?
2. With whom does he have an appointment?
3. When is his appointment?
4. What kind of pain is the patient experiencing?
5. When did the pain start?
6. What kind of ultrasound must he do?
7. When did the patient have an inflammation of the kidneys?
8. When did he have a cold?
9. What do the ultrasound results show?
10. What does the doctor use to examine the bladder?
11. What is the purpose of the catheter?
12. What happens without medical care?

Fragen zum Text

1. Wohin geht der Mann?
2. Mit wem hat er einen Termin?
3. Wann ist sein Termin?
4. Welche Art von Schmerz erlebt der Patient?
5. Wann begann der Schmerz?
6. Welche Art von Ultraschall muss er machen?
7. Wann hatte der Patient eine Entzündung der Nieren?
8. Wann hatte er eine Erkältung
9. Was zeigen die Ultraschalltestergebnisse?
10. Was benutzt der Arzt, um die Blase zu untersuchen?
11. Was ist der Zweck des Katheters?
12. Was passiert ohne medizinische Versorgung?
13. Was ist der Zweck des

13. What is the purpose of the lithotripter?	*Nierensteinzertrümmerers?*
14. What helps get the sand out of the kidneys?	*14. Was hilft den Sand aus den Nieren zu bekommen?*
15. How do they get the stones out?	*15. Wie bekommen sie die Steine heraus?*

13

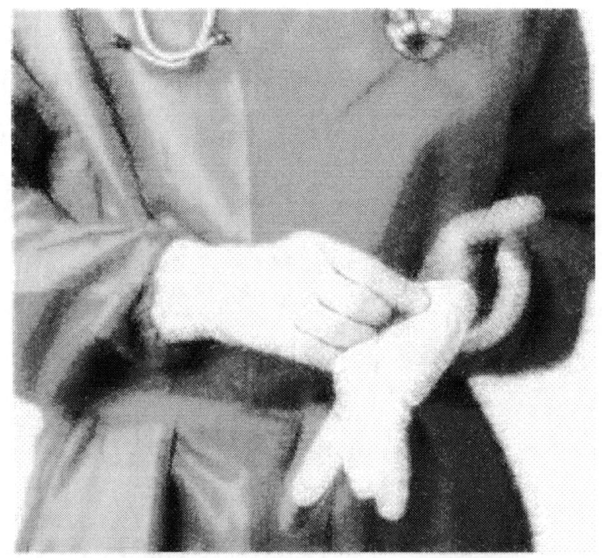

What's wrong with my arm?
Was ist mit meinem Arm los?

Words

1. above [ə'bʌv] - über
2. almost ['ɔ:lmoʊst] - fast
3. apron ['eɪprən] - die Schürze
4. bag [bæg] - die Tasche
5. bandage, sling ['bændɪdʒ | səlɪŋ] - die Bandage, die Schlinge
6. be disrupted [bɪ dɪs'rʌptɪd] - unterbrochen werden
7. be surprised [bɪ sə'praɪzd] - überrascht sein
8. blood flow [blʌd floʊ] - der Blutfluss
9. calcium ['kælsɪəm] - das Calcium
10. calmly ['kɑ:mlɪ] - ruhig
11. careful ['keəfʊl] - vorsichtig
12. cast [kɑ:st] - der (Gips)Verband
13. clamp [klæmp] - die Klemme
14. closed [kloʊzd] - geschlossen
15. clothes [kloʊðz] - die Kleidung
16. comfortable ['kʌmftəbəl] - gemütlich
17. comminuted (fracture) ['kɔmɪnju:tɪd 'fræktʃə] - Trümmer(bruch)
18. containing [kən'teɪnɪŋ] - beinhaltend
19. develop [dɪ'veləp] - entwickeln
20. examination, check-up [ɪg͵zæmɪ'neɪʃən | 'tʃekʌp] - die Untersuchung, die Kontrolluntersuchung
21. extremity, limb [ɪk'stremɪtɪ | lɪm] - das äußerste Ende, das Glied
22. fall [fɔ:l] - fallen
23. food [fu:d] - die Ernährung
24. forceps ['fɔ:seps] - die Zange
25. fracture, broken bone ['fræktʃə | 'broʊkən boʊn] - die Fraktur, der gebrochene Knochen
26. give [gɪv] - geben
27. give back [gɪv 'bæk] - zurückgeben
28. go in [goʊ ɪn] - gehen in
29. go out [goʊ 'aʊt] - ausgehen
30. goal [goʊl] - das Ziel
31. however [haʊ'evə] - obwohl

32. image ['ɪmɪdʒ] - das Bild
33. include [ɪn'klu:d] - einfügen
34. injure, to damage ['ɪndʒə | tə 'dæmɪdʒ] - verletzen, beschädigen
35. laboratory [lə'bɔrətrɪ] - das Laboratorium
36. later ['leɪtə] - später
37. leave [li:v] - verlassen
38. less [les] - weniger
39. lie down [laɪ daʊn] - unten liegen
40. lymph nod e [lɪmf nɔd i:] - der Lymphknoten
41. minute [maɪ'nju:t] - die Minute
42. move [mu:v] - bewegen
43. necessity [nɪ'sesɪtɪ] - die Notwendigkeit
44. next [nekst] - der Nächste, nächst
45. Oh (exclamation) [oʊ ˌekskləˈmeɪʃən] - Oh (der Ausruf)
46. painkillers ['peɪnkɪləz] - die Schmerzmittel
47. palpate [pæl'peɪt] - abtasten
48. pathology [pə'θɔlədʒɪ] - die Pathologie
49. place ['pleɪs] - der Ort
50. place weight / strain ['pleɪs weɪt | streɪn] - das Gewicht legen / der Druck
51. procedural, relating to treatment [prə'si:dʒərəl | rɪ'leɪtɪŋ tə 'tri:tmənt] - verfahrenstechnisch, in Bezug auf die Behandlung
52. procedure, treatment [prə'si:dʒə | 'tri:tmənt] - die Prozedur, die Behandlung
53. product ['prɔdʌkt] - das Produkt
54. protective [prə'tektɪv] - schützend
55. pulse [pʌls] - der Puls
56. radiologist [ˌreɪdɪ'ɔlədʒɪst] - der Radiologe
57. reason, cause ['ri:zən | kɔ:z] - der Grund, die Ursache
58. refer, to send [rɪ'fɜ: | tə send] - überweisen, senden
59. release [rɪ'li:s] - freigeben
60. return [rɪ'tɜ:n] - zurückgeben
61. right (now) [raɪt naʊ] - jetzt
62. room [ru:m] - der Raum
63. ruling out ['ru:lɪŋ 'aʊt] - ausschließen
64. scalpel ['skælpəl] - das Skalpell
65. scissors ['sɪzəz] - die Schere
66. scream [skri:m] - schreien
67. sharp [ʃɑ:p] - genau; scharf
68. showing, developed ['ʃoʊɪŋ | dɪ'veləpt] - zeigend, entwickelt
69. simply ['sɪmplɪ] - einfach
70. soon [su:n] - bald
71. stand [stænd] - stehen
72. suggest [sə'dʒest] - vorschlagen
73. surgical ['sɜ:dʒɪkəl] - chirurgisch
74. swelling ['swelɪŋ] - die Schwellung
75. take off [teɪk ɔf] - ablegen
76. tissue ['tɪʃu:] - das Gewebe
77. tweezers ['twi:zəz] die Pinzetten
78. varicose ['værɪkoʊs] - varikös
79. wait [weɪt] - warten
80. walk [wɔ:k] - gehen
81. walking ['wɔ:kɪŋ] - gehend
82. x-ray ['eks reɪ] - die Röntgenaufnahme, röntgen
83. x-ray room ['eks reɪ ru:m] - der Röntgenraum

A man enters the clinic.
"Hello. Is the surgeon seeing patients?" asks the man at the registration desk.
"Yes, the surgeon is seeing patients. Do you have an appointment?" they ask.
"No, I have a sharp pain," he says.
"Then go through without waiting in line," they reply in registration.
The man goes into the surgeon's office.
"I have a pain in my arm," he says.

Ein Mann betritt die Klinik.
„Hallo. Empfängt der Chirurg Patienten?", fragt der Mann bei dem Anmeldeschalter,
„Ja, der Chirurg empfängt Patienten. Haben Sie einen Termin?", fragen sie.
„Nein, ich habe einen stechenden Schmerz," sagt er.
„Dann gehen Sie durch ohne in der Schlange zu warten," antworten sie bei der Anmeldung.
Der Mann geht in das Büro des Chirurgen.

"Did you injure your arm?" asks the doctor.
"Yes, I fell down two days ago," the patient responds.
"Did you have a sharp pain in your arm?" asks the surgeon.
"Yes, I had a very strong sharp pain. Then it passed," says the man.
The doctor examines the patient.
"Move your fingers. Do you feel pain?" he asks.
"No, it almost doesn't hurt," replies the man.
"You have a severe swelling. I will palpate your arm," says the doctor.
"Oh! It is very painful here," the man screams.
"You need to do an x-ray right away," the doctor says.
"Doctor, I have a broken bone?" asks the patient.
"I think you have a closed fracture, although it may also be a comminuted fracture," the surgeon says.
"But I can work with this arm," the man is surprised.
"This happens when the nerve is outside the injured area," explains the doctor.
The doctor refers the patient to do an X-ray and ultrasound and writes him a referral.
"You need to do an x-ray, and then an ultrasound of the soft tissue in this area," says the doctor.
"Where can I do the X-ray?" the man asks.
"You can do the examination and the procedures right here. The clinic has a good laboratory. Here, take the referral of the X-ray and ultrasound," the doctor says.
"That is very convenient," the patient remarks.
"You will also need to do a general blood test. We need to see whether there are dangerous processes in the blood vessels," adds the doctor.
The man shows concern about the blood test.
"Why would there be dangerous processes?" he asks.
"The fracture happened two days ago.

„Ich habe Schmerzen in meinem Arm," sagt er.
„Haben Sie Ihren Arm verletzt?", fragt der Arzt.
„Ja, ich bin vor zwei Tagen gefallen," antwortet der Patient.
„Hatten Sie einen stechenden Schmerz in Ihrem Arm?", fragt der Chirurg.
„Ja, ich hatte einen starken stechenden Schmerz. Dann ist er weggegangen," sagt der Mann.
Der Arzt untersucht den Patienten.
„Bewegen Sie Ihre Finger. Fühlen Sie einen Schmerz?", fragt er.
„Nein, es tut fast nicht weh," antwortet der Mann.
„Sie haben eine schwere Schwellung. Ich werde Ihren Arm abtasten," sagt der Arzt.
„Oh! Es ist sehr schmerzhaft hier," schreit der Mann.
„Sie müssen sofort eine Röntgenuntersuchung machen," sagt der Arzt.
„Doktor, habe ich einen gebrochenen Knochen?", fragt der Patient.
„Ich denke Sie haben eine geschlossenen Bruch, obwohl es auch ein Trümmerbruch sein kann",sagt der Chirurg.
„Aber ich kann mit dem Arm arbeiten," der Mann ist überrascht.
„Das geschieht, wenn der Nerv außerhalb der verletzten Gegend ist", erklärt der Arzt.
Der Arzt überweist den Patienten zu einer Röntgenuntersuchung und einem Ultraschall und schreibt ihm eine Überweisung.
„Sie müssen eine Röntgenuntersuchung machen, und dann einen Ultraschall des Weichgewebes in dieser Gegend," sagt der Arzt.
„Wo kann ich die Röntgenuntersuchung machen?", fragt der Mann.
„Sie können die Untersuchung und die Prozeduren gleich hier machen. Die Klinik hat ein gutes Labor. Hier, nehmen Sie die Überweisung der Röntgenuntersuchung und des Ultraschalls," sagt der Arzt.
„Das ist sehr vorteilhaft," bemerkt der Patient.
„Sie müssen auch einen allgemeinen Bluttest machen. Wir müssen sehen, ob es gefährliche Prozesse in den Blutgefäßen gibt," fügt der Arzt hinzu.
Der Mann zeigt Bedenken bezüglich des Bluttests.
„Warum sollte es dort gefährliche Prozesse geben?", fragt er.
„Die Fraktur geschah vor zwei Tagen. Es könnte

There could be damage to the blood vessels, a disruption of the blood flow," explains the doctor. "You should have seen a doctor immediately."
"Will they give me the X-rays right away?"asks the patient.
"Yes, they will give you the results of the examination immediately. Come back with the X-rays without waiting in line," replies the surgeon.
The man walks into the X-ray room.
"Hello, I have a referral for an X-rays," he says.
"Come in, please, give us the referral," says the radiologist. "We need to take the X-ray on a large film to also see the image of the healthy bone and joint."
"What should I do?" the man asks.
"Remove the clothing from your arm. Put your arm on this bag of sand," explains doctor.
"Do I need a protective apron?" asks the patient.
"Yes, you should wear a protective apron," replies the radiologist. "Now I'll go to the next room and take the X-ray."
"What should I do?" asks the man.
"You need to stand still," the doctor says. "It's fast. The X-ray is ready."
"When do I get the processed film?" asks the patient.
"You need to wait ten minutes," replies the radiologist.
The man returns to the surgeon's office.
"The X-rays are done on a large X-ray film," he says.
"OK. Give me the X-rays," says the doctor.
"What's wrong with my arm?" asks the patient.
"You have a closed fracture. The soft tissue is normal," replies doctor.
"Will the swelling go away soon?" worries the man.
"Yes, the swelling goes away fast. You should not move your arm," says the doctor.
The doctor goes into the next room. He prepares a bandage.
"Come into the treatment room. We will

eine Schädigung der Blutgefäße geben, eine Unterbrechung des Blutflusses," erklärt der Arzt. „Sie hätten sofort zu einem Arzt gehen sollen."
„Werden Sie mir das Röntgenbild sofort geben?", fragt der Patient.
„Ja, Sie werden Ihnen die Ergebnisse der Untersuchung sofort geben. Kommen Sie mit den Röntgenbildern ohne in der Schlange zu warten," antwortet der Chirurg.
Der Mann kommt in das Röntgenzimmer hinein.
„Hallo, ich habe eine Überweisung für eine Röntgenuntersuchung," sagt er.
„Kommen Sie herein, bitte, geben Sie uns die Überweisung," sagt der Radiologe. „Wir müssen die Röntgenuntersuchung auf einem großen Film machen, um auch das Bild des gesunden Knochens und Gelenks zu sehen."
„Was sollte ich machen?", fragt der Mann.
„Entfernen Sie die Kleidung von Ihrem Arm. Legen Sie Ihren Arm auf diese Tasche aus Sand," erklärt der Arzt.
„Benötige ich eine schützende Schürze?", fragt der Patient.
„Ja, Sie sollten eine schützende Schürze tragen," antwortet der Radiologe. „Jetzt werde ich in den nächsten Raum gehen und das Röntgenbild machen."
„Was sollte ich machen?", fragt der Mann.
„Sie müssen still stehen," sagt der Arzt. „Es geht schnell. Die Röntgenstrahlen sind bereit."
„Wann bekomme ich den verarbeiteten Film?", fragt der Patient.
„Sie müssen zehn Minuten warten," antwortet der Radiologe.
Der Mann kehrt zum Büro des Chirurgen zurück.
„Die Röntgenuntersuchungen werden auf einem großen Röntgenfilm gemacht," sagt er.
„Gut. Geben Sie mir den Röntgenfilm," der Arzt sagt.
„Was ist mit meinem Arm los?", fragt der Patient.
„Sie haben einen geschlossenen Bruch. Das Weichgewebe ist normal," antwortet der Arzt.
„Wird die Schwellung bald verschwinden?", sorgt sich der Mann.
„Ja, die Schwellung verschwindet schnell.
Sie sollten Ihren Arm nicht bewegen," sagt der Arzt.
Der Arzt geht in den nächsten Raum. Er bereitet einen Verband vor.

apply a cast," he says.
"I've never been in a cast," the patient remarks.
On the doctor's table there are a scalpel, tweezers, forceps, and clamps. The doctor takes a sterile bandage and medical scissors. He applies the cast.
"Now, on top we will apply the cast bandage. You should be comfortable," he explains.
The doctor casts the arm. He wants to conduct a general surgical examination.
"Now, let's conduct a general surgical examination," he suggests.
"Why conduct a general examination?" the patient inquires.
"The goal of the examination is to rule out surgical pathologies," explains the doctor.
"What do you need to examine?" asks the patient.
"I must examine the lymph nodes, lower limbs, check the pulse in the leg vessels," the doctor says.
"Why do you need to examine the lower limbs?" again inquires the patient.
"It is necessary to check whether there are varicose veins," explains the doctor.
The doctor examines the patient's general medical history.
"Do you sometimes have a swelling of the limbs?" he asks.
"Yes, I sometimes have swellings when I walk a lot," the patient responds.
"Do you feel pain in the feet after walking, numbness?" asks the doctor.
"I do not feel numbness. My feet just get tired," says the patient.
The surgeon makes recommendations to the patient.
"On your medical record, it says that you have an injured limb, a closed fracture. All the recommendations are in there," he says.
"Do I need to take medication?" asks the patient.
"I prescribe you vitamins with calcium, take pain medication if necessary," explains the doctor.
"Are there any more medications?" asks the man.

„Kommen Sie in den Behandlungsraum. Wir werden einen Gips auftragen," sagt er.
„Ich hatte noch nie einen Gips," bemerkt der Patient.
Auf dem Tisch des Arztes liegen ein Skalpell, Pinzetten, Zangen, und Klammern. Der Arzt nimmt einen sterilen Verband und eine medizinische Schere. Er trägt den Gips auf.
„ Jetzt legen wir die Gipsbandage darauf. Sie sollten sich wohl fühlen," erklärt er.
Der Arzt gipst den Arm ein. Er möchte eine allgemeine chirurgische Untersuchung durchführen.
„Führen wir jetzt eine allgemeine chirurgische Untersuchung durch," schlägt er vor.
„ Warum eine allgemeine Untersuchung durchführen?", fragt der Patient.
„Das Ziel der Untersuchung ist es chirurgische Pathologien auszuschließen," erklärt der Arzt.
„Was müssen Sie untersuchen?", fragt der Patient.
„Ich muss die Lymphknoten, die unteren Glieder untersuchen, den Puls in den Beingefäßen überprüfen," sagt der Arzt.
„Warum müssen Sie die unteren Glieder untersuchen?", fragt der Patient noch einmal an.
„Es ist nötig, um zu überprüfen, ob dort Krampfadern sind," erklärt der Arzt.

Der Arzt untersucht die allgemeine Krankengeschichte des Patienten.
„Haben Sie manchmal eine Schwellung der Glieder?", fragt er.
„Ja, manchmal habe ich Schwellungen, wenn ich viel laufe," antwortet der Patient.
„Spüren Sie Schmerzen in den Füßen nach dem Laufen, Taubheit?", fragt der Arzt.
„Ich fühle keine Taubheit. Meine Füße werden nur müde," sagt der Patient.
Der Chirurg gibt dem Patienten Empfehlungen.

„In Ihrer Krankenakte steht, dass Sie ein verletztes Glied haben, einen geschlossenen Bruch. Alle Empfehlungen sind darin," sagt er.
„Muss ich Medikamente nehmen?", fragt der Patient.
„Ich verschreibe Ihnen Vitamine mit Calcium, nehmen Sie Schmerzmedikamente, wenn nötig," erklärt der Arzt.
„Gibt es noch mehr Medikation?", fragt der Mann.
„Nein, Sie müssen keine Medikamente nehmen.

"No, you do not need medications. Include foods that contain a lot of calcium in your diet," adds the doctor.
"So now I'm going on a special diet," the patient remarks.
"You need to buy a sling for your arm," he says.
"When can I take it off?" the man asks.
"You can only remove the sling when you go to bed. Do not put any weight on the arm," says the doctor
"How long will I have the cast?" asks the patient.
"No less than three weeks. Come back for a follow up appointment in twenty days," reminds the surgeon.
"Thank you, doctor. Goodbye," says the man.
"Be careful. Get well," replies the doctor.

Achten Sie auf eine calciumhaltige Ernährung," fügt der Arzt hinzu.
„Dann habe ich jetzt eine besondere Diät," bemerkt der Patient.
„Sie müssen eine Schlinge für Ihren Arm kaufen," sagt er.
„Wann kann ich sie abnehmen?", fragt der Mann.
„Sie können die Schlinge nur entfernen, wenn Sie ins Bett gehen. Legen Sie kein Gewicht auf Ihren Arm," sagt der Arzt.
„Wie lange werde ich den Gips haben?", fragt der Patient.
„Mindestens drei Wochen. Kommen Sie zurück für einen Nachfolgetermin in zwanzig Tagen," erinnert ihn der Chirurg.
„Dank, Doktor. Auf Wiedersehen," sagt der Mann.
„Seien Sie vorsichtig. Gute Besserung," antwortet der Arzt.

C

Questions about the text

1. Where does the man go?
2. What is painful?
3. When did he fall?
4. Did he have a sharp pain?
5. What must the patient do right away?
6. Where does the doctor refer him?
7. What is the man concerned about?
8. What may be damaged with a fracture?
9. What kind of film is used for the X-rays?
10. Where should he put his arm?
11. What should the patient put on?
12. Where does the doctor go?
13. What does he do?
14. What is on the doctor's table?
15. Why does he need to conduct a general examination?
16. What does the doctor need to examine?
17. Why does he need to examine the lower limbs?
18. Which foods should the patient include in his diet?
19. When can he remove the sling?

Fragen zum Text

1. Wohin geht der Mann?
2. Was ist schmerzhaft?
3. Wann ist er gefallen?
4. Hatte er einen stechenden Schmerz?
5. Was muss der Patient sofort machen?
6. Wohin hat ihn der Arzt überwiesen?
7. Worüber ist der Mann besorgt?
8. Was ist vielleicht mit einer Fraktur beschädigt?
9. Welche Art von Film wird für die Röntgenuntersuchungen benutzt?
10. Wohin sollte er seinen Arm legen?
11. Was sollte der Patient anziehen?
12. Wohin geht der Arzt?
13. Was macht er?
14. Was ist auf dem Tisch des Arztes?
15. Warum muss er eine allgemeine Untersuchung durchführen?
16. Was muss der Arzt untersuchen?
17. Warum muss er die unteren Extremitäten untersuchen?
18. Welche Nahrungsmittel sollten in der Ernährungsweise des Patienten enthalten sein?
19. Wann kann er die Schlinge entfernen?

14

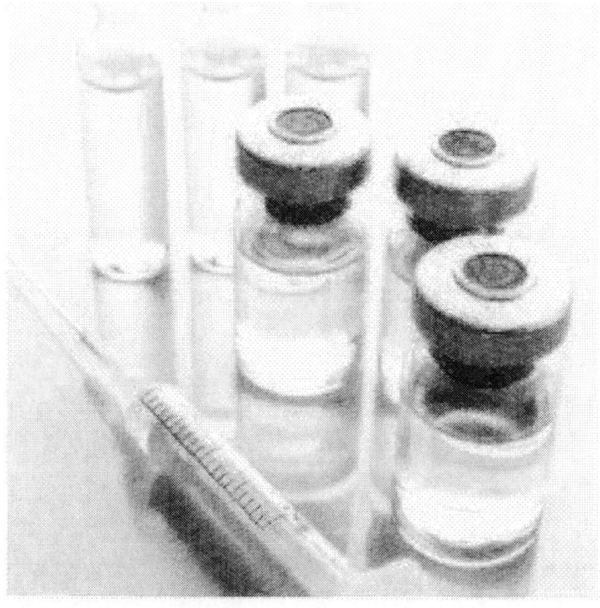

For how long will these relieve my condition?

Für wie lange werden sie meinen Zustand erleichtern?

Words

1. advise [əd'vaɪz] - beraten
2. articular, joint [ɑ:'tɪkjʊlə | dʒɔɪnt] - Gelenk…,Gelenk
3. because [bɪ'kɔz] - weil
4. brace, fixator [breɪs | fɪk'sætə] - der Stützapparat, die Fixierung
5. buy [baɪ] - kaufen
6. compensate ['kɔmpənseɪt] - entschädigen
7. department [dɪ'pɑ:tmənt] - die Abteilung
8. describe [dɪ'skraɪb] - beschreiben
9. development [dɪ'veləpmənt] - die Entwicklung
10. diagnostics, test [ˌdaɪəg'nɔstɪks | 'test] - die Diagnostik, der Test
11. especially [ɪ'speʃəlɪ] - besonders
12. feel [fi:l] - fühlen
13. flatfoot [flæt fʊt] - der Plattfuß
14. freely ['fri:lɪ] - frei
15. insist [ɪn'sɪst] - bestehen
16. insole ['ɪnsoʊl] - die Einlegesohle
17. liquid ['lɪkwɪd] - flüssig
18. long ['lɔŋ] - lange
19. lumbar, low back ['lʌmbə] lou 'bæk] - lumbal, hinten unten
20. measure ['meʒə] - messen
21. minimum ['mɪnɪməm] - das Minimum
22. orthopedic, orthotic [ˌɔ:θə'pi:dɪk | ˌɔ:θə'tɪk] - orthopädisch, die Orthese
23. osteochondrosis [osteokond′rosɪs] - die Osteochondrose
24. overload [ˌoʊvə'loʊd] - überlasten
25. overloaded [ˌoʊvə'loʊdɪd] - überlastet
26. pediatric [ˌpɪdɪ'ætrɪk] - pädiatrisch
27. podiatrist, orthopedist [pə'daɪəˌtrɪst |

ˌɔːθəˈpiːdəst] - der Fußspezialist, der Orthopäde
28. point [pɔɪnt] - der Punkt
29. problem [ˈprɔbləm] - das Problem
30. provoke [prəˈvoʊk] - hervorrufen
31. quality [ˈkwɔlɪtɪ] - die Qualität
32. rather [ˈrɑːðə] - ziemlich; eher, lieber; vielmehr
33. rearrangement [ˌriːəˈreɪndʒmənt] - die Umstellung
34. reflexology treatment, acupuncture [ˌriːfleksˈɔlədʒɪ ˈtriːtmənt | ˈækjʊˌpʌŋktʃə] - die Reflexzonenbehandlung, die Akupunktur
35. relief [rɪˈliːf] - die Entlastung, die Erleichterung
36. result [rɪˈzʌlt] - das Resultat
37. shoes [ʃuːz] - die Schuhe
38. some [sʌm] - einige
39. special [ˈspeʃəl] - besonders
40. stand [stænd] - stehen
41. stimulate [ˈstɪmjʊleɪt] - stimulieren
42. strengthen [ˈstreŋθən] - stärken
43. structure [ˈstrʌktʃə] - die Struktur
44. surgical corset [ˈsɜːdʒɪkəl ˈkɔːsɪt] - chirurgisches Korsett
45. wait [weɪt] - warten

B

"Hello. Is this the line to see an orthopedist?" a woman asks.
"Yes, this line is to the orthopedist. Wait, you will be called," responds the nurse.
After some time, the woman comes into the orthopedist's office.
"What are your complaints?" asks the doctor.
"I have a sore back and legs," answers the woman.
"Do you walk a lot?" asks the doctor.
"No, I walk a little, but I stand a lot at work," the woman says.
"I see you have flatfoot. Flatfoot provokes these symptoms," says the doctor.
"Could my back hurt because of my feet?" the woman asks.
"Of course, it causes overload in the lumbar area of your back," explains the orthopedist.
"What do you advise?" asks the patient.
"You need to wear orthotic insoles," says the doctor.
"I already have orthotic insoles," says the woman.
"When did you start wearing your insoles?" asks the doctor.
"I've been wearing them for six months," says the woman.
"You need to find new quality insoles or buy special shoes," insists the doctor.

„Hallo. Ist das die Schlange, um zum Orthopäden zu gehen?“, fragt eine Frau.
„Ja, das ist die Schlange zum Orthopäden. Warten Sie, Sie werden aufgerufen werden,“ antwortet die Krankenschwester.
Nach einiger Zeit kommt die Frau in das Büro des Orthopäden.
„Was sind Ihre Beschwerden?, fragt der Arzt.
„Ich habe einen verletzten Rücken und Beine,“ antwortet die Frau.
„Gehen Sie viel?“, fragt der Arzt.
„Nein, ich gehe wenig, aber ich stehe viel bei der Arbeit,“ sagt die Frau.
„Ich sehe, dass Sie Plattfüße haben. Plattfüße rufen dieses Symptom hervor,“ sagt der Arzt.
„Könnte mein Rücken wegen meiner Füße wehtun?“, fragt die Frau.
„Natürlich, es verursacht Überlastung im Lendenbereich Ihres Rückens,“ erklärt der Orthopäde.
„Was raten Sie?“, fragt der Patient.
„Sie müssen Orthese-Einlagen tragen,“ sagt der Arzt.
„Ich habe schon Orthese-Einlagen,“ sagt die Frau.
„Wann haben Sie damit angefangen Einlagen zu tragen?“, fragt der Arzt.
„Ich trage sie seit sechs Monaten,“ sagt die Frau.
„Sie müssen Einlagen mit besserer Qualität finden oder besondere Schuhe kaufen,“ besteht der Arzt.
„Warum brauche ich besondere Schuhe und Einlagen?“, fragt der Patient.
„Es hilft dabei die überlasteten Regionen aus-

"Why do I need special shoes and insoles?" asks the patient.
"It helps to compensate for overloaded regions," explains the doctor.
"Will my back stop hurting so much?" asks the woman.
"Yes, insoles and footwear help to cope with the pain," the doctor says.
"Beside preventive measures, you can take a course of reflexology," advises the orthopedist.
"For how long will these relieve my condition?" asks the patient.
"It strengthens the joints at least for six months. If it remains untreated, the shins, knees and joints begin to suffer, and muscle rearrangement occurs," explains the doctor.
"What does the rearrangement of the muscles cause?" the woman asks.
"It can cause osteochondrosis," explains the doctor.
The doctor continues to examine the patient's condition.
"Do you have swelling?" he asks.
"Yes, I have swelling, especially in the evening" the patient responds.
"Do your feet ache after exertion?" asks the doctor.
"Yes, my feet ache after physical exertion," the woman complains.
"Does your low back get sore often?" asks the doctor.
"My back hurts and a headache appears after exertion," the patient responds.
"While we carry out the treatment, you can wear a surgical corset. This will ease your pain," advises the orthopedist.
The doctor wondered whether the patient has more complaints. He makes notes in her medical record.
"I cannot move my right arm freely," the woman says.
"Where do you feel pain?" asks the doctor.
"I get pain in the elbow," the woman says.
"I must examine your joints. You need to undergo diagnostics," the doctor says.
"What kind of diagnostics do I need?" asks the patient.

zugleichen," erklärt der Arzt.
„Wird mein Rücken aufhören so viel weh zu tun?", fragt die Frau.
„Ja, Einlagen und Schuhe helfen mit dem Schmerz fertig zu werden," sagt der Arzt.
„Neben vorbeugenden Maßnahmen, können Sie einen Reflexzonen-Kurs machen," rät der Orthopäde.
„Für wie lange werden sie meinen Zustand erleichtern?", fragt der Patient.
„Es stärkt Ihre Gelenke für mindestens sechs Monate. Wenn es unbehandelt bleibt, beginnen die Schienbeine, Knie und Gelenke zu leiden, und Muskelumlagerung geschieht," erklärt der Arzt.
„Was verursacht die Umlagerung der Muskeln?", fragt die Frau.
„Es kann Osteochondrose verursachen," erklärt der Arzt.
Der Arzt untersucht weiter den Zustand des Patienten.
„Haben Sie eine Schwellung?", fragt er.
„Ja, ich habe eine Schwellung, besonders am Abend," antwortet der Patient.
„Tun Ihnen die Füße nach Anstrengung weh?", fragt der Arzt.
„Ja, meine Füße tun nach körperlicher Anstrengung weh," beschwert sich die Frau.
„Schmerzt Ihr unterer Rücken oft?", fragt der Arzt.
„Mein Rücken tut weh und ich habe Kopfschmerzen nach Anstrengungen," antwortet der Patient.
„Während wir die Behandlung ausführen können Sie ein chirurgisches Korsett tragen. Das wird Ihre Schmerzen lindern," rät der Orthopäde.
Der Arzt überlegt, ob der Patient weitere Beschwerden hat. Er macht in ihrer Krankenakte Notizen.
„Ich kann meinen rechten Arm nicht frei bewegen," sagt die Frau.
„Wo fühlen Sie Schmerzen?", fragt der Arzt.
„Ich bekomme Schmerzen in dem Ellbogen," sagt die Frau.
„Ich muss Ihre Gelenke untersuchen. Sie müssen sich diagnostischen Untersuchungen unterziehen," sagt der Arzt.
„Welche Arten von diagnostischen Untersuchungen benötige ich?", fragt der Patient.
„Sie benötigen einen Ultraschall und eine Endoskopie der Gelenke," erklärt der Arzt.

"You need an ultrasound and an endoscopy of the joints," explains the doctor.
The patient comes back to the orthopedist with the tests results.
"The ultrasound shows disruption of the joint structure," the doctor says.
"Can it be cured?" asks the patient.
"Yes, I am prescribing you a treatment," the doctor says.
"Is this an expensive treatment?" asks the patient.
"No, rather, it is a long-term treatment," explains the doctor.
The doctor describes the system and the process of treatment.
"An anti-inflammatory medicine needs to be administered in the periarticular region for this treatment," he explains.
"Is this necessary to do all the time?" asks the patient.
"No. Usually once is enough. It needs to stimulate the production of synovial fluid," soothes the doctor.
"It's OK if once is enough," says the patient.
"It is necessary to determine the painful points of the joint," continues the doctor.
The orthopedist makes a diagnosis and prescribes a treatment. He prescribes medicine.
"I'll prescribe you an ointment for your joint pain," the doctor says.
"Does the ointment help quickly?" asks the woman.
"Yes, it's a good ointment. After a few days, you will feel a relief. For some time you have to wear a joint brace," says the doctor.
"When can I remove the brace?" the woman asks.
"Come back with the diagnostics results and I will look at the condition of your joint. Do not waste your time. Take care of yourself," says the orthopedist.
"All right, doctor. Goodbye," says the woman.

Der Patient kommt zurück zu dem Orthopäden mit den Testergebnissen.
„Der Ultraschall zeigt eine Unterbrechung der Gelenkstruktur," sagt der Arzt.
„Kann es geheilt werden?", fragt der Patient.
„Ja, ich verschreibe Ihnen eine Behandlung," sagt er Arzt.
„Ist es eine teure Untersuchung?", fragt der Patient.
„Nein, mehr eine Langzeitbehandlung," erklärt der Arzt.
Der Arzt beschreibt das System und den Prozess der Behandlung.
„Eine entzündungshemmende Medizin muss in der bestimmten Region für diese Behandlung verabreicht werden," erklärt er.
„Ist es nötig das die ganze Zeit zu machen?", fragt der Patient.
„Nein, einmal ist gewöhnlich genug. Es muss die Produktion der Gelenkschmiere stimuliert werden," beruhigt der Arzt.
„Es ist OK, wenn einmal genug ist," sagt der Patient.
„Es ist nötig die schmerzhaften Punkte des Gelenks zu bestimmen," fährt der Arzt fort.
Der Orthopäde macht eine Diagnose und verschreibt eine Behandlung. Er verschreibt Medizin.
„Ich werde Ihnen eine Salbe für Ihre Gelenkschmerzen verschreiben," sagt der Arzt.
„Hilft die Salbe schnell?", fragt die Frau.
„Ja, es ist eine gute Salbe. Nach einigen Tagen werden Sie Erleichterung spüren. Für einige Zeit müssen Sie eine Gelenkstütze tragen," sagt der Arzt.
„Wann kann ich die Stütze entfernen?", fragt die Frau.
„Kommen Sie mit den diagnostischen Ergebnissen zurück und ich werde mir Ihren Gelenkzustand ansehen. Verschwenden Sie nicht Ihre Zeit. Passen Sie auf sich auf," sagt der Orthopäde.
„In Ordnung, Doktor. Auf Wiedersehen," sagt die Frau.

C

Questions about the text	***Fragen zum Text***
1. What office does the woman enter?	*1. Welches Büro betritt die Frau?*
2. What are her complaints?	*2. Was sind ihre Beschwerden?*
3. Could foot problems cause a back ache?	*3. Könnten Fußprobleme Rückenschmerzen verursachen?*
4. What does the patient need to wear?	*4. Was muss der Patient tragen?*
5. What kind of insoles does she need to find?	*5. Welche Art von Einlegesohlen muss sie finden?*
6. Why are special shoes and insoles needed?	*6. Warum werden besondere Schuhe und Einlegesohlen benötigt?*
7. Why is reflexology treatment needed?	*7. Warum wird eine Reflexzonenbehandlung benötigt?*
8. What causes muscle rearrangement?	*8. Was verursacht Muskelumlagerung?*
9. When does the patient have swelling?	*9. Wann hat der Patient Schwellungen?*
10. What kind of diagnostics should be done?	*10. Welche Art von Untersuchungen sollten gemacht werden?*
11. What does the ultrasound show?	*11. Was zeigt der Ultraschall?*
12. What medicine is administered in the periarticular region?	*12. Welche Medizin wird in dieser bestimmten Region verabreicht?*
13. What kind of ointment does the doctor prescribe?	*13. Welche Art von Salbe verschreibt der Arzt?*
14. What kind of brace does the patient have to wear?	*14. Welche Art von Stützapparat muss der Patient tragen?*

15

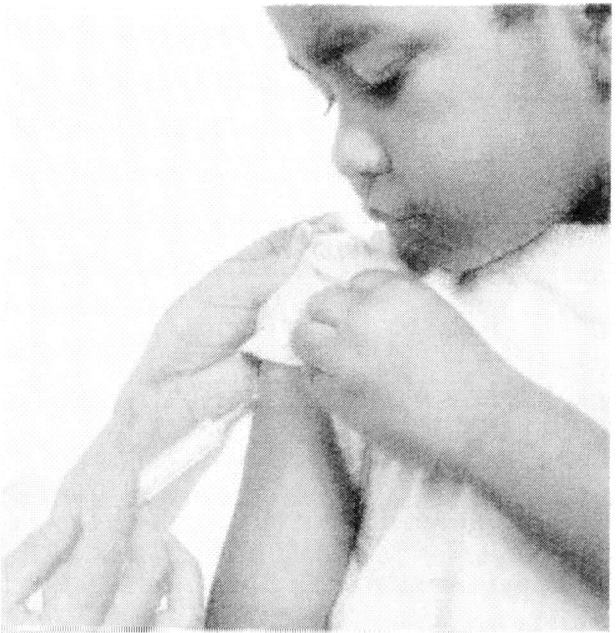

We cannot vaccinate today

Wir können heute nicht impfen

A

Words

1. active, agile [ˈæktɪv | ˈædʒaɪl] - aktiv, flink
2. against [əˈgenst] - gegen
3. apply [əˈplaɪ] - anwenden
4. be afraid [bɪ əˈfreɪd] - Angst haben
5. be worried, anxious [bɪ ˈwʌrɪd | ˈæŋkʃəs] - besorgt sein, ängstlich
6. clean [kliːn] - sauber
7. component [kəmˈpoʊnənt] - der Bestandteil
8. conclusion [kənˈkluːʒən] - die Schlussfolgerung
9. control [kənˈtroʊl] - die Kontrolle
10. cough [kɔf] - der Husten
11. diphtheria [dɪfˈθɪərɪə] - die Diphterie
12. DTP (Absorbed pertussis-diphtheria-tetanus) [ədˈsɔːbd pərˈtəˌsɪs dɪfˈθɪərɪə ˈtetənəs] - DTP (Absorbierte Pertussis-Diphterie-Tetanus)
13. enlarge [ɪnˈlɑːdʒ] - vergrößern
14. fast, quick [fɑːst | kwɪk] - schnell
15. fruit [fruːt] - das Obst
16. give [gɪv] - geben
17. have a doubt, to be unsure [həv ə daʊt | tə bɪ ʌnˈʃʊə] - einen Zweifel haben, unsicher sein
18. heavy [ˈhevɪ] - schwer
19. homeopathic [ˌhoʊmɪəˈpæθɪk] - homöopathisch
20. immune-busting [ɪˈmjuːn ˈbʌstɪŋ] - immunhemmend
21. Infanrix [ɪnˈfʌnrɪks] - Infanrix
22. inoculation, vaccination [ɪˌnɔkjʊˈleɪʃən | ˌvæksɪˈneɪʃən] - die Impfung

23. listen / hear ['lɪsən hɪə] - zuhören / hören
24. low [loʊ] - niedrig
25. lung [lʌŋ] - die Lunge
26. Mantoux test [mən'tʊ 'test] - der Mantoux Test
27. measles ['mi:zəlz] - die Masern
28. mother ['mʌðə] - die Mutter
29. mouth [maʊθ] - der Mund
30. no one, none [noʊ wʌn | nʌn] - niemand, kein
31. norm [nɔ:m] - die Norm
32. note, to remark [noʊt | tə rɪ'mɑ:k] - bemerken, anmerken
33. open ['oʊpən] - öffnen
34. parotitis, mumps [ˌpærə'taɪtɪs | mʌmps] - die Masern
35. permission [pə'mɪʃən] - die Erlaubnis
36. poliomyelitis, polio [ˌpoʊlɪoʊˌmaɪə'laɪtɪs | 'poʊlɪoʊ] - die Poliomyelitis, die Kinderlähmung
37. positive ['pɔzətɪv] - positiv
38. practically, actually ['præktɪkəlɪ | 'æktʃʊəlɪ] - praktisch, eigentlich
39. quiet ['kwaɪət] - ruhig
40. ready ['redɪ] - bereit
41. refuse [rɪ'fju:z] - sich weigern, ablehnen
42. restorative, tonic [rɪ'stɔ:rətɪv | 'tɔnɪk] - das Stärkungsmittel, das Tonikum
43. rubella [ru:'belə] - die Röteln
44. run [rʌn] - rennen
45. runny nose ['rʌnɪ noʊz] - die laufende Nase
46. strain, tension, exertion [streɪn | 'tenʃən | ɪg'zɜ:ʃən] - die Belastung, der Druck, die Anstrengung
47. talk ['tɔ:k] - sprechen
48. test ['test] - der Test
49. tetanus ['tetənəs] - der Tetanus
50. tiring, fatigue ['taɪərɪŋ | fə'ti:g] - ermüdend, die Müdigkeit
51. tray [treɪ] - das Tablett
52. unhealthy, unwell [ʌn'helθɪ | ʌn'wel] - ungesund, unwohl
53. vaccination [ˌvæksɪ'neɪʃən] - die Impfung
54. vaccine ['væksi:n] - der Impfstoff
55. visit ['vɪzɪt] - der Besuch
56. walk, to stroll [wɔ:k | tə stroʊl] - gehen, schlendern
57. watch, to observe [wɔtʃ | tʊ əb'zɜ:v] - zusehen, beobachten
58. would [wʊd] - würde
59. yesterday ['jestədɪ] - gestern

B

A mother with a child walks into the children's clinic.
"Hello. We are going to see the pediatrician. Give us our medical record please," the woman says.
"Do you have an appointment?" asks the receptionist.
"Yes, the doctor is expecting us. We have a planned vaccination," she says.
The mother and her child go into the pediatrician's office. The woman checks with the pediatrician about the vaccination.
"Let's do an examination. The child should be perfectly healthy," the doctor says.
"We have no complaints right now," replies the mother.
"We cannot get him vaccinated if he is even a little unwell," explains the doctor.

Eine Mutter mit einem Kind geht in die Kinderklinik.
„Hallo. Wir möchten zum Kinderarzt. Geben Sie uns unsere Krankenakte, bitte," sagt die Frau.
„Haben Sie einen Termin?", fragt der Rezeptionist.
„Ja, der Arzt erwartet uns. Wir haben eine geplante Impfung," sagt sie.
Die Mutter und das Kind gehen in das Büro des Kinderarztes. Die Frau spricht mit dem Arzt über die Impfung.
„Machen wir eine Untersuchung. Das Kind sollte ganz gesund sein," sagt der Arzt.
„Wir haben gerade keine Beschwerden," antwortet die Mutter.
„Wir können es nicht impfen, auch wenn es sich nur ein bisschen unwohl fühlt," erklärt der Arzt.
Der Arzt redet mit dem Kind und fängt mit der

The doctor talks to the child, and begins the examination.
"Give me a tongue compressor," she tells the nurse. I have to examine the throat, tongue, cheeks.
The nurse hands the doctor sterile instruments in a tray.
"Open your mouth. Say ah-ah-ah," asks the doctor.
"A-ah," says the child.
"The throat is not red. The tonsils are normal," says the doctor.
The doctor checks the lymph nodes.
"The lymph nodes are not enlarged," she says.
"Now I'll listen to your breath," the doctor tells the child.
The doctor takes a stethoscope and applies it to the lungs and bronchi of the child.
"Breathe deeply. Now, quietly. Turn your back. Everything is OK. The lungs are clean," says the pediatrician.
"A few days ago, he complained that he tires quickly when running," says the mother.
"Yes, I'll listen to his heart and take his pulse right now," the doctor says.
"The pulse is slightly accelerated. Maybe he's anxious," says the pediatrician. "Quickly tiring may be associated with low physical activity."
"But he's very active," the woman is surprised.
"It's not that. Do you walk a lot in the fresh air?" asks the doctor.
"About an hour a day," replies the child's mother.
"That's not enough. Fresh air is very good for children," the doctor says.
"I hear that his nose is a little stuffy," continues the pediatrician.
"Yes, the runny nose started yesterday," the mother says.
"Did you observe any other symptoms?" asks the doctor.
"No other symptoms," remarks the woman.
"Was there fever or cough?" the doctor asks.
"No, there was no fever or cough," she answers.
The doctor is not sure that the child is ready

Untersuchung an.
„Geben Sie mir einen Zungenspatel," sagt sie der Krankenschwester. Ich muss den Hals, Zunge, Wangen untersuchen.
Die Krankenschwester händigt dem Arzt sterile Instrumente auf einem Tablett aus.
„Öffne deinen Mund. Sage ah-ah-ah," fragt der Arzt.
„A-ah," sagt das Kind.
„Der Hals ist nicht rot. Die Mandeln sind normal," sagt der Arzt.
Der Arzt überprüft die Lymphknoten.
„Die Lymphknoten sind nicht vergrößert," sagt sie.
„Jetzt werde ich mir deinen Atem anhören," sagt der Arzt dem Kind.
Der Arzt nimmt ein Stethoskop und platziert es auf der Lunge und den Bronchien des Kindes.
„Atme tief. Jetzt, ruhig. Drehe deinen Rücken um. Alles ist OK. Die Lungen sind sauber," sagt der Kinderarzt.
„Vor einigen Tagen hat es sich beschwert, dass es schnell müde wird, wenn es rennt," sagt die Mutter.
„Ja, ich werde mir sein Herz anhören und jetzt seinen Puls messen," sagt der Arzt.
„Der Puls ist leicht erhöht. Vielleicht hat es Angst," sagt der Kinderarzt. „Schnelles Ermüden kann mit wenig körperlicher Aktivität zusammenhängen."
„Aber es ist sehr aktiv," die Frau ist überrascht.
„Das ist es nicht. Laufen Sie viel in der frischen Luft?", fragt der Arzt.
„Ungefähr eine Stunde jeden Tag," antwortet die Mutter des Kindes.
„Das ist nicht genug. Frische Luft ist sehr gut für Kinder," sagt der Arzt.
„Ich höre, dass seine Nase ein bisschen verstopft ist," fährt der Kinderarzt fort.
„Ja, die laufende Nase fing gestern an," sagt die Mutter.
„Haben Sie irgendwelche anderen Symptome bemerkt?", fragt der Arzt.
„Keine anderen Symptome," bemerkt die Frau.
„Gab es Fieber oder Husten?", fragt der Arzt.
„Nein, es gab kein Fieber oder Husten," antwortet sie.
Der Arzt ist sich nicht sicher, ob das Kind bereit für eine Impfung ist.

for vaccination.
"Take a thermometer, we must take his temperature," she says.
"Doctor, I have taken his temperature," says the woman.
"The temperature is a little high. We cannot vaccinate today," says the pediatrician.
"Now we'll have to treat the cold," remarks the child's mother.
"Yes, I'll prescribe you effective homeopathic remedies," the doctor says.
"Do they help quickly?" asks the mother.
"Yes, here is your prescription. There are medications for a runny nose, restoratives, immune-boosting medications, and vitamins. Eat more fruit," the doctor says.
"Doctor, let's check what vaccinations we still need to do," says the woman.
"You already have vaccinations against measles, rubella, mumps," says pediatrician.
"We have been vaccinated with Infanrix," remarks child's mother.
"Yes, the child had a severe allergic reaction to the components of the vaccine against rubella," the doctor says.
"Doctor, should a Mantoux test be done every year?" the woman asks.
"Yes, I advise you not to miss these tests. That is a good way to control a dangerous disease," says the pediatrician.
"Does this test cause allergies?" asks the mother.
"No, the PPD test has practically no side effects," the doctor says. The child has a polio vaccine.
"When do we need to do DTP?" asks the child's mother.
"This comprehensive vaccination is needed every eight years. Now you need vaccines against diphtheria and tetanus," replies the physician.
The doctor examines the vaccination records.
"I suggest that you visit an allergist and do a test for an allergic reaction to the components of the vaccine," insists the pediatrician.
"O.K., we will get tested for sure," replies the mother.
"If the test is positive, the allergist gives permission for the vaccination," explains the

„Nehmen Sie das Thermometer, wir müssen seine Temperatur messen," sagt sie.
„Doktor, ich habe seine Temperatur gemessen," sagt die Frau.
„Die Temperatur ist ein bisschen hoch. Wir können heute nicht impfen," sagt der Kinderarzt.
„Jetzt müssen wir die Erkältung behandeln," bemerkt die Mutter des Kindes.
„Ja, ich werde Ihnen effektive homöopathische Heilmittel verschreiben," sagt der Arzt.
„Helfen Sie schnell?", fragt die Mutter.
„Ja, hier ist Ihr Rezept. Es gibt Medikamente für eine laufende Nase, Stärkungsmittel, immunsystemstärkende Medikamente und Vitamine. Essen Sie mehr Obst," sagt der Arzt.
„Doktor, überprüfen wir welche Impfungen wir noch machen müssen," sagt die Frau.
„Sie haben schon Impfungen gegen Masern, Röteln, Mumps," sagt der Kinderarzt.
„Wir wurden mit Infanrix geimpft," bemerkt die Mutter.
„Ja, das Kind hatte eine schwere allergische Reaktion gegen die Komponenten der Impfung gegen Röteln," sagt der Arzt.
„Doktor, sollte jedes Jahr ein Mantoux Test gemacht werden?", fragt die Frau.
„Ja, ich rate Ihnen diese Tests nicht zu verpassen. Das ist eine gute Art, um eine gefährliche Krankheit zu kontrollieren," sagt der Kinderarzt.
„Verursacht dieser Test Allergien?", fragt die Mutter.
„Nein, der PPD Test hat praktisch keine Nebenwirkungen," sagt der Arzt. Das Kind hat eine Polioimpfung..
„Wann müssen wir DTP machen?", fragt die Mutter des Kindes.
„Diese vollständige Impfung wird alle acht Jahre benötigt. Jetzt brauchen Sie Impfungen gegen Diphterie und Tetanus," antwortet der Arzt.
Der Arzt untersucht die Impfakte.
„Ich schlage vor, dass Sie zu einem Allergologen gehen, um einen Test für eine allergische Reaktion für die Komponenten der Impfung machen," besteht der Kinderarzt.
„O.K., wir werden es sicher testen lassen," antwortet die Mutter.
„Wenn der Test positiv ist, gibt der Allergologe die Erlaubnis für die Impfung," erklärt der Kinderarzt.

pediatrician.
"Can we sign up for the vaccine then?" asks the woman.
"Yes, but you should give your child's allergy medications three days before the vaccination," the doctor says.
"I want to refuse this vaccine," says the child's mother.
"You can refuse it, but it is better to do the test on the strain of the immune system," advises the doctor.
"I am afraid that it will cause complications or a severe reaction," worries the woman.
"I think we can make conclusions after visiting an allergist," says the doctor.
"Do you need a note for sick leave?" asks the pediatrician.
"Yes, Doctor, I work and I need sick leave for child care," answers the child's mom.
"O.K., we will write you a note for sick leave," the doctor says.
"Thank you, Doctor. Goodbye," say the mother and child.
"Get well soon. Goodbye," replies the pediatrician.

„Können wir uns dann für die Impfung anmelden?", fragt die Frau.
„Ja, aber Sie sollten Ihrem Kind die Allergiemedikamente drei Tage vor der Impfung geben," sagt der Arzt.
„Ich möchte diese Impfung verweigern," sagt die Mutter des Kindes.
„Sie können sie verweigern, aber es ist besser die Anlagen des Immunsystems zu testen," rät der Arzt.
„Ich habe Angst, dass sie Komplikationen verursachen wird oder eine schwere Reaktion," sorgt sich die Frau.
„Ich denke wir können Schlussfolgerungen ziehen nachdem Sie beim Allergologen waren," sagt der Arzt.
„Benötigen Sie eine Krankschreibung?", fragt der Kinderarzt.
„Ja, Doktor, Ich arbeite und ich benötige eine Krankschreibung für die Kinderbetreuung," antwortet die Mutter des Kindes.
„O.K., wir werden Ihnen eine Krankschreibung schreiben," sagt der Arzt.
„Danke, Doktor. Auf Wiedersehen," sagen die Mutter und das Kind.
„Baldige Besserung. Auf Wiedersehen," antwortet der Kinderarzt.

C

Questions about the text

1. Where do the mother and child go?
2. What should the doctor examine?
3. What does nurse hand the doctor?
4. What does the doctor apply to the lungs and bronchi?
5. What may be related to getting tired?
6. When did the runny nose start?
7. What must be taken?
8. Which medications does the doctor prescribe?
9. What vaccinations does he give?
10. To what does the child have a strong allergy?
11. How often is DTP needed?
12. Which vaccinations does the child need to do now?

Fragen zum Text

1. Wohin gehen die Mutter und das Kind?
2. Was sollte der Arzt untersuchen?
3. Was händigt die Krankenschwester dem Arzt aus?
4. Was wendet der Arzt bei den Lungen und Bronchien an?
5. Was verursacht möglicherweise Ermüdungserscheinungen?
6. Wann begann die laufende Nase?
7. Was muss genommen werden?
8. Welche Medikamente verschreibt der Arzt?
9. Welche Impfungen verabreicht er?
10. Worauf hat das Kind eine starke Allergie?
11. Wie oft wird DTP benötigt?
12. Welche Impfungen braucht das Kind jetzt?

13. Whom does the pediatrician recommend to visit?
14. Who gives permission for the vaccination?
15. What kind of sick leave does the child's mother need?

13. Wen empfiehlt der Kinderarzt zu besuchen?
14. Wer gibt die Erlaubnis für die Impfung?
15. Welche Art von Krankschreibung braucht die Mutter des Kindes?

16

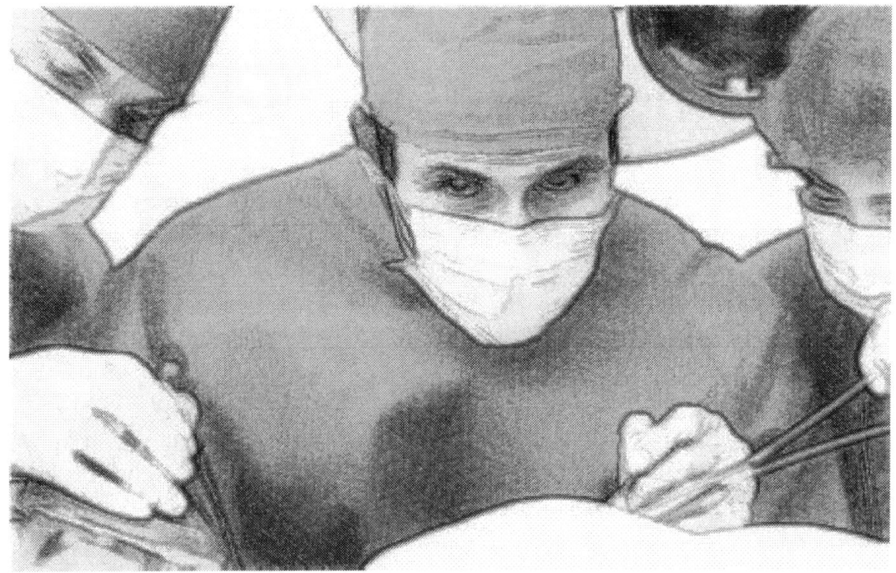

What happens if you do not treat periodontitis?

Was passiert wenn man Parodontosis nicht behandelt?

A

Words

1. absolutely, completely ['æbsəlu:tlı | kəm'pli:tlı] - absolut, komplett
2. across [ə'krɔs] - über
3. Ah, ouch [ɑ: | aʊtʃ] - Au, autsch
4. antibacterial [ˌæntıbæk'tıərıəl] - antibakteriell
5. artificial [ˌɑ:tı'fıʃəl] - künstlich
6. be patient, to endure [bı 'peıʃnt | tʊ ın'djʊə] - geduldig sein, ertragen
7. bleeding ['bli:dıŋ] - das Bluten
8. burn [bɜ:n] - brennen
9. ceiling ['si:lıŋ] - die Decke
10. chair [tʃeə] - der Stuhl
11. clean [kli:n] - säubern
12. clean up [kli:n ʌp] - sauber machen
13. clogged [klɔgd] - verstopft
14. cool [ku:l] - kühl
15. cupboard ['kʌbəd] - der Schrank
16. curette [kjʊə'ret] - die Ausschabung
17. decay, caries [dı'keı | 'keəri:z] - der Verfall, die Karies
18. deep [di:p] - tief
19. dental ['dentəl] - Zahn...
20. dental drill ['dentəl drıl] - der Zahnbohrer
21. dental excavator ['dentəl 'ekskəveıtə] - der Zahnexkavator
22. dentin ['denti:n] - das Dentin
23. deposit [dı'pɔzıt] - die Ablage
24. destroy [dı'stroı] - zerstören
25. dying ['daııŋ] - sterbend
26. examine [ıg'zæmın] - untersuchen
27. filling ['fılıŋ] - die Füllung
28. form ['fɔ:m] - formen
29. gingivitis [ˌdʒındʒı'vaıtəs] - die Zahnfleischentzündung
30. interdental ['ıntə'dentl] - Zahnzwischen..

31. interval ['ɪntəvəl] - der Abstand
32. leftover ['leftoʊvə] - übrig geblieben
33. light, bright [laɪt | braɪt] - leicht, hell
34. loss [lɔs] - der Verlust
35. near [nɪə] - nah
36. painful ['peɪnfəl] - schmerzhaft
37. periodontal [ˌperɪə'dɑːntəl] - parodontal
38. periodontitis [ˌpɛrɪoʊdɑn'taɪtɪs] - Parodontosis, Zahnfleischschwund
39. plaque, deposit [plɑːk | dɪ'pɔzɪt] - der Zahnbelag, die Ablagerung
40. pocket ['pɔkɪt] - die Tasche; cavity - die Höhle
41. premature ['premətjʊə] - vorzeitig
42. probe [proʊb] - die Sonde
43. relating to decay, carious [rɪ'leɪtɪŋ tə dɪ'keɪ | 'keərɪəs] - in Bezug auf Verfall, kariös
44. return [rɪ'tɜːn] - wiederkehren
45. root [ruːt] - die Wurzel
46. root canal [ruːt kə'næl] - der Wurzelkanal
47. save [seɪv] - sparen
48. scaler [s'keɪlə] - der Scaler
49. sit down [sɪt daʊn] - hinsetzen
50. small [smɔːl] - klein
51. stage [steɪdʒ] - das Stadium, die Phase
52. sterilization [ˌsterəlaɪ'zeɪʃən] - die Sterilisation
53. stomatitis [ˌstɔmə'taɪtɪs] - die Mundschleimhautentzündung
54. subgingival [ˌsəb'dʒɪndʒəvəl] - subgingival
55. temporary ['temprərɪ] - vorübergehend
56. then [ðen] - dann
57. Thursday ['θɜːzdeɪ] - der Donnerstag
58. treat, to process [triːt | tə 'proʊses] - behandeln, bearbeiten
59. try ['traɪ] - versuchen
60. understand [ˌʌndə'stænd] - verstehen
61. ventilation [ˌventɪ'leɪʃən] - die Belüftung
62. Wednesday ['wenzdeɪ] - der Mittwoch
63. window ['wɪndoʊ] - das Fenster

B

A girl comes into the dental clinic.
"Hello. I have an appointment at eleven o'clock with the dentist," she says.
"Okay, wait outside the office," says the dental assistant.
"How long do I have to wait?" asks the girl.
"Once the doctor is free, you will be called," he says.
The girl walks into the office. It is bright. There are two large windows. There is a ventilator on the ceiling. It's cool here. The office has two dental chairs. On the left, there is a device for sterilizing instruments. Near the window is a cupboard. In it, there are a lot of medications.
"Come in. Sit in the chair. What troubles you?" asks the doctor.
"I have a toothache," answers the girl.
"Let's see. Open your mouth," the doctor says.
The doctor takes a dental mirror and

Ein Mädchen kommt in eine Zahnarztklinik.
„Hallo. Ich habe um elf Uhr einen Termin mit dem Zahnarzt," sagt es.
„Okay, warte außerhalb des Büros," sagt der zahnärztliche Assistent.
„Wie lange muss ich warten?", fragt das Mädchen.
„Sobald der Arzt frei ist wirst du aufgerufen," sagt er.
Das Mädchen geht in das Büro. Es ist hell. Es gibt zwei große Fenster. Es gibt einen Ventilator an der Zimmerdecke. Es ist kühl hier. Das Büro hat zwei Zahnarztstühle. Auf der linken Seite gibt es ein Gerät, um Instrumente zu sterilisieren. In der Nähe vom Fenster ist ein Schrank. Darin gibt es viele Medikamente.
„Komme herein, Setze dich in den Stuhl. Was macht dir Schwierigkeiten?", fragt der Arzt.
„Ich habe Zahnschmerzen," antwortet das Mädchen.
„Lass' mal sehen. Öffne deinen Mund," sagt der Arzt.
Der Arzt nimmt einen Zahnspiegel und untersucht die Mundhöhle.
„Hattest du eine Mundschleimhautentzündung?",

examines the oral cavity.
"Did you have stomatitis?" he asks.
"Yes, I had stomatitis, but a long time ago," says the girl.
"You have inflamed gums there," says the dentist.
"Yes, I noticed it yesterday," answers the girl.
"I have to treat this area with a solution," the doctor says. "Do you have bleeding gums sometimes?"
"No, I do not have bleeding gums," says the patient, and inquires: "What happens if you do not treat periodontitis?"
"This leads to the next stage of the disease," explains the doctor.
"What does this mean?" she asks.
"Periodontal pockets start to emerge," continues the doctor. "Gum disease leads to a premature loss of teeth."
The doctor takes a dental probe and examines the condition of the teeth.
"I found cavities in two teeth," the dentist says.
"Ouch!" cries the girl.
"Yes, I see. Here it hurts. You have deep decay in this tooth," the doctor says. "You have an open nerve here. But I do not want to remove it."
"What are you going to do?" she asks.
"You need to take an X-ray of the tooth and I will see whether it is possible to save the nerve," explains the doctor.
"Is my tooth badly damaged?" asks the patient.
"In this tooth you have a moderate degree of decay. It is easily cured," the doctor says.
"Doctor, what needs to be done for the filling to hold for a long time?" asks the girl.
"It is necessary to find out whether the root canal is clogged. After that we will put in a good filling," the doctor says.
The girl asks the doctor where she can take the X-ray of the tooth.
"Where can I take the X-ray?" she says.
"The X-ray can be done in the office across from ours," answers a nurse.

fragt er.
„Ja, ich hatte eine Mundschleimhautentzündung, aber vor langer Zeit," sagt das Mädchen.
„Du hast dort entzündetes Zahnfleisch," sagt der Zahnarzt.
„Ja, ich habe es gestern bemerkt," antwortet das Mädchen.
„Ich muss diese Gegend mit einer Lösung behandeln," sagt der Arzt.„Hast du manchmal blutendes Zahnfleisch?"
„Nein, ich habe kein blutendes Zahnfleisch," sagt der Patient, und fragt an:„Was passiert wenn man Parodontosis nicht behandelt?"
„Das führt zur nächsten Stufe der Krankheit," erklärt der Arzt.
„Was bedeutet das?", fragt sie.
„Paradontale Taschen tauchen auf," fährt der Arzt fort.„Die Zahnfleischerkrankung führt zu einem vorzeitigen Verlust der Zähne,"
Der Arzt nimmt eine zahnärztliche Probe und untersucht den Zustand der Zähne.
„Ich habe Karies in zwei Zähnen gefunden," sagt der Zahnarzt.
„Aua!" schreit das Mädchen.
„Ja, ich sehe. Hier tut es weh. Du hast tiefen Zerfall in diesem Zahn," sagt der Arzt.„Du hast einen offenen Nerv hier. Aber ich möchte ihn nicht entfernen."
„Was werden Sie machen?", fragt sie.
„Du musst eine Röntgenuntersuchung des Zahns machen und werde sehen, ob es möglich ist den Nerv zu retten," erklärt der Arzt.
„Ist mein Zahn schwer geschädigt?", fragt der Patient.
„In diesem Zahn hast du einen gemäßigten Grad an Zerfall. Er ist einfach zu heilen," sagt der Arzt.
„Doktor, was muss gemacht werden, damit die Füllung lange hält?", fragt das Mädchen.
„Es ist nötig herauszufinden, ob der Wurzelkanal verstopft ist. Danach werden wir eine gute Füllung anwenden," sagt der Arzt.
Das Mädchen fragt den Arzt, wo sie die Röntgenuntersuchung des Zahnes machen kann.
„Wo kann ich die Röntgenuntersuchung machen?", fragt sie.
„Die Röntgenuntersuchung kann in dem Büro gegenüber unserem gemacht werden," antwortet die Krankenschwester.

“Do I have to go back to your office with X-ray?” asks the patient.
“Of course, get back to my office right away,” he says.
The girl comes into the X-ray room. It's small. In the center of the room is an X-ray machine. It’s a dental X-ray machine.
The patient comes into the office with the X-ray in her hand.
“Give me the X-ray. Sit in the chair,” the doctor says.
“Can you put in the filling today?” asks the patient.
“No, first, we need to remove plaque, then clean the root canal and put medicine on the nerve,” the doctor explains.
The doctor takes dental tweezers and cleans the gums with a solution.
“It will burn a little. Be patient,” he says.
“You have subgingival dental plaque. It destroys the root of the tooth and the gum,” says the dentist.
“Can you remove it?” worries the patient.
“Of course, this must be done,” replies the doctor.
“What happens if you do not remove the plaque?” asks the girl.
“First gingivitis develops, then periodontitis,” explains the doctor.
The doctor takes a curette and removes the plaque.
“Now we clean interdental spaces with the scaler,” he says. “Then we treat the inflamed gums with antibacterial solution and ointment.”
“Does it hurt?” worries patient.
“No, it does not hurt at all. Try not to shut your mouth. If you do not treat inflammation, stomatitis develops. It is unpleasant and painful,” explains the doctor.
The doctor takes a dental excavator and cleans the cavity from food debris and soft plaque.
“I need to clean the cavities and treat them with a solution,” the doctor warns.
“Will you work with a drill?” asks the girl.
“No, just with tools,” replies the dentist.

„Muss ich zurück zu Ihrem Büro mit dem Röntgenbild? “, fragt der Patient.
„Natürlich, komme sofort zurück in mein Büro, “ sagt er.
Das Mädchen kommt in den Röntgenraum. Er ist klein. In der Mitte des Raumes ist eine Röntgenmaschine. Es ist eine zahnärztliche Röntgenmaschine.
Der Patient kommt in das Büro mit dem Röntgenbild in ihrer Hand.
„Gib mir das Röntgenbild. Setz dich in den Stuhl, “ sagt der Arzt.
„Können Sie die Füllung heute hereinmachen? “, fragt der Patient.
„Nein, zuerst müssen wir Plaque entfernen, dann den Wurzelkanal säubern und Medizin auf den Nerv geben, “ erklärt der Arzt.
Der Arzt nimmt zahnärztliche Pinzetten und säubert das Zahnfleisch mit einer Lösung.
„Es wird ein wenig brennen. Sei geduldig, “ sagt er.
„Du hast subgingivalen Zahnplaque. Er zerstört die Wurzel des Zahns und das Zahnfleisch, “ sagt der Zahnarzt.
„Können Sie es entfernen? “, sorgt sich der Patient.
„Natürlich, das muss gemacht werde, “ antwortet der Arzt.
„Was passiert, wenn Sie den Plaque nicht entfernen? “, fragt das Mädchen.
„Zuerst wird sich Gingivitis entwickeln, dann Parodontitis, “ erklärt der Arzt.
Der Arzt nimmt eine Kürette und entfernt den Plaque.
„Jetzt säubern wir die Zahnzwischenräume mit dem Schaber, “ sagt er.„ Dann behandeln wir das entzündete Zahnfleisch mit einer antibakteriellen Lösung und einer Salbe. “
„Tut es weh? “, sorgt sich der Patient.
„Nein, es tut überhaupt nicht weh. Versuche deinen Mund nicht zu schließen. Wenn du die Entzündung nicht behandelst, entwickelt sich eine Mundschleimhautentzündung. Diese ist unangenehm und schmerzhaft, “ erklärt der Arzt.
Der Arzt nimmt einen Exkavator und säubert den Hohlraum von Speiseresten und weichem Plaque.
„Ich muss die Hohlräume säubern und sie mit einer Lösung behandeln, “ warnt der Arzt.
„Werden Sie mit einem Bohrer arbeiten? “, fragt das Mädchen.
„Nein, nur mit Werkzeugen, “ antwortet der Zahnarzt.

"Now we need to clean the root canal," he continues.
"Will you put in the filling?" asks the patient.
"Yes, we have to put a temporary filling. This is artificial dentin," the dentist says.
"Why do I need a temporary filling?" the girl is surprised.
"We put medicine on the nerve. It causes the nerve to die. The temporary filling helps to keep the medication in the tooth cavity," explains the doctor. "I treated your teeth and gums. I will see you on Thursday."
"Can I come on Wednesday?" asks the patient.
"No, the medication will not work quite yet at that time," answers the doctor.
"I understand. Goodbye," says the girl.
"All the best," the doctor says.

„Jetzt müssen wir den Wurzelkanal säubern," fährt er fort.
„Werden Sie die Füllung hineingeben?", fragt der Patient.
„Ja, wir werden eine vorübergehende Füllung hineingeben. Das ist ein künstliches Dentin," sagt der Zahnarzt.
„Warum benötige ich eine vorübergehende Füllung?", das Mädchen ist überrascht.
„Wir geben Medizin auf den Nerv. Dadurch stirbt er ab. Die vorübergehende Füllung hilft, die Medikation in dem Zahnhohlraum zu behalten," erklärt der Arzt. „Ich habe deine Zähne und das Zahnfleisch behandelt. Ich sehe dich am Donnerstag."
„Kann ich am Mittwoch kommen?", fragt der Patient.
„Nein, die Medikation wird zu dieser Zeit noch nicht funktionieren," antwortet der Arzt.
„Ich verstehe. Auf Wiedersehen," sagt das Mädchen.
„Alles Gute," sagt der Arzt.

C

Questions about the text

1. When does the girl have an appointment with the dentist?
2. What is in the office?
3. What is near a window?
4. What happens if you do not treat periodontitis?
5. What are the consequences of gum disease?
6. What does the dentist detect in two teeth?
7. What kind of photo is needed to be done?
8. What do we need to do for the filling to hold for a long time?
9. Where can the girl take an X-ray?
10. Why can't the doctor put in a filling?
11. What destroys the root of the tooth and the gums?
12. What happens if you do not remove plaque?
13. With what tool does the doctor clean between the teeth?
14. With what does doctor treat

Fragen zum Text

1. Wann hat das Mädchen einen Termin mit dem Zahnarzt?
2. Was ist in dem Büro?
3. Was ist in der Nähe des Fensters?
4. Was passiert, wenn man Parodontitis nicht behandelt?
5. Was sind die Konsequenzen von Zahnfleischentzündung?
6. Was entdeckt der Zahnarzt in zwei Zähnen?
7. Welche Art von Foto muss gemacht werden?
8. Was müssen wir machen, damit die Füllung lange hält?
9. Wo kann das Mädchen eine Röntgenuntersuchung machen?
10. Warum kann der Arzt keine Füllung hineingeben?
11. Was zerstört die Zahnwurzel und das Zahnfleisch?
12. Was passiert, wenn man Plaque nicht entfernt?
13. Mit welchem Instrument macht der Arzt zwischen den Zähnen sauber?
14. Womit behandelt der Arzt die Entzündung des Zahnfleischs?

inflammation of the gums?

15. With what does the doctor clean the cavity?
16. What kind of filling does doctor put in?
17. Why is a temporary filling needed?

15. Womit reinigt der Arzt die Karies?
16. Welche Art von Füllung gibt der Arzt hinein?
17. Warum wird eine vorübergehende Füllung benötigt?

17

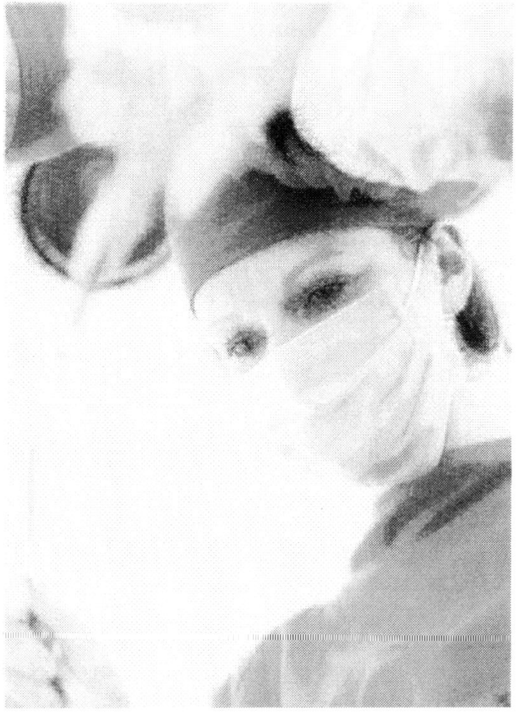

I need the best and the most reliable filling

Ich brauche die beste und verlässlichste Füllung

Words

1. abrasion [ə'breɪʒən] - die Abnutzung
2. account [ə'kaʊnt] - das Konto
3. acid ['æsɪd] - die Säure
4. agree [ə'gri:] - zustimmen
5. agrees [ə'gri:z] - die Zustimmung
6. allocate, to extract ['æləkeɪt | tʊ ɪk'strækt] - zuteilen, extrahieren
7. around [ə'raʊnd] - herum
8. bandage ['bændɪdʒ] - die Bandage
9. beam [bi:m] - der Lichtstrahl
10. biological [ˌbaɪə'lɔdʒɪkəl] - biologisch
11. bleach [bli:tʃ] - bleichen
12. bring [brɪŋ] - bringen
13. carbon paper ['kɑ:bən 'peɪpə] - das Kohlepapier
14. cheap [tʃi:p] - billig
15. chemical ['kemɪkəl] - chemisch
16. class [klɑ:s] - die Klasse
17. clean [kli:n] - säubern
18. come, to arrive [kʌm | tʊ ə'raɪv] - kommen, ankommen
19. compatibility [kəmˌpætə'bɪlɪtɪ] - die Kompatibilität
20. compomer [kəm'poʊmə] - das Compomer
21. composite ['kɔmpəzɪt] - das Gemisch
22. compress [kəm'pres] - zusammendrücken
23. congeal [kən'dʒi:l] - erstarren
24. contain [kən'teɪn] - enthalten

25. drill [drɪl] - bohren
26. durable ['djʊərəbəl] - haltbar
27. expand [ɪk'spænd] - erweitern
28. expensive [ɪk'spensɪv] - teuer
29. extra ['ekstrə] - extra
30. fasten, to attach ['fɑ:sən | tʊ ə'tætʃ] - befestigen, anhängen
31. fear, to be afraid [fɪə | tə bɪ ə'freɪd] - fürchten, Angst haben
32. filling ['fɪlɪŋ] - die Füllung
33. fluoride ['flʊəraɪd] - das Fluorid
34. for a long time [fər ə 'lɔŋ 'taɪm] - für eine lange Zeit
35. form ['fɔ:m] - formen
36. gel [dʒel] - das Gel
37. girl [gɜ:l] - das Mädchen
38. glad [glæd] - froh sein
39. harden ['hɑ:dən] - erhärten
40. hydrogen ['haɪdrədʒən] - der Wasserstoff
41. illuminates [ɪ'lu:mɪneɪts] - erhellen
42. injection [ɪn'dʒekʃən] - die Injektion
43. interfere [ˌɪntə'fɪə] - unterbrechen
44. laser ['leɪzə] - der Laser
45. lay, to put [leɪ | tə 'pʊt] - stellen, setzen, legen
46. light-curing [laɪt 'kjʊərɪŋ] - lichthärtend
47. like ['laɪk] - mögen
48. lining ['laɪnɪŋ] - das Innenmaterial
49. link, feedback [lɪŋk | 'fi:dbæk] - die Verbindung, die Rückmeldung
50. low-toxic [loʊ 'tɔksɪk] - gering giftig
51. material [mə'tɪərɪəl] - das Material
52. miss, to absent [mɪs | tʊ æb'sent] - verpassen, sich zurückziehen
53. mix [mɪks] - mischen
54. more expensive [mɔ:r ɪk'spensɪv] - teurer
55. old [oʊld] - alt
56. ormocer [o:'mosə] - das Ormocer
57. peroxide [pə'rɔksaɪd] - das Peroxid
58. plate [pleɪt] - die Platte
59. polish ['pɔlɪʃ] - polieren
60. porcelain ['pɔ:səlɪn] - das Porzellan
61. postpone, to defer [pə'spoʊn | tə dɪ'fɜ:] - verschieben, aufschieben
62. prepare [prɪ'peə] - vorbereiten
63. progressive, advanced [prə'gresɪv | əd'vɑ:nst] - fortschreitend, fortgeschritten
64. put in fillings ['pʊt ɪn 'fɪlɪŋz] - die Füllungen einsetzen
65. rejoice, to be happy [rɪ'dʒɔɪs | tə bɪ 'hæpɪ] - sich freuen, glücklich sein
66. relax [rɪ'læks] - sich entspannen
67. reliable [rɪ'laɪəbəl] - zuverlässig
68. rinse [rɪns] - ausspülen
69. rub [rʌb] - rubbeln
70. session ['seʃən] - die Sitzung
71. steady, stable ['stedɪ | 'steɪbəl] - stabil, konstant
72. surface ['sɜ:fɪs] - die Oberfläche
73. tampon ['tæmpan] - der Tampon
74. thank [θæŋk] - danken
75. thoroughly ['θʌrəlɪ] - gründlich
76. trowel ['traʊəl] - der kleine Spaten
77. try ['traɪ] - versuchen
78. veneer [və'nɪə] - Veneer
79. visit ['vɪzɪt] - ein Besuch; besuchen
80. want [wɔnt] - möchten, wünschen
81. wash [wɔʃ] - waschen
82. whitening ['waɪtənɪŋ] - weißmachend, aufhellend
83. worse [wɜ:s] - schlechter

B

There comes the time for the follow-up visit to the dental office. The girl walks into the dentist's office. The office is large and bright.
"Hello. Have you ordered your medical record?" asks the doctor.
"Yes, they will bring it now," says the patient.

Es kommt die Zeit für den Nachfolgebesuch in der Zahnarztpraxis. Das Mädchen geht in die Praxis des Zahnarztes. Die Praxis ist groß und hell.
„Hallo. Hast du deine Krankenakte bestellt?", fragt der Arzt.
„Ja, sie werden sie jetzt bringen," sagt der Patient.
„Komm' herein, setz dich in den Stuhl. Hat dein Zahn dich gestört?", fragt der Arzt.

"Come in, sit in the chair. Has your tooth bothered you?" asks the doctor.
"No, it's okay. The fillings are in place," she says.
"Now we remove the temporary fillings," the doctor says.
"Doctor, do I need an anesthetic injection?" worries the patient.
"No, it's not necessary. Do not be afraid," soothes the doctor.
"Okay, I'll try to relax and not to worry," she agrees.
The doctor takes tweezers. He puts cotton tampons around the tooth.
"Keep your mouth open. I am removing the old fillings using a drill. It's fast."
The doctor washes her mouth with water.
"Rinse your mouth. Now I remove the nerve. You will not feel anything," says the doctor.
He takes a dental mirror and examines her teeth. He clears canals using a dental probe.
"We will now start putting in fillings," the doctor said.
"What kind of a filling do you want to put in?" asks the patient.
"Modern fillings are highly reliable," the doctor says.
"Do they preserve the tooth for a long time?" asks the girl.
"Yes, they are durable. The tooth becomes stronger under the filling because the filling releases fluoride."
"I need the best and the most reliable filling," says the patient.
"I can offer you a filling made of the composite materials. It is resistant to abrasion, low-toxic, but less polished. It is cheaper," says the doctor.
"What else can you recommend?" asks the patient.
"Compomers contain fluoride. These fillings have a good chemical bond to the tooth. They're more expensive," the doctor says.
"Well, let's put in this filling," agrees the patient.
"I need to thoroughly clean the root canal

„Nein, es ist okay. Die Füllungen sind an ihrem Platz," sagt sie.
„Jetzt entfernen wir die vorübergehenden Füllungen," sagt der Arzt.
„Doktor, benötige ich eine anästhetische Injektion?", sorgt sich der Patient.
„Nein, es ist nicht nötig. Habe keine Angst," beruhigt der Arzt.
„Okay, ich werde versuchen zu entspannen und mich nicht zu sorgen," stimmt sie zu.
Der Arzt nimmt Pinzetten. Er legt Baumwolltampons um den Zahn.
„Halte deinen Mund geöffnet. Ich entferne die alten Füllungen, indem ich einen Bohrer benutze. Es geht schnell."
Der Arzt wäscht ihren Mund mit Wasser.
„Spüle deinen Mund aus. Jetzt entferne ich den Nerv. Du wirst nichts spüren," sagt der Arzt.
Er nimmt einen Zahnarztspiegel und untersucht ihre Zähne. Er säubert die Kanäle, indem er eine zahnärztliche Sonde benutzt.
„Wir geben jetzt die Füllungen hinein," sagt der Arzt.
„Welche Art von Füllung möchten Sie hinein geben?", fragt der Patient.
„Moderne Füllungen sind hochverlässlich," sagt der Arzt.
„Erhalten sie die Zähne für eine lange Zeit?", fragt das Mädchen.
„Ja, sie sind haltbar. Der Zahn wird unter der Füllung stärker, weil die Füllung Fluorid freisetzt."
„Ich brauche die beste und verlässlichste Füllung," sagt der Patient.
„Ich kann dir eine Füllung anbieten, die aus gemischten Materialien gemacht ist. Sie ist resistent gegen Abnutzung, wenig giftig, aber weniger poliert. Sie ist billiger," sagt der Arzt.
„Was empfehlen Sie noch?", fragt der Patient.
„Compomers enthalten Fluorid. Diese Füllungen haben eine gute chemische Bindung für den Zahn. Sie sind teurer," sagt der Arzt.
„Gut, tun wir diese Füllung rein," stimmt der Patient zu.
„Ich muss den Wurzelkanal gründlich reinigen und

and expand it," explains the doctor.
"You'll be drilling?" worries girl.
"Yes, you have to be a little patient," the doctor says. "Now I treat a cavity with an acid solution."
"Give me the tools for fillings," the doctor asks the nurse.
The doctor takes a spatula. He mixes the filling material with the medication.
"I am putting in the lining. Now I can put a filling in your tooth," he explains.
The doctor takes a trowel and compresses the filling material. He forms the filling.
The doctor asks the girl not to close her mouth.
"Try and check, does the filling stick out?" asks the doctor.
"It sticks out a bit," says the patient.
"Rub the carbon paper. Okay, now I see where I need to remove the excess," continues the doctor.
"On your other tooth, I suggest to put the material Ormocer. This is the most expensive," the doctor advises.
"What is this material?" asks the patient.
"It has a good biocompatibility with tooth structure. This is the most advanced filling material. It belongs to the class of light-curing materials," says the doctor.
"OK. You can put in this filling," agrees the patient.
"Now I'll put a medicated lining and prepare the filling," explains the doctor.
"Does it harden quickly?" asks the patient.
"Yes, it hardens almost immediately. It is strong," says the doctor. "I want to suggest that you remove plaque and whiten your teeth."
"How long will it takes?" she clarifies.
"If you want to put in veneers, it takes a long time," the doctor warns.
"What are veneers?" inquires the patient.
"Veneers are porcelain plates. They are attached to the front surface of the tooth," explains doctor.
"No, veneers are too expensive for me," she says.
"I can offer you laser tooth-whitening," continues the doctor.

ihn erweitern," erklärt der Arzt.
„Werden Sie bohren?", sorgt sich das Mädchen.
„Ja, du musst ein wenig geduldig sein," sagt der Arzt.„Jetzt behandle ich ein Loch mit einer Säurelösung."
„Geben Sie mir die Werkzeuge für Füllungen," bittet der Arzt die Krankenschwester.
Der Arzt nimmt einen Spachtel. Er mischt das Füllmaterial mit der Medikation.
„Ich setze das Innenmaterial herein. Jetzt kann ich eine Füllung in deinen Zahn setzen," erklärt er.
Der Arzt nimmt einen kleinen Spaten und drückt das Füllmaterial zusammen. Er formt die Füllung.
Der Arzt fragt das Mädchen, ihren Mund nicht zu schließen.
„Versuche es und überprüfe, steht die Füllung über?", fragt der Arzt.
„Sie steht ein bisschen über," sagt der Patient.
„Reibe auf dem Karbonpapier. Okay, jetzt sehe ich, wo ich den Überschuss entfernen muss," fährt der Arzt fort.
„Auf deinen anderen Zahn empfehle ich das Material Ormocer zu geben. Das ist das Teuerste," berät der Arzt.
„Was ist dieses Material?", fragt der Patient.
„Es hat eine gute Biokompatibilität mit der Zahnstruktur. Das ist das fortschrittlichste Füllmaterial. Es gehört zu der Klasse der lichthärtenden Materialien," sagt der Arzt.
„OK. Sie können diese Füllung hineinsetzen," stimmt der Patient zu.
„Jetzt werde ich ein behandeltes Innenmaterial hineinsetzen und die Füllung vorbereiten," erklärt der Arzt.
„Wird es schnell hart?", fragt der Patient.
„Ja, es wird fast sofort hart. Es ist stark," sagt der Arzt.„ Ich schlage vor, dass du Plaque entfernst und deine Zähne aufhellst."
„Wie lange wird es dauern?", stellt sie klar.
„Wenn du Veneers hineinsetzen willst, dauert es lange," warnt der Arzt.
„Was sind Veneers?", fragt der Patient an.
„Veneers sind Porzellanplatten. Sie sind auf der Vorderoberfläche des Zahns befestigt," erklärt der Arzt.
„Nein, Veneers sind zu teuer für mich," sagt sie.
„Ich kann dir Laserzahnaufhellung anbieten," fährt der Arzt fort.
„Wie lange wird es dauern?", fragt das Mädchen.

"How long will it takes?" asks the girl.
"It takes less than an hour," replies the doctor.
"What will you do?" asks the patient.
"I put hydrogen peroxide gel on each tooth. Then I illuminate each tooth with a laser beam," he says.
"Is it unpleasant or painful?" asks the patient.
"During the bleaching, tooth sensitivity is virtually absent," soothes the doctor.
"How many sessions do I need?" she asks.
"After one or two sessions, you will have white teeth," the doctor says.
"Good. I agree to do it today," agrees girl.
The whitening session is over. The doctor gives the patient a mirror. The girl looks at her teeth in the mirror.
"Thank you, Doctor. You gave me new teeth," the patient thanks him.
"I'm glad you like them," says doctor happily.
"When should I come to the second session of whitening?" asks the patient.
"Come back in a week," responds the doctor.
"OK. Goodbye," says the girl.

„Es dauert weniger als eine Stunde", antwortet der Arzt.
„Was werden Sie machen?", fragt der Patient.
„Ich lege Wasserstoffperoxid-Gel auf jeden Zahn. Dann erleuchte ich jeden Zahn mit einem Laserstrahl," sagt er.
„Ist es unangenehm oder schmerzhaft?", fragt der Patient.
„Während der Aufhellung ist der Zahn praktisch gar nicht empfindlich," beruhigt der Arzt.
„Wie viele Sitzung benötige ich?", fragt sie.
„Nach ein oder zwei Sitzungen wirst du weiße Zähne haben," sagt der Arzt.
„Gut. Ich stimme zu, es heute zu machen," stimmt das Mädchen zu.
Die Aufhellungssitzung ist vorbei. Der Arzt gibt dem Patienten einen Spiegel. Das Mädchen sieht sich ihre Zähne im Spiegel an.
„Danke, Doktor. Sie haben mir neue Zähne gegeben," der Patient dankt ihm.
„Ich bin froh, dass du sie magst," sagt der Arzt glücklich.
„Wann soll ich für die zweite Sitzung der Aufhellung kommen?", fragt der Patient.
„Komme in einer Woche zurück," antwortet der Arzt.
„OK. Auf Wiedersehen," sagt das Mädchen.

C

Questions about the text

1. What kind of fillings does the doctor remove?
2. What does the doctor put around the tooth?
3. What does the doctor remove by drilling?
4. With what does the doctor clear the canals?
5. What kind of a filling does doctor want to put in?
6. What does the filling release?
7. What kinds of fillings can the doctor offer?
8. What do compomers contain?
9. With what does the doctor treat cavity decay?
10. With what does the doctor mix filling materials?
11. What does the doctor advise to put on another tooth?

Fragen zum Text

1. Welche Art von Füllungen entfernt der Arzt?
2. Was legt der Arzt um den Zahn herum?
3. Was entfernt der Arzt durch Bohren?
4. Womit säubert der Arzt die Kanäle?
5. Welche Art von Füllung möchte der Arzt hineinsetzen?
6. Was gibt die Füllung frei?
7. Welche Arten von Füllungen kann der Arzt anbieten?
8. Was enthalten Compomere?
9. Womit behandelt der Arzt Kariesfäulnis?
10. Womit mischt der Arzt die Füllmaterialien?
11. Was rät der Arzt auf dem anderen Zahn zu geben?

12. What class of materials is Ormocer?
13. What are veneers?
14. How long does the laser whitening take?
15. What does the doctor put on each tooth?
16. When does the patient have to come to the second session of whitening?

12. Welche Klasse von Materialien ist Ormocer?
13. Was sind Veneers?
14. Wie lange hält die Laserzahnaufhellung?
15. Was gibt der Arzt auf jeden Zahn?
16. Wann muss der Patient zur zweiten Sitzung der Zahnaufhellung kommen?

18

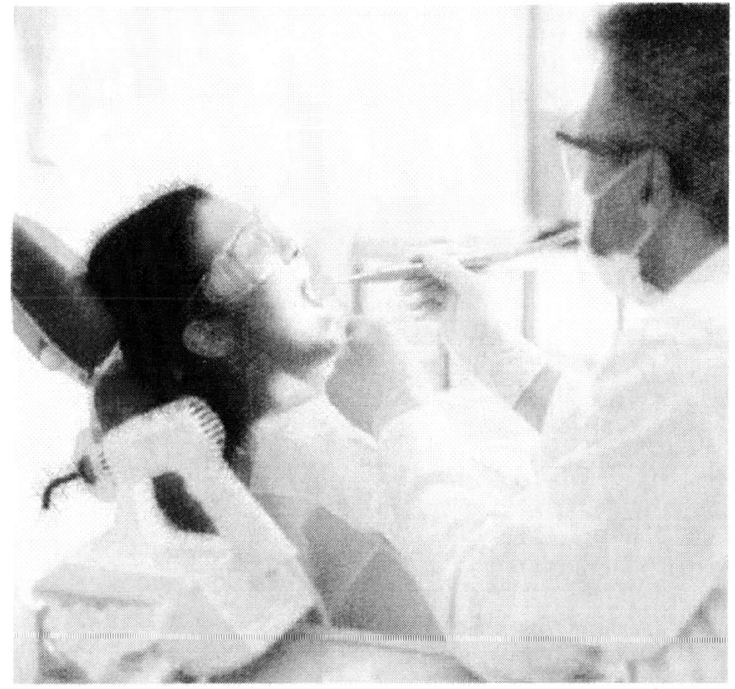

Are you allergic to any medications?

Sind sie gegen irgendeine Medikation allergisch?

Words

1. absence ['æbsəns] - die Abwesenheit
2. action ['ækʃən] - die Aktion
3. anesthesia [ˌænəs'θiːʒə] - die Anästhesie
4. antiallergenic [æntɪ'ælərˌdʒɛn] - antiallergen
5. assess [ə'ses] - einschätzen
6. become numb [bɪ'kʌm 'nʌm] - taub werden
7. case [keɪs] - der Fall
8. center, hearth ['sentə | hɑːθ] - das Zentrum, der Herd
9. check [tʃek] - überprüfen
10. confirm [kən'fɜːm] - bestätigen
11. dental surgeon ['dentəl 'sɜːdʒən] - der Zahnarzt
12. direct [dɪ'rekt] - direkt
13. eat [iːt] - essen
14. feel [fiːl] - fühlen
15. heal [hiːl] - heilen
16. knock [nɔk] - klopfen
17. lead [liːd] - führen
18. lighting ['laɪtɪŋ] - die Beleuchtung
19. liquid ['lɪkwɪd] - flüssig
20. loca ['lokə] - örtlich
21. loud [laʊd] - laut
22. nod [nɔd] - nicken
23. outdoor ['aʊtdɔː] / open ['ɔːpən] - draußen / geöffnet
24. periodontitis [ˌpɛrɪoʊdæn'taɪtɪs] - die Parodontosis, Zahnfleischschwund
25. pus [pʌs] - der Eiter
26. really ['rɪəlɪ] - wirklich

27. remember [rɪ'membə] - erinnern
28. rinse [rɪns] - ausspülen
29. soda ['soʊdə] - das Natron
30. someone ['sʌmwʌn] - jemand
31. strange [streɪndʒ] - komisch
32. strong [strɔŋ] - stark
33. take [teɪk] - nehmen
34. touch [tʌtʃ] - berühren
35. which [wɪtʃ] - welche

A woman enters a dental clinic building. She goes to the registration desk.
“Hello. I'm here to see a dentist,” she says.
“At what time do you have an appointment?” asks an assistant.
“I have an acute pain,” explains the woman.
“Then go in without waiting in line. Follow me,” says the assistant. The woman walks into the dental surgeon's office. The office is small. There is good lighting.
“Please sit in the chair. Open your mouth,” asks the doctor.
The doctor takes a dental mirror and a dental probe. Next to them are forceps and tweezers.
“Now I will knock on the aching tooth,” he warns.
“Ouch, very painful!” the woman says loudly.
“When did your tooth start hurting?” asks the doctor.
“The tooth started hurting yesterday in the morning. First, it hurt a little, then more,” says the patient.
“What did you do to ease the pain?” asks the doctor.
“I took a pain reliever and rinsed the tooth with soda solution,” she says.
“You did everything right, but it does not help. You have purulent periodontitis,” concludes the doctor.
“What is periodontitis?” asks the patient.
“It is a root canal inflammation. In this case, your tooth has to be removed,” explains the doctor.
“Really? Why can't it be cured?” worries the woman.
“It is impossible by now. Pus may enter the bloodstream,” replies the dentist.

Eine Frau betritt eine Zahnklinik. Sie wendet sich an die Anmeldung.
„Hallo. Ich bin hier, um zu einem Zahnarzt zu gehen,“ sagt sie.
„Um wie viel Uhr haben Sie einen Termin?“, fragt der Assistent.
„Ich habe akute Schmerzen,“ erklärt die Frau.
„Dann gehen Sie herein ohne in der Schlange zu warten. Folgen Sie mir," sagt der Assistent. Die Frau geht in die Zahnarztpraxis. Die Praxis ist klein. Es gibt eine gute Beleuchtung.
„Bitte setzen Sie sich in den Stuhl. Öffnen Sie Ihren Mund,“ bittet der Arzt.
Der Arzt nimmt einen Zahnarztspiegel und eine zahnärztliche Sonde. Daneben liegen Zangen und Pinzetten.
„Jetzt werde ich auf den schmerzenden Zahn klopfen,“ warnt er.
„Aua, sehr schmerzhaft!“, sagt die Frau laut.
„Wann hat Ihr Zahn begonnen weh zu tun?“, fragt der Arzt.
„Der Zahn fing gestern Morgen an weh zu tun. Zuerst hat es ein wenig wehgetan, dann mehr,“ sagt der Patient.
„Was haben Sie getan, um den Schmerz zu lindern?“, fragt der Arzt.
„Ich habe ein Schmerzmittel genommen und habe den Zahn mit einer Natronlösung ausgespült,“ sagt sie.
„Sie haben alles richtig gemacht, aber es hilft nicht. Sie haben eine eitrige Parodontose,“ schlussfolgert der Arzt.
„Was ist Parodontose?“, fragt der Patient.
„Es ist eine Wurzelkanalentzündung. In diesem Fall muss Ihr Zahn entfernt werden,“ erklärt der Arzt.
„Wirklich? Warum kann es nicht geheilt werden?“, sorgt sich die Frau.
„Es ist jetzt unmöglich geworden. Eiter tritt vielleicht in den Blutkreislauf ein,“ antwortet der

The doctor refers her to perform an X-ray. "You have to take an X-ray of the tooth and return to the office. I have to assess the location of your tooth's root canals," the doctor continues.
"OK. Do they take the X-ray quickly?" the woman asks.
"Yes, quickly. It takes no more than ten minutes," says the doctor.
Fifteen minutes later, the patient comes with an X-ray of the sick tooth to the office.
"Give me the X-ray," asks the doctor. "My diagnosis has been confirmed."
"What do you mean?" asks the patient.
"The tooth has to be removed. But do not worry. Everything will be fine," soothes doctor.
"You need a local anesthesia," he warns.
"Is it a shot?" asks the patient.
"Yes, it's a shot. Are you allergic to any medications?" asks the doctor.
"No, I do not have allergies," she says.
"Then this new medicine will do. Besides, it is antiallergenic," explains the doctor.
The doctor takes a syringe with the medicine. He asks :
"Open your mouth wide and do not shut it."
"I'm afraid that a single injection will not be enough," worries the patient.
"Do not worry, we will test the sensitivity," the doctor tells her. "Now you will feel a slight numbness in the gum. Then it will become completely numb. You will not feel it."
The doctor touches the sick tooth and the gum with a tool.
"Do you feel something?" he asks.
"No, I do not feel my gum at all. A very strange feeling," admits the woman.
"Then I can start. You have direct roots. Everything should go quickly," the doctor says.
The doctor takes the forceps. He makes several accurate and sharp movements.
"Here's your tooth. See this is the center of the inflammation. Now, rinse your mouth. I am treating your gum. Try not to speak.

Zahnarzt.
Der Arzt überweist sie, um eine Röntgenaufnahme zu machen.
„Sie müssen eine Röntgenaufnahme des Zahns machen und zurück zum Büro kommen. Ich muss den Standort der Wurzelkanäle Ihres Zahns bewerten," fährt der Arzt fort.
„Ok. Machen sie das Röntgenbild schnell?", fragt die Frau.
„Ja, schnell. Es dauert nicht länger als zehn Minuten," sagt der Arzt.
Fünfzehn Minuten später kommt der Patient mit einem Röntgenbild des kranken Zahns in das Büro.
„Geben Sie mir das Röntgenbild," bittet der Arzt.„Meine Diagnose wurde bestätigt."
„Was meinen Sie?", fragt der Patient.
„Der Zahn muss entfernt werden. Aber sorgen Sie sich nicht. Alles wird in Ordnung sein," beruhigt der Arzt.
„Sie brauchen eine lokale Anästhesie," warnt er.
„Ist es eine Spritze?", fragt der Patient.
„Ja, es ist eine Spritze. Sind sie gegen irgendeine Medikation allergisch?", fragt der Arzt.
„Nein, ich habe keine Allergien," sagt sie.
„Dann wird diese neue Medizin in Ordnung sein. Außerdem ist sie antiallergisch," erklärt der Arzt
Der Arzt nimmt eine Spritze mit der Medizin. Er bittet:
„Öffnen Sie Ihren Mund weit und schließen Sie ihn nicht."
„Ich habe Angst, dass eine einzige Injektion nicht genug ist," sorgt sich der Patient.
„Keine Sorge, wir werden die Empfindlichkeit testen," erzählt der Arzt ihr.„Jetzt werden Sie eine leichte Taubheit im Zahnfleisch fühlen. Dann wird es ganz taub werden. Sie werden es nicht spüren."
Der Arzt berührt den kranken Zahn und das Zahnfleisch mit einem Werkzeug.
„Fühlen Sie etwas?", fragt er.
„Nein, ich fühle mein Zahnfleisch überhaupt nicht. Ein sehr komisches Gefühl," gesteht die Frau.
„Dann kann ich beginnen. Sie haben direkte Wurzeln. Alles sollte schnell gehen," sagt der Arzt.
Der Arzt nimmt die Zangen. Er macht mehrere akkurate und stechende Bewegungen.
„Hier ist ihr Zahn. Sehen Sie, das ist das Zentrum der Entzündung. Spülen Sie jetzt Ihren Mund aus. Ich behandle Ihr Zahnfleisch. Versuchen Sie nicht zu sprechen. Halten Sie Ihren Mund geöffnet," sagt

Keep your mouth open," says the doctor.
The patient nods.
"When the effects of the medicine stop, the gums may hurt badly. The gum tissue is damaged. But gums heal quickly. The pain should go away a day later," the doctor goes on to explain.
The doctor monitors the condition of the patient.
"Do you feel dizzy?" he asks.
"No, I don't feel dizzy," says a woman.
"Remember some recommendations. Do not eat for two to three hours. Eat liquid food. Do not rinse your mouth, it can lead to bleeding from the gum," explains the doctor.
"Thank you, doctor," the patient says.
"Get well. Goodbye," replies the doctor.

der Arzt.
Der Patient nickt.
„Wenn die Effekte der Medizin aufhören, tut das Zahnfleisch vielleicht stark weh. Das Zahnfleischgewebe ist beschädigt. Aber Zahnfleisch heilt schnell. Der Schmerz sollte einen Tag später weggehen," erklärt der Arzt weiter.
Der Arzt beobachtet den Zustand des Patienten.
„Ist Ihnen schwindelig?", fragt er.
„Nein, mir ist nicht schwindelig," sagt die Frau.
„Erinnern Sie sich an einige Empfehlungen. Essen Sie für zwei bis drei Stunden nicht. Essen Sie flüssige Nahrung. Spülen Sie Ihren Mund nicht aus, es kann zu einer Blutung des Zahnfleischs führen," erklärt der Arzt.
„Danke, Doktor," sagt der Patient.
„Gute Besserung. Auf Wiedersehen," antwortet der Arzt.

Questions about the text

1. What kind of mirror does the doctor take?
2. When did the woman's tooth start hurting?
3. What did she do to ease the pain?
4. With what did she rinse the tooth?
5. What is periodontitis?
6. What should the doctor evaluate?
7. After how many minutes did the patient come with the X-ray photo?
8. Does the patient have an allergy to medications?
9. What did she feel in her gum?
10. When may the gum hurt badly?
11. How does the gum heal?
12. When should the pain go away?
13. How long must the patient not eat?
14. What can lead to bleeding of the gum?

Fragen zum Text

1. Welche Art von Spiegel nimmt der Arzt?
2. Wann begannen die Zähne der Frau zu schmerzen?
3. Was hat sie gemacht, um den Schmerz zu lindern?
4. Womit hat sie den Zahn ausgespült?
5. Was ist Parodontitis?
6. Was sollte der Arzt bewerten?
7. Nach wie vielen Minuten kam der Patient mit dem Röntgenbild?
8. Hat der Patient eine Allergie auf ein Medikament?
9. Was hat sie in ihrem Zahnfleisch gespürt?
10. Wann tut das Zahnfleisch vielleicht sehr weh?
11. Wie heilt das Zahnfleisch?
12. Wann sollte der Schmerz weggehen?
13. Wie lange darf der Patient nichts essen?
14. Was kann zum Bluten des Zahnfleischs führen?

19

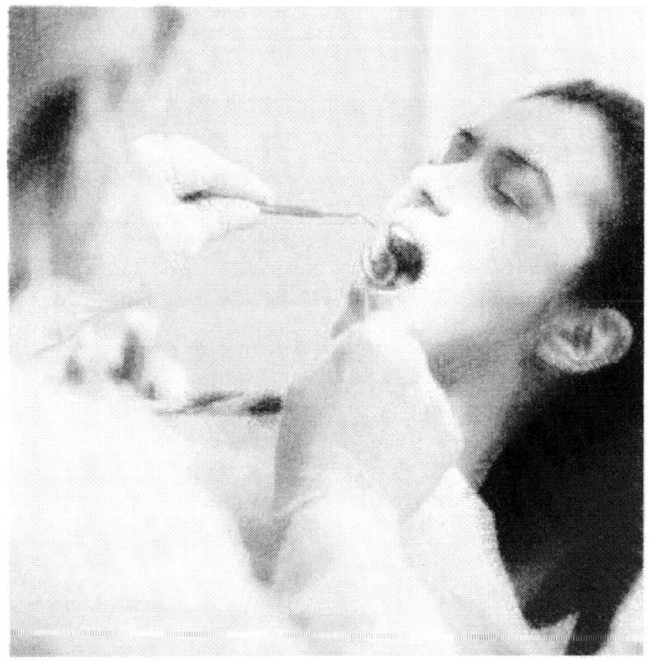

Prosthodontics

Zahnärztliche Prothese

Words

1. arrange [ə'reɪndʒ] - ordnen
2. assert, to confirm [ə'sɜːt | tə kən'fɜːm] - beteuern, bestätigen
3. attachment [ə'tætʃmənt] - die Anlage
4. bone [boʊn] - der Knochen
5. cast [kɑːst] - der Abdruck, der (Gips)Verband
6. clasp [klɑːsp] - der Griff
7. construction, design [kən'strʌkʃən | dɪ'zaɪn] - die Konstruktion, das Design
8. discuss [dɪ'skʌs] - diskutieren
9. fit [fɪt] - anpassen
10. fitting ['fɪtɪŋ] - die Anpassung
11. file [faɪl] - abschleifen um zu fixieren
12. fixed, non-removable, permanent [fɪkst | nɒn rɪ'muːvəbəl | 'pɜːmənənt] - fest, nicht entfernbar, permanent
13. flexible ['fleksəbəl] - flexibel
14. hook [hʊk] - der Haken
15. implant [ɪm'plɑːnt] - das Implantat; implantieren
16. jaw [dʒɔː] - der Kiefer
17. know [noʊ] - wissen
18. learn [lɜːn] - lernen
19. manufacturing [ˌmænjʊ'fæktʃərɪŋ] - die Herstellung
20. mark [mɑːk] - der Fleck, Spur, das (Körper)Mal
21. measurement ['meʒəmənt] - die Maße
22. missing ['mɪsɪŋ] - vermisst
23. model ['mɔdəl] - das Modell
24. night [naɪt] - die Nacht

25. nylon ['naılɔn] - das Nylon
26. orthodontic surgeon [ˌɔ:θə'dɔntık 'sɜ:dʒən] - der Kieferorthopäde
27. orthodontist [ˌɔ:θə'dɔntıst] - der Kieferorthopäde
28. pay [peı] - bezahlen
29. perfect [pə'fekt] - perfekt
30. pin [pın] - der Stift
31. prosthesis, denture (removable) [prɔs'θi:sıs | 'dentʃə rı'mu:vəbəl] - die Prothese, der Zahnersatz (entfernbar)
32. prosthodontics [ˌprɑsθə'dantıks] - die zahnärztliche Prothetik
33. remaining [rı'meınıŋ] - überbleibend
34. removable [rı'mu:vəbəl] - entfernbar
35. require [rı'kwaıə] - erfordern, brauchen, verlangen
36. rub [rʌb] - scheuern
37. sample ['sɑ:mpəl] - die Probe, das Muster
38. satisfy ['satısfʌı] - zufrieden
39. set [set] - setzen, stellen, legen
40. sit down [sıt daʊn] - sich hinsetzen
41. stay, to stop [steı | tə stɔp] - bleiben, aufhören
42. template ['templıt] - die Schablone
43. tight [taıt] - eng
44. use ['ju:s] - die Benutzung
45. view [vju:] - die Sicht
46. wall [wɔ:l] - die Wand
47. wax [wæks] - das Wachs
48. work ['wɜ:k] - arbeiten

A woman comes into a dental clinic and speaks to the assistant.
"Hello, I have an appointment with the orthodontist," she says.
"At what time is your appointment?" asks the assistant.
"It's at two o'clock," answers the woman.
"Sit down. You'll have to wait a little," says the assistant.
The patient is invited into the office. There is a chair in the office. A table with tools is next to the chair. A cupboard is near the wall. There are many samples and models of prostheses in the cupboard.
"I have to examine your teeth and jaw," says the orthodontist.
"What kind of design do you recommend?" asks the patient.
"I am selecting a design that will replace your missing tooth," says the orthodontist.
"Can it damage my teeth?" the woman asks.
"No way. It will help to keep the remaining teeth intact for a long time," says the doctor.
"Doctor, do I really need to put in the prosthesis?" asks the patient.
"Of course, this will save the adjacent teeth and will be more convenient for you," an-

Eine Frau kommt in eine Zahnklinik und spricht mit dem Assistenten.
„Hallo ich habe einen Termin mit dem Kieferorthopäden," sagt sie.
„Um wie viel Uhr ist Ihr Termin?", fragt der Assistent.
„Er ist um vierzehn Uhr," antwortet die Frau.
„Setzen Sie sich. Sie werden ein wenig warten müssen," sagt der Assistent.
Der Patient wird in das Büro geladen. Es gibt einen Stuhl in dem Büro. Ein Tisch mit Werkzeugen steht neben dem Stuhl. Ein Schrank steht neben der Wand. Es gibt viele Muster und Modelle von Prothesen im Schrank.
„Ich muss Ihre Zähne und Ihren Kiefer untersuchen," sagt der Kiefernorthopäde.
„Welche Art von Design empfehlen Sie?", fragt der Patient.
„Ich wähle ein Design, was Ihren fehlenden Zahn ersetzen wird," sagt der Kiefernorthopäde.
„Kann es meine Zähne schädigen?", fragt die Frau.
„Auf keinen Fall. Es wird Ihnen dabei helfen die übrigen Zähne für lange Zeit intakt zu halten," sagt der Arzt.
„Doktor, muss ich die Prothese wirklich reinmachen?", fragt der Patient.
„Natürlich, dass wird die benachbarten Zähne retten und für Sie vorteilhafter sein," antwortet der

swers the orthodontist.

"Is this a non-removable prosthesis?" asks the patient.

"No, in your case it is better to put in dentures," the doctor says.

"What kind of dentures do you recommend?" asks the patient.

"We can supply clasp prostheses," suggests the orthodontist.

"What is that?" the woman asks.

"It is a removable prosthesis on hooks (clasps) or locks (attachments)," explains the doctor.

"What are implants?" asks the patient.

"That is a fixed prosthesis. It is set on special pins (implants)," says the orthodontist.

"How is it installed?" asks the woman.

"The pins are implanted in the jaw bone tissue," explains the doctor.

"No, that doesn't work for me", says the patient.

The doctor takes his nylon prosthesis model. It is lightweight.

"I can offer you nylon dentures," shows the doctor.

"I do not know about these prostheses, tell me about them," asks the patient.

"Nylon prostheses have ideal biocompatibility," says the orthodontist.

"Will you need to file the adjacent teeth?" asks the patient.

"No, for this kind of prosthetic teeth don't need to be filed," replies the doctor.

"Are they easy to use?" the woman asks.

"Yes, nylon dentures are very easy to use. They are lightweight and flexible. You don't need to remove this prosthesis at night," explains the orthodontist.

"Do they rub the gum?" worries the patient.

"They do not rub the gum and are unnoticeable in the mouth. They are especially suitable for those who are involved in sports," the doctor says.

"I think I will pick this type of prosthesis," she confirms.

"In addition, it fits tightly to the gum. If necessary, it can be removed," says the doctor.

Kiefernorthopäde.

„Ist es eine nicht-entfernbare Prothese?", fragt der Patient.

„Nein, in Ihrem Fall ist es besser Zahnersatz hinein zu setzen," sagt der Arzt.

„Welche Art von Zahnersatz empfehlen Sie?", fragt der Patient.

„Wir können Klammerprothesen nehmen," schlägt der Kiefernorthopäde vor.

„Was ist das?", fragt die Frau.

„Es ist eine entfernbare Prothese an Haken (Klammern) oder Sperren (Befestigungen)," erklärt der Arzt.

„Was sind Implantate?", fragt der Patient.

„Das ist eine feste Prothese. Sie wird auf besondere Stifte gesetzt (Implantate)," sagt der Kiefernorthopäde.

„Wie wird es eingebaut?", fragt die Frau.

„Die Stifte werden in das Kieferknochengewebe implantiert," erklärt der Arzt.

„Nein, das funktioniert für mich nicht," sagt der Patient.

Der Arzt nimmt sein Nylonprothesenmodell. Es ist leicht.

„Ich kann Ihnen Nylonzahnersatz anbieten," zeigt der Arzt.

„Ich weiß nichts über diese Prothesen, erzählen Sie mir mehr über sie," bittet der Patient.

„Nylonprothesen haben ideale Biokompabilität," sagt der Kieferorthopäde.

„Werden Sie die benachbarten Zähne fixieren müssen?", fragt der Patient.

„Nein, diese Art von Prothesezähnen müssen nicht fixiert werden," antwortet der Arzt.

„Sind sie einfach zu benutzen?", fragt die Frau.

„Ja, Nylonzahnersatz ist sehr einfach zu benutzen. Er ist leicht und flexibel. Sie müssen die Prothese in der Nacht nicht entfernen," erklärt der Kieferorthopäde.

„Scheuern sie am Zahnfleisch?", sorgt sich der Patient.

„Sie scheuern nicht am Zahnfleisch und sind nicht wahrnehmbar im Mund. Sie sind besonders für diejenigen geeignet, die Sport treiben," sagt der Arzt.

„Ich denke, ich werde diese Art von Prothese nehmen," bestätigt sie.

„Zusätzlich sitzt sie fest am Zahnfleisch. Wenn nötig, kann sie entfernt werden," sagt der Arzt.

"Yes, it's convenient. I am satisfied with it," she agrees.
"I must warn you that the nylon prosthesis is expensive," says orthodontist.
"Right, it's expensive. But if it's comfortable and good, I'm ready to pay," confirms the patient. "How long does it take to manufacture?"
"It takes about a week," responds the doctor.
The orthopedist and the patient discuss the stages of manufacturing of the nylon prosthesis.
"When can you take my measurements?" the woman asks.
"We can take your measurements right now," the doctor suggests.
"How many times do I have to come in for a fitting?" asks the patient.
"First, we produce a wax pattern, then a plaster cast. And then later the prosthesis is made. Wax patterns are made within two days," the doctor explains.
"Do I have to try them?" the woman asks.
"Yes, you need to come two days later for a fitting," the doctor says.
It's the follow-up visit at the orthodontist's. The wax pattern is ready.
"It's good that you've come today. Please sit in the chair. Open your mouth," asks the doctor.
The doctor takes the wax pattern and fits it.
"Are you comfortable? You have to feel it," he says.
"Everything is OK, nothing bothers me," the patient responds.
"Then we can send the measurements into the laboratory," the doctor says, and makes some marks on the template and in the medical record.
"Can you make the prosthesis now?" asks the woman.
"Not yet, now I need to make a plaster cast. It should be ready in a few days," explains the orthodontist.
"When will the prosthesis be ready?" asks the patient.
"It will take about a week," responds the doctor.

„Ja, es ist vorteilhaft. Ich bin damit zufrieden," stimmt sie zu.
„Ich muss Sie warnen, dass die Nylonprothese teuer ist," sagt der Kiefernorthopäde.
„Gut, es ist teuer. Aber wenn sie angenehm und gut ist, bin ich bereit zu zahlen," bestätigt der Patient. „Wie lange dauert es sie herzustellen?"
„Es dauert ungefähr eine Woche," antwortet der Arzt.
Der Kieferorthopäde und der Patient besprechen die Schritte der Herstellung der Nylonprothese.
„Wann können Sie meine Maße nehmen?", fragt die Frau.
„Wir können Ihre Maße jetzt nehmen," schlägt der Arzt vor.
„Wie viele Male muss ich für eine Anpassung kommen?", fragt der Patient.
„Zuerst werden wir ein Wachsmuster produzieren, dann einen Gipsabdruck. Und dann wird die spätere Prothese gemacht. Wachsmuster werden innerhalb von zwei Tagen gemacht," erklärt der Arzt.
„Muss ich sie anprobieren?", fragt die Frau.
„Ja, Sie müssen zwei Tage später für eine Anpassung kommen," sagt der Arzt.
Es ist der Nachfolgebesuch beim Kieferorthopäden. Das Wachsmuster ist fertig.
„Es ist gut, dass Sie heute gekommen sind. Bitte setzen Sie sich in den Stuhl. Öffnen Sie Ihren Mund," bittet der Arzt.
Der Arzt nimmt das Wachsmuster und passt es an.
„Ist es angenehm für Sie? Sie müssen es spüren", sagt er.
„Alles ist OK, nichts stört mich," antwortet der Patient.
„Dann können wir die Maße in das Labor senden," sagt der Arzt, und macht einige Bemerkungen auf der Schablone und in der Krankenakte.
„Können Sie die Prothese jetzt machen?", fragt die Frau.
„Noch nicht, jetzt muss ich einen Gipsabdruck machen. Er sollte in einigen Tagen fertig sein," erklärt der Kieferorthopäde.
„Wann wird die Prothese fertig sein?", fragt der Patient.
„Es wird ungefähr eine Woche dauern," antwortet der Arzt.
„Sie müssen zu einer Anpassung in drei Tagen kommen."

"You have to come to a fitting in three days."
"Good, I will definitely come. Goodbye," says the woman and walks out of the office.

„Gut, ich werde definitiv kommen. Auf Wiedersehen," sagt die Frau und geht aus dem Büro heraus.

Questions about the text

1. At what time does the woman have an appointment?
2. What is in the office?
3. What is near the wall?
4. Where are there many samples and models of prostheses?
5. What design does the orthodontist pick?
6. What kind of prosthesis is convenient to put on?
7. What kind of prostheses does the orthodontist offer?
8. What are clasp prostheses?
9. What are implants?
10. How are implants set?
11. What does the doctor take?
12. For whom are nylon dentures comfortable?
13. How long does it takes to manufacture the prosthesis?
14. When can the doctor take measurements?
15. Where are the measurements sent?

Fragen zum Text

1. *Um wieviel Uhr hat die Frau einen Termin?*
2. *Was ist in dem Büro?*
3. *Was ist nahe der Wand?*
4. *Wo sind viele Muster und Modelle von Prothesen?*
5. *Welches Design wählt der Kieferorthopäde aus?*
6. *Welche Art von Prothese ist vorteilhaft einzusetzen?*
7. *Welche Art von Prothesen bietet der Kieferorthopäde an?*
8. *Was sind Klammerprothesen?*
9. *Was sind Implantate?*
10. *Wie werden Prothesen eingesetzt?*
11. *Was nimmt der Arzt?*
12. *Für wen ist Nylonzahnersatz angenehm?*
13. *Wie lange dauert es die Prothese herzustellen?*
14. *Wann kann der Arzt die Maße nehmen?*
15. *Wohin werden die Maße gesendet?*

20

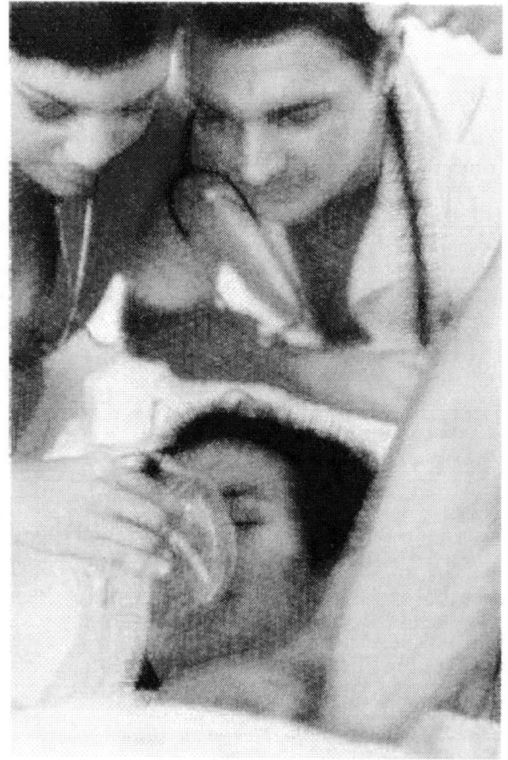

I got a piece of glass in my hand

Ich habe ein Stück Glas in meiner Hand

Words

1. antiseptic [ˌæntɪˈseptɪk] - antiseptisch
2. apply [əˈplaɪ] - anwenden
3. couple [ˈkʌpəl] - das Paar
4. day, 24 hours [deɪ | ˈtwentɪ fɔ: ˈaʊəz] - ein Tag, 24 Stunden
5. debt [det] - die Schulden
6. disinfect [ˌdɪsɪnˈfekt] - desinfizieren
7. elastic [ɪˈlæstɪk] - elastisch
8. escort [ɪˈskɔ:t] - begleiten
9. extract [ɪkˈstrækt], remove [rɪˈmu:v] - entfernen
10. first [ˈfɜ:st] - erste
11. glass [ˈglɑ:s] - das Glas
12. hurt [hɜ:t] - sich wehtun
13. incision [ɪnˈsɪʒən] - der Einschnitt
14. ligate [ˈlaɪˌgeɪt] - verbinden
15. ligature [ˈlɪgətʃə] - die Binde
16. needle [ˈni:dəl] - die Nadel
17. needle holder [ˈni:dəl ˈhoʊldə] - der Nadelhalter
18. plan (to do something) [plæn tə də ˈsʌmθɪŋ] - planen (etwas zu machen)
19. possible [ˈpɔsəbəl] - möglich
20. rubbing alcohol [ˈrʌbɪŋ ˈælkəhɔl] - der Reinigungsalkohol
21. rule out, exclude [ru:l ˈaʊt | ɪkˈsklu:d] -

ausschließen
22. see ['si:] - sehen
23. sit [sɪt] - sitzen
24. so, therefore ['soʊ | 'ðeəfɔ:] - so, deswegen
25. stay [steɪ] - bleiben
26. stop [stɔp] - aufhören
27. stronger ['strɔŋgə] - stärker
28. suture, stitch ['su:tʃə | stɪtʃ] - die Naht, der Stich
29. syringe [sɪ'rɪndʒ] - die Spritze
30. wound [wu:nd] - die Wunde

“You are bleeding. Go to the surgeon quickly,” says the nurse. “What happened?”
“I got a piece of glass in my hand,” answers the man.
The man comes into the surgeon's office.
“Put your hand on the table,” asks the doctor.
He disinfects the injured area. He treats the injured area with alcohol. The doctor takes a scalpel and makes an incision with a quick movement.
“Oh, how it hurts!” the man screams.
“Hold on, it is not worth it to do anesthesia now,” soothes the surgeon.
The surgeon takes tweezers and removes the glass shard from the wound.
“Hold on, now I remove the glass shard. You'll feel better,” soothes doctor.
“The bleeding is even stronger,” the man worries.
“Perhaps you are afraid of blood, but that's how it should be. The vessels are damaged and open,” explains the doctor.
The nurse hands him a tray with sterile instruments and tampons. The doctor takes the hydrogen peroxide solution and treats the wound with the tampon.
“Now I need to stop the bleeding and carefully examine your wound,” adds the doctor.
“Do you think there may still remain some shards?” the man asks.
“Yes, there may remain some shards. It is not ruled out,” responds the doctor.
“Yes, glass is very difficult to see,” the man agrees.
“So now I'm doing my best. But you have to do an ultrasound of soft tissue,” the doc-

„Sie bluten. Gehen Sie schnell zum Chirurgen,“ sagt die Krankenschwester.„Was ist passiert?”
„Ich habe ein Stück Glas in meiner Hand,“ antwortet der Mann.
Der Mann kommt in die Praxis des Chirurgen.
„Legen Sie Ihre Hand auf den Tisch,“ fragt der Arzt.
Er desinfiziert die verletzte Gegend. Er behandelt die verletzte Gegend mit Alkohol. Der Arzt nimmt ein Skalpell und macht einen Einschnitt mit einer schnellen Bewegung.
„Oh, wie es wehtut!“, schreit der Mann.
„Warten Sie, es lohnt sich jetzt nicht eine Anästhesie zu machen,“ beruhigt der Chirurg.
Der Chirurg nimmt Pinzetten und entfernt den Glassplitter aus der Wunde.
„Warten Sie, ich entferne den Glassplitter jetzt. Sie werden sich besser fühlen,“ beruhigt der Arzt.
„Die Blutung ist noch stärker,“ sorgt sich der Mann.
„Vielleicht haben Sie Angst vor Blut, aber es ist wie es sein sollte. Die Gefäße sind beschädigt und geöffnet,“ erklärt der Arzt.
Die Krankenschwester händigt ihm ein Tablett mit sterilen Instrumenten und Tampons aus. Der Arzt nimmt die Wasserstoffperoxidlösung und behandelt die Wunde mit einem Tampon.
„Jetzt muss ich die Blutung beenden und Ihre Wunde sorgfältig untersuchen,“ fügt der Arzt hinzu.
„Denken Sie, dass vielleicht noch einige Splitter übrig bleiben?“, fragt der Mann.
„Ja, vielleicht bleiben noch einige Splitter übrig. Es ist nicht ausgeschlossen,“ antwortet der Arzt.
„Ja, Glas ist sehr schwer zu sehen,“ stimmt der Mann zu.
„So, jetzt tue ich mein Bestes. Aber Sie müssen einen Ultraschall des Weichgewebes machen,“ fügt der Arzt hinzu.
„Wenn der Splitter nicht wehtut, sollte er entfernt

tor adds.
"If the shard does not hurt, should it be removed?" asks the patient.
"If there is a shard, it can cause inflammation and pain," explains the doctor.
"Do I need to do an ultrasound right now?" the man asks.
"Of course, it should be done immediately. Then I will put in sutures," says the surgeon.
"Where can I do an ultrasound?" asks the patient.
"The nurse will escort you," the doctor says.
The nurse accompanies the patient to the ultrasound office. The office is on the ground floor. There is new equipment in the office. The ultrasound specialist and an assistant work there.
"Sit down and give me your hand," requests the assistant. The specialist performs the ultrasound.
The patient returns to the surgeon's office. He gives him the ultrasound image. The doctor examines the image.
"I want to reassure you. There are no more shards," confirms the surgeon. "Bring me the sterile instruments."
The nurse brings in instruments.
"Doctor, will you give me a shot?" the man asks.
"Of course, I will treat your wound with antiseptic and will give you a shot," soothes the doctor.
The doctor takes a syringe and administers anesthesia.
"I already feel numbness," says the patient.
"Good. But you need to wait another five minutes," explains the doctor.
The doctor takes a ligature needle.
"You have two damaged vessels. The first thing is to ligate the vessels," the doctor says. He makes manipulations. The doctor asks the nurse to give him a surgical needle, a needle holder, and tweezers.
"I'll put in sutures quickly. You will not feel any pain," soothes surgeon.
"Will the wound hurt badly later?" worries the man.

werden?", fragt der Patient.
„Wenn dort ein Splitter ist, kann er eine Entzündung und Schmerzen verursachen," erklärt der Arzt.
„Benötige ich jetzt einen Ultraschall?", fragt der Mann.
„Natürlich, es sollte sofort gemacht werden. Dann werde ich Nähte hineinmachen," sagt der Chirurg.
„Wo kann ich einen Ultraschall machen?", fragt der Patient.
„Die Krankenschwester wird Sie dorthin begleiten," sagt der Arzt.
Die Krankenschwester begleitet den Patienten in den Ultraschallraum. Der Raum ist im Erdgeschoss. Es gibt neue Ausrüstung in dem Büro. Der Ultraschallfachmann und ein Assistent arbeiten dort.
„Setzen Sie sich und geben Sie mir Ihre Hand," fordert der Assistent. Der Spezialist führt den Ultraschall durch.
Der Patient kommt zu dem Büro des Chirurgen zurück. Er gibt ihm ein Ultraschallbild. Der Arzt untersucht das Bild.
„Ich möchte Ihnen versichern. Es gibt keine Splitter mehr," bestätigt der Chirurg. „Bringen Sie mir die sterilen Instrumente."
Die Krankenschwester bringt die Instrumente.
„Doktor, werden Sie mir eine Spritze geben?", fragt der Mann.
„Natürlich, ich werde Ihre Wunde mit einem Antiseptikum behandeln und Ihnen eine Spritze geben," beruhigt der Arzt.
Der Arzt nimmt eine Spritze und verabreicht die Anästhesie.
„Ich fühle schon Taubheit," sagt der Patient.
„Gut. Aber Sie müssen noch fünf Minuten länger warten," erklärt der Arzt.
Der Arzt nimmt eine Ligaturnadel.
„Sie haben zwei geschädigte Gefäße. Zunächst müssen wir die Gefäße verknüpfen," sagt der Arzt. Er macht Handgriffe. Der Arzt bittet die Krankenschwester, ihm eine chirurgische Nadel zu geben, einen Nadelhalter und Pinzetten.
„Ich werde schnell Nähte hineinmachen. Sie werden keine Schmerzen spüren," beruhigt der Chirurg.
„Wird die Wunde später stark wehtun?" sorgt sich der Mann.
„Nein, Sie haben eine kleine Naht. Es wird schnell

"No, you have a small suture. It will heal quickly," replies the doctor. "That's it. Now sit for a couple of minutes."
"What are you going to do now?" asks the patient.
"Now I'll put an ointment on the suture. It is very good for healing," says the doctor.
"Do I have to apply the ointment at home?" the man asks.
"You need to apply the ointment twice a day until the healing is complete," explains the doctor. "Now let's put on a bandage."
The surgeon takes a soft elastic bandage.
"This bandage does not hurt or irritate the skin when you move," he says.
"Where can I buy the same one?" asks the patient.
"You can buy the same one at the pharmacy," responds the doctor. "Do not forget, you need to buy the ointment as well."
"How many times do I need to change the bandage?" asks the patient.
"You need to change the bandage twice a day, and later once a day as you get better," explains the surgeon.
"Thank you, doctor. You helped me a lot," the man says.
"Of course. It is my duty. Get well and be careful," resplies the doctor.
"For sure. Goodbye," says the man.

heilen," antwortet der Arzt. „Das ist alles. Bleiben Sie jetzt für einige Minuten sitzen."
„Was machen Sie jetzt?", fragt der Patient.
„Jetzt werde ich eine Salbe auf die Naht tun. Sie ist sehr gut für die Heilung," sagt der Arzt.
„Muss ich die Salbe zu Hause auftragen?", fragt der Mann.
„Sie müssen die Salbe zweimal am Tag auftragen, bis die Heilung abgeschlossen ist," erklärt der Arzt. „Machen wir jetzt einen Verband drauf."
Der Chirurg nimmt einen weichen elastischen Verband.
„Dieser Verband tut nicht weh oder irritiert die Haut, wenn Sie sich bewegen," sagt er.
„Wo kann ich denselben kaufen?", fragt der Patient.
„Sie können denselben in der Apotheke kaufen," antwortet der Arzt. „Vergessen Sie nicht, Sie müssen auch die Salbe kaufen."
„Wie oft muss ich den Verband wechseln?", fragt der Patient.
„Sie müssen den Verband zweimal am Tag wechseln, und später einmal am Tag, wenn es Ihnen besser geht," erklärt der Chirurg.
„Danke, Doktor. Sie haben mir sehr geholfen," sagt der Mann.
„Natürlich. Es ist meine Pflicht. Werden Sie gesund und seien Sie vorsichtig," antwortet der Arzt.
„Sicher. Auf Wiedersehen," sagt der Mann.

C

Questions about the text

1. What got in the man's hand?
2. What does the doctor disinfect?
3. With what does the doctor treat the injured area?
4. What does the surgeon extract from the wound?
5. What does nurse hand to the doctor?
6. What kind of an ultrasound should be done?
7. Where is the ultrasound office?
8. Who works in the ultrasound office?
9. What does the doctor ask the nurse to give him?
10. What does the doctor apply to the suture?

Fragen zum Text

1. Was ist in der Hand des Mannes?
2. Was desinfiziert der Arzt?
3. Womit behandelt der Arzt die verletzte Gegend?
4. Was extrahiert der Chirurg aus der Hand?
5. Was händigt die Krankenschwester dem Arzt aus?
6. Welche Art von Ultraschall sollte gemacht werden?
7. Wo ist der Ultraschallraum?
8. Wer arbeitet im Ultraschallraum?
9. Was bittet der Arzt die Krankenschwester ihm zu geben?

11. How many times does the man need to apply the ointment?
12. What kind of a bandage does the doctor take?
13. How many times does the man need to change the bandage?

10. Was trägt der Arzt auf die Naht auf?
11. Wie oft muss der Mann die Salbe auftragen?
12. Welche Art von Bandage nimmt der Arzt?
13. Wie oft muss der Mann die Bandage wechseln?

21

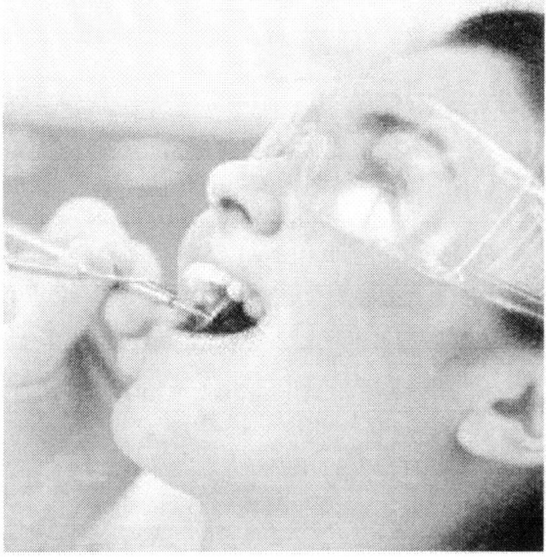

Call us to make an appointment for your second tooth

Rufen Sie uns an, um einen Termin für Ihren zweiten Zahn zu machen

Words

1. above [ə'bʌv] - über
2. agreement [ə'gri:mənt] - die Vereinbarung
3. call [kɔ:l] - anrufen
4. clogging ['klɒgɪŋ] - verstopfen
5. drill [drɪl] - bohren
6. in front [ɪn frʌnt] - vorne
7. knock [nɔk] - klopfen
8. lamp [læmp] - die Lampe
9. layer ['leɪə] - die Schicht
10. location [loʊ'keɪʃən] - der Standort
11. nozzle, head ['nɔzəl | hed] - die Düse, der Kopf
12. photo composite ['foʊtoʊ 'kɔmpəzɪt] - die Fotokomposit
13. prepare [prɪ'peə] - vorbereiten
14. put in a filling ['pʊt ɪn ə 'fɪlɪŋ] - eine Füllung einsetzen
15. record, to write down [rɪ'kɔ:d | tə 'raɪt daʊn] - aufnehmen, aufschreiben
16. sign [saɪn] - unterschreiben
17. table ['teɪbəl] - der Tisch

A nurse comes out of the office and invites the next patient in.
"Whoever has an appointment at eleven o'clock can come in," she says.

Eine Krankenschwester kommt aus der Praxis und bittet den nächsten Patienten herein.
„Wer immer einen Termin um elf Uhr hat kann herein kommen," sagt sie.

A man comes into the office. The office is large and bright. A lot of equipment is in the office. There are two dental chairs.
“Sit down in a chair,” says the doctor. “What are your complaints?”
The man sits in a chair and look at the tools. Above his head is a big lamp. To the left of him is a table with tools. There are a dental mirror, a probe, tweezers, an excavator, spatulas, trowels, a curette, and a scaler. In front of them are dental drill heads.
“I have a toothache. This tooth hurts,” answer the man.
A woman doctor takes a dental mirror, a dental probe and inspects the man’s oral cavity.
“Yes, I see. You have a medium degree of decay in this upper tooth. It needs a filling.”
The doctor checks for sensitivity to pain, the location of the nerve in relation to the surface layers of the tooth, and clogging of the channels.
“Does it hurt here? Does it hurt when I knock on the tooth?”
“It almost doesn't hurt,” the man responds.
“Good. So you came just in time. The filling will keep your tooth intact for many years,” explains the doctor.
“Doctor, can you examine all of my teeth? What other teeth also require a treatment?” asks the patient.
“Of course, I certainly will examine all of them,” the doctor says. “This tooth is slightly damaged. It also could use a filling.”
The doctor takes tweezers and treats the gum with a solution. She examines the damage to the tooth, using a dental probe. She takes the dental excavator and cleans the cavity. The doctor removes an old filling, and drills down the root canal.
“I am removing plaque,” the doctor says. She takes a curette and removes the plaque.
“Keep your mouth open. I am putting in the lining. And a few minutes later we will put in the filling,” explains the doctor. “What kind of a filling do you want to put in? There are fillings made out of photo-composite and compomer. I recommend compomer. It contains fluorine.”

Ein Mann kommt in die Praxis. Die Praxis ist groß und hell. Sie ist gut ausgestattet. Es gibt zwei Zahnarztstühle.
„Setzen Sie sich in einen Stuhl,“ sagt der Arzt.„Was sind Ihre Beschwerden?”
Der Mann sitzt in dem Stuhl und sieht sich die Werkzeuge an.
Über seinem Kopf ist eine große Lampe. Links von ihm ist ein Tisch mit Werkzeugen. Es gibt einen Zahnarztspiegel, eine Sonde, Pinzetten, einen Absauger, Spachtel, kleine Spaten, eine Kürette und einen Scaler. Vor ihnen liegen zahnärztliche Bohrköpfe.
„Ich habe Zahnschmerzen. Dieser Zahn tut weh,” antwortet der Mann.
Ein Arzt nimmt einen Zahnarztspiegel, eine zahnärztliche Sonde und inspiziert die Mundhöhle des Mannes.
„Ja, ich verstehe. Sie haben einen Verfall mittleren Grades in diesem oberen Zahn. Es wird eine Füllung benötigt.“
Der Arzt überprüft die Schmerzempfindlichkeit, den Standort des Nervs in Verbindung zu den Oberflächenschichten des Zahns und der Verstopfung der Kanäle.
„Tut es hier weh? Tut es weh, wenn ich auf den Zahn klopfe?“
„Es tut fast nicht weh,” antwortet der Mann.
„Gut. So sind Sie gerade rechtzeitig gekommen. Die Füllung wird Ihren Zahn für viele Jahre intakt halten,“ erklärt der Arzt.
„Doktor, können Sie alle meine Zähne untersuchen? Welche anderen Zähne benötigen auch eine Behandlung?“, fragt der Patient.
„Natürlich, ich werde sie gewiss alle untersuchen,“ sagt der Arzt.„Dieser Zahn ist leicht beschädigt. Er könnte auch eine Füllung gebrauchen.“
Der Arzt nimmt Pinzetten und behandelt das Zahnfleisch mit einer Lösung. Sie untersucht die Schädigung des Zahns, indem sie eine zahnärztliche Sonde benutzt. Sie nimmt den zahnärztlichen Absauger und reinigt das Loch. Der Arzt entfernt eine alte Füllung und bohrt den Wurzelkanal herab.
„Ich entferne Plaque,“ sagt der Arzt. Sie nimmt eine Kürette und entfernt Plaque.
„Lassen Sie Ihren Mund geöffnet. Ich mache die Auskleidung herein. Und einige Minuten später werden wird die Füllung hineinsetzen,“ erklärt der Arzt.„Welche Art von Füllung möchten Sie haben? Es

The patient nods in agreement.
"Prepare the material," the doctor turns to the nurse.
The doctor takes a spatula and applies the material. She takes a trowel and compacts the material.
"Now try it. Does the filling stick out?" asks the doctor.
"It does a bit," the patient says.
"Okay, now I'll put carbon paper on the tooth, and then remove the excess," the doctor says.
"Now, we will clean interdental spaces with a scaler," she continues.
"Thank you, doctor, for the treatment," says the man.
"Call us to make an appointment for your second tooth," the doctor says.

gibt Füllungen, die aus Fotokomposit und Compomer gemacht sind. Ich empfehle Compomer. Es enthält Fluor."
Der Patient nickt im Einverständnis.
„Bereiten Sie das Material vor," wendet sich der Arzt an die Krankenschwester.
Der Arzt nimmt einen Spachtel und trägt das Material auf. Sie nimmt einen kleinen Spaten und befestigt das Material.
„Versuchen Sie es jetzt. Steht die Füllung über?", fragt der Arzt.
„Das tut sie ein bisschen," sagt der Patient.
„Okay, jetzt werde ich Karbonpapier auf den Zahn legen und dann den Überschuss entfernen," sagt der Arzt.„Jetzt werden wir die Zahnzwischenräume mit einem Scaler reinigen," fährt sie fort.
„Danke, Doktor, für die Behandlung," sagt der Mann.
„Rufen Sie uns an, um einen Termin für Ihren zweiten Zahn zu machen," sagt der Arzt.

C

Questions about the text

1. What is in the office?
2. What is on the left?
3. What is on the table?
4. What kind of decay is in the upper tooth?
5. What does the doctor examine?
6. What does she examine with a dental probe?
7. With what does doctor remove the plaque?
8. Which material does the doctor suggest?
9. What does compomer contain?
10. With what does the doctor clean interdental spaces?

Fragen zum Text

1. *Was ist in der Praxis?*
2. *Was ist auf der linken Seite?*
3. *Was ist auf dem Tisch?*
4. *Welche Art von Fäulnis ist auf dem oberen Zahn?*
5. *Was untersucht der Arzt?*
6. *Was untersucht sie mit einer Zahnsonde?*
7. *Mit was entfernt der Arzt Plaque?*
8. *Welches Material empfiehlt der Arzt?*
9. *Was enthält der Compomer?*
10. *Womit säubert der Arzt die Zahnzwischenräume?*

Irregular Verbs

Die unregelmäßigen Verben

Infinitive	Past Tense	Past Participle	German
abide	abode	abode	bleiben, fortdauern
arise	arose	arisen	entstehen
awake	awoke / awaked	awoke / awaked / awoken	(auf)wecken
be	was, were	been	sein
bear	bore	born(e)	gebären, ertragen
beat	beat	beaten	schlagen, besiegen
become	became	become	werden
beget	begot	begotten	erzeugen, hervorbringen
begin	began	begun	anfangen
belay	belaid	belayed	festmachen
bend	bent	bent	biegen
bereave	bereaved	bereft	berauben
beseech	besought	besought	ersuchen, anflehen
bet	bet	bet	wetten
bid	bade / bid	bidden / bid	einladen, setzen (Kartenspiel)
bind	bound	bound	binden
bite	bit	bit, bitten	beißen
bleed	bled	bled	bluten
blow	blew	blown	blasen
break	broke	broken	(zer)brechen
breed	bred	bred	verursachen
bring	brought	brought	bringen
broadcast	broadcast	broadcast	senden / übertragen
build	built	built	bauen
burn	burnt (burned)	burnt (burned)	(ver)brennen
burst	burst	burst	platzen
buy	bought	bought	kaufen
can	could	-	können

cast	cast	cast	auswerfen, werfen
catch	caught	caught	fangen
chide	chide	chidden	(aus)schimpfen, tadeln
choose	chose	chosen	(aus)wählen
cleave	clove / cloven	cleft	(zer)teilen, (zer)schneiden, (zer)spalten
cling	clung	clung	kleben, haften
clothe	clothed / clad+	clothed / clad+	(an-, be-, ein-) kleiden
come	came	come	kommen
cost	cost	cost	kosten
creep	crept	crept	kriechen, schleichen
crow	crowed / crew	crowed	a. (rum)krähen (Kinder, Hahn) / b. protzen, prahlen
cut	cut	cut	schneiden
dare	dared / durst	dared	(sich etwas) trauen, wagen
deal	dealt	dealt	handeln
dig	dug	dug	graben
do	did	done	tun
draw	drew	drawn	zeichnen, ziehen
dream	dreamt (dreamed)	dreamt (dreamed)	träumen
drink	drank	drunk	trinken
drive	drove	driven	fahren
dwell	dwelt	dwelt	wohnen, leben
eat	ate	eaten	essen
fall	fell	fallen	fallen
feed	fed	fed	füttern
feel	felt	felt	(sich) fühlen
fight	fought	fought	kämpfen
find	found	found	finden
fit	fit	fit	passen
flee	fled	fled	fliehen
fling	flung	flung	schleudern
fly	flew	flown	fliegen

forbear	forbore	forborne	unterlassen, enthalten, Abstand nehmen
forbid	forbade	forbidden	verbieten / untersagen
forego	forewent	forgone	verzichten auf; aufgeben; Abstand nehmen von
forget	forgot	forgotten	vergessen
forgive	forgave	forgiven	verzeihen, vergeben
forsake	forsook	forsaken	aufgeben, verlassen, im Stich / hinter sich lassen
freeze	froze	frozen	frieren
geld	gelded	gelt	a. kastrieren b. verschneiden
get	got	got(ten, AE)	bekommen
give	gave	given	geben
go	went	gone	gehen, fahren
grind	ground	ground	schleifen
grow	grew	grown	wachsen, anbauen
hang	hung	hung	(auf)hängen
have	had	had	haben
hear	heard	heard	hören
heave	hove	hove	heben
hide	hid	hidden	verstecken
hit	hit	hit	schlagen, treffen
hold	held	held	halten
hurt	hurt	hurt	verletzen
input	input (inputted)	input (inputted)	(Passwort) eingeben
keep	kept	kept	halten
knit	knit (knitted)	knit (knitted)	stricken
kneel	knelt	knelt	knien
know	knew	known	wissen
lay	laid	laid	legen
lead	led	led	leiten, führen
lean	leant	leant	lehnen
leap	leapt	leapt	springen
learn	learnt (learned)	learnt (learned)	lernen

leave	left	left	(weg)gehen, (ver)lassen
lend	lent	lent	leihen
let	let	let	lassen
lie	lay	lain	liegen
light	lit (lighted)	lit (lighted)	anzünden / entzünden)
lose	lost	lost	verlieren
make	made	made	machen
may	might	-	können
mean	meant	meant	meinen
meet	met	met	treffen
misunderstand	misunderstood	misunderstood	missverstehen
mow	mowed	mown (mowed)	mähen
must	had to	had to	müssen, dürfen
offset	offset	offset	ausgleichen
pay	paid	paid	(be)zahlen
put	put	put	legen, setzen, stellen
quit	quit	quit	beenden, kündigen
read	read	read	lesen
rend	rent	rent	zerreißen, zerfleischen
rewrite	rewrote	rewritten	neu schreiben / umschreiben
rid	rid	rid	befreien, loswerden
ride	rode	ridden	reiten, fahren
ring	rang	rung	läuten
rise	rose	risen	aufgehen/-stehen
run	ran	run	laufen, rennen
say	said	said	sagen
see	saw	seen	sehen
seek	sought	sought	(auf)suchen
sell	sold	sold	verkaufen
send	sent	sent	schicken, senden
set	set	set	setzen, stellen
sew	sewed	sewn	nähen

shake	shook	shaken	schütteln
shave	shaved	shaven (shaved)	rasieren
shed	shed	shed	abwerfen, haaren, vergießen
shine	shone	shone	scheinen
shoe	shod	shod	a. beschuhen b. beschlagen (Pferd)
shoot	shot	shot	schießen
show	showed	shown (showed)	zeigen
shrink	shrank	shrunk	schrumpfen
shut	shut	shut	schließen
sing	sang	sung	singen
sink	sank	sunk	sinken
sit	sat	sat	sitzen
slay	slew	slain	töten, ermorden, erschlagen
sleep	slept	slept	schlafen
slide	slid	slide	gleiten
sling	slung	slung	schleudern
slink	slunk	slunk	(weg)schleichen, davonschleichen
slit	slit	slit	(auf-, zer-)schlitzen, zerschneiden
smell	smelt (smelled)	smelt (smelled)	riechen
smite	smote	smitten	quälen, schlagen
sneak	snuck (sneaked)	snuck (sneaked)	schleichen
sow	sowed	sown	sähen
speak	spoke	spoken	sprechen
speed	sped	sped (speeded)	(mit dem Auto) rasen
spell	spelt (spelled)	spelt (spelled)	buchstabieren
spend	spent	spent	verbringen, ausgeben
spill	spilt	spilt	verschütten
spin	spun	spun	drehen, spinnen
spit	spat	spat	spucken
split	split	split	teilen, spalten
spoil	spoilt	spoilt	verderben
spread	spread	spread	sich ausbreiten

spring	sprang	sprung	springen
stand	stood	stood	stehen
steal	stole	stolen	stehlen
stick	stuck	stuck	kleben
sting	stung	stung	brennen, schmerzen
stink	stank	stunk	stinken
strew	strewed	strewn (strewed)	streuen
stride	strode	stridden	schreiten, überschreiten
strike	struck	struck / stricken	stoßen, streiken
string	strung	strung	bespannen, aufreihen
strive	strove	striven	streben, (sich) bemühen
swear	swore	sworn	schwören
sweep	swept	swept	fegen
swell	swelled	swollen	(an-, auf-)schwellen, (an)steigen
swim	swam	swum	schwimmen
swing	swung	swung	schaukeln
take	took	taken	nehmen
teach	taught	taught	unterrichten
tear	tore	torn	reißen
tell	told	told	erzählen
think	thought	thought	denken
thrive	throve	thriven	a. gedeihen b. blühen
throw	threw	thrown	werfen
thrust	thrust	thrust	stechen, stoßen (mit einem Messer)
tread	trod	trodden	treten, betreten, laufen
understand	understood	understood	verstehen
undersell	undersold	undersold	unterbieten / unter Wert verkaufen
undertake	undertook	undertaken	(Aufgabe) übernehmen
wake	woke	woken	(auf)wachen
wear	wore	worn	tragen (Kleidungsstück)
weave	wove	woven	weben, flechten
weep	wept	wept	weinen

win	won	won	gewinnen
wind	wound	wound	winden, wickeln, schlängeln,
withdraw	withdrew	withdrawn	zurückziehen
wring	wrung	wrung	(aus)wringen
write	wrote	written	schreiben

Important Ajectives

Wichtige Adjektive

ambitious [æm'bɪʃəs] - ehrgeizig

annoying [ə'nɔɪŋ] - ärgerlich

anxious ['æŋkʃəs] - ängstlich

attractive [ə'træktɪv] - anziehend

beautiful ['bju:təfl] - schön

boring ['bɔ:rɪŋ] - langweilig

brilliant ['brɪlɪənt] - geistreich

calm, quiet, silent [kɑ:m | 'kwaɪət | 'saɪlənt] - ruhig

careful ['keəfʊl] - sorgfältig, vorsichtig

charming ['tʃɑ:mɪŋ] - bezaubernd

cheerful, merry, gay ['tʃɪəfəl | 'merɪ | geɪ] - lustig

coarse, rude [kɔ:s | ru:d] - grob

content [kən'tent] - zufrieden

cunning ['kʌnɪŋ] - schlau

curious ['kjʊərɪəs] - neugierig

diligent ['dɪlɪdʒənt] - fleißig

eager ['i:gə] - eifrig

excellent ['eksələnt] - ausgezeichnet

excited [ɪk'saɪtɪd] - aufgeregt

experienced [ɪk'spɪərɪənst] - erfahren

faithful ['feɪθfəl] - treu

fast [fɑ:st] - schnell

frank, candid [fræŋk | 'kændɪd] - offen

friendly ['frendlɪ] - freundlich

funny ['fʌnɪ] - spaßig

furious ['fjʊərɪəs] - wütend

glad [glæd] - froh

grateful, thankful ['greɪtfəl | 'θæŋkfəl] - dankbar

greedy ['gri:dɪ] - gierig

happy, lucky ['hæpɪ | 'lʌkɪ] - glücklich

helpful ['helpfəl] - hilfsbereit

helpless ['helpləs] - hilflos

honest ['ɔnɪst] - ehrlich

impudent ['ɪmpjʊdənt] - frech

indifferent [ɪn'dɪfrənt] - gleichgütig

intelligent [ɪn'telɪdʒənt] - klug

jealous ['dʒeləs] - eifersüchtig

loving, affectionate ['lʌvɪŋ | ə'fekʃənət] - liebevoll

mad, crazy [mæd | 'kreɪzɪ] - verrückt

mean [mi:n] - geizig

moderate ['mɔdəreɪt] - gemäßigt

modest ['mɔdɪst] - bescheiden

nervous ['nɜ:vəs] - nervös

nice, kind [naɪs | kaɪnd] - nett

plain [pleɪn] - einfach

polite [pə'laɪt] - höflich

pretty, nice ['prɪtɪ | naɪs] - hübsch

punctual ['pʌŋktʃʊəl] - pünktlich

pure, clean [pjʊə | kli:n] - rein

reliable [rɪˈlaɪəbl]- zuverlässig

resolute [ˈrezəlu:t] - entschlossen

respectable, decent [rɪˈspektəbl | ˈdi:snt] - anständig

ridiculous [rɪˈdɪkjʊləs] - lächerlich

sad [sæd] - traurig

serious, grave [ˈsɪərɪəs | greɪv] - ernst

shy [ʃaɪ] - schüchtern

slow [sloʊ] - langsam

soft [sɔft] - weich

strange, odd [streɪndʒ | ɔd] - seltsam

stubborn, tough [ˈstʌbən | tʌf] - zäh

stupid [ˈstju:pɪd] - dumm

successful [sək ˈsesfəl] - erfolgreich

superficial, shallow [ˌsu:pəˈfɪʃl | ˈʃæloʊ] - oberflächlich

surprised [səˈpraɪzd] - überrascht

sympathetic [ˌsɪmpəˈθetɪk] - mitfühlend

tired [ˈtaɪəd] - müde

ugly [ˈʌglɪ] - häßlich

uneducated [ʌnˈedʒʊkeɪtɪd] - ungebildet

ungrateful [ʌnˈgreɪtfəl] - undankbar

unhappy [ʌnˈhæpɪ] - unglücklich

unjust, unfair [ʌnˈdʒʌst | ˌʌnˈfeə] - ungerecht

violent [ˈvaɪələnt] - heftig

weak [wi:k] - schwach

wicked, evil [ˈwɪkɪd | ˈi:vl] - böse

wise [waɪz] - weise

youthful [ˈju:θfəl] - jugendlich

Physical qualities

Körperliche Eigenschaften

big [bɪg] - groß

small oder little [smɔ:l | ˈlɪtl] - klein

fast [fɑ:st] - schnell

slow [sloʊ] - langsam

good [gʊd] - gut

bad [bæd] - schlecht

expensive [ɪkˈspensɪv] - teuer

cheap [tʃi:p] - billig

thick [θɪk] - dick

thin [θɪn] - dünn

narrow [ˈnæroʊ] - eng

wide [waɪd], broad [brɔ:d]- breit

loud [laʊd] - laut

quiet [ˈkwaɪət] - leise

intelligent [ɪnˈtelɪdʒənt] - intelligent

stupid [ˈstju:pɪd] - dumm

wet [wet] - nass

dry [draɪ] - trocken

heavy [ˈhevɪ] - schwer

light [laɪt] - leicht

hard [hɑ:d] - hart

soft [sɔft] - weich

shallow [ˈʃæloʊ] - flach, seicht

deep [di:p] - tief

easy [ˈi:zɪ] - leicht

difficult [ˈdɪfɪkəlt] - schwierig

weak [wi:k] - schwach

strong [strɔŋ] - stark

rich [rɪtʃ] - reich

poor [pʊə] - arm

young [jʌŋ] - jung

old [oʊld] - alt

long [ˈlɔŋ] - lang

short [ʃɔːt] - kurz

high [haɪ] - hoch

low [loʊ] - tief

generous [ˈdʒenərəs] - großzügig

mean [miːn] - geizig

true [truː] - richtig

false [ˈfɔːls] - falsch

beautiful [ˈbjuːtəfl] - schön

ugly [ˈʌglɪ] - hässlich

new [njuː] - neu

old [oʊld] - alt

happy [ˈhæpɪ] - fröhlich, glücklich

sad [sæd]- traurig

Antonyms

Gegenteile

safe [seɪf] - sicher

dangerous [ˈdeɪndʒərəs] - gefährlich

early [ˈɜːlɪ] - früh

late [leɪt] - spät

light [laɪt] - hell

dark [dɑːk] - dunkel

open [ˈoʊpən] - offen, geöffnet

closed oder shut [kloʊzd | ʃʌt] - geschlossen, zu

tight [taɪt] - stramm, fest

loose [luːs] - locker

full [fʊl] - voll

empty [ˈemptɪ] - leer

many [ˈmenɪ] - viele

few [fjuː] - wenige

alive [əˈlaɪv] - lebendig

dead [ded] - tot

hot [hɔt] - heiß

cold [koʊld] - kalt

interesting [ˈɪntrəstɪŋ] - interessant

boring [ˈbɔːrɪŋ] - langweilig

lucky [ˈlʌkɪ] - glücklich

unlucky [ʌnˈlʌkɪ] - unglücklich

important [ɪmˈpɔːtnt] - wichtig

unimportant [ˌʌnɪmˈpɔːtnt] - unwichtig

right [raɪt] - richtig

wrong [rɔŋ] - falsch

far [ˈfɑː] - weit

near [nɪə] - nah

clean [kliːn] - sauber

dirty [ˈdɜːtɪ] - schmutzig

nice [naɪs] - nett

nasty [ˈnɑːstɪ] - gemein

pleasant [ˈpleznt] - angenehm

unpleasant [ʌnˈpleznt] - unangenehm

excellent [ˈeksələnt] - ausgezeichnet

terrible [ˈterəbl] - schrecklich

fair [feə] - fair

unfair [ˌʌnˈfeə] - unfair

normal [ˈnɔːml] - normal

abnormal [æbˈnɔːml]- anormal

Wörterbuch Englisch-Deutsch

a little [ə 'lɪtəl] - ein bisschen
abdominal [æb'dɔmɪnəl] - Unterleibs...
above, over [ə'bʌv | 'oʊvə] - über
abrasion [ə'breɪʒən] - die Abnutzung
absence ['æbsəns] - die Abwesenheit
absolutely, completely ['æbsəlu:tlɪ | kəm'pli:tlɪ] - absolut, komplett
accelerated [ək'seləreɪtɪd] - beschleunigt
account [ə'kaʊnt] - das Konto
accurate ['ækjərət] - genau
acid ['æsɪd] - die Säure
across [ə'krɔs] - über
act, to affect [ækt | tʊ ə'fekt] - handeln, beeinflussen
action ['ækʃən] - die Aktion
active, agile ['æktɪv | 'ædʒaɪl] - aktiv, flink
activity, strain [æk'tɪvətɪ | streɪn] - die Aktivität, die Sorte
acuity [ə'kju:ətɪ] - die Schärfe
add [æd] - hinzufügen
additional [ə'dɪʃənəl] - zusätzlich
address [ə'dres] - die Adresse
advise [əd'vaɪz] - beraten
after ['ɑ:ftə] - nach
again [ə'gen] - nochmal, wieder
against [ə'genst] - gegen
agree [ə'gri:] - zustimmen
agreement [ə'gri:mənt] - die Vereinbarung
agrees [ə'gri:z] - die Zustimmung
Ah, ouch [ɑ: | aʊtʃ] - Au, autsch
air [eə] - die Luft
all [ɔ:l] - all, ganz; jede(r, -s)
allergic [ə'lɜ:dʒɪk] - allergisch
allergist ['ælədʒɪst] - der Allergologe
allergy ['ælədʒɪ] - die Allergie
allocate, to extract ['æləkeɪt | tʊ ɪk'strækt] - zuteilen, extrahieren
allow [ə'laʊ] - erlauben
almost ['ɔ:lmoʊst] - fast
already [ɔ:l'redɪ] - schon
also ['ɔ:lsoʊ] - auch
ameliorate [ə'mi:lɪəreɪt] - verbessern
amount [ə'maʊnt] - die Menge
anatomical [ˌænə'tɔmɪkəl] - anatomisch
and [ænd] - und
anesthesia [ˌænəs'θi:ʒə] - die Anästhesie
annual, planned, general ['ænjʊəl | plænd | 'dʒenrəl] - jährlich, geplant, allgemein
answer ['ɑ:nsə] - antworten
antiallergenic [æntɪ'ælərˌdʒɛn] - antiallergen
anti-allergy medicine ['æntɪ 'ælədʒɪ 'medsən] - die Anti-Allergie Medizin
antibacterial [ˌæntɪbæk'tɪərɪəl] - antibakteriell
antibiotic [ˌæntɪbaɪ'ɔtɪk] - antibiotisch
antibiotics [ˌæntɪbaɪ'ɔtɪks] - die Antibiotika
anti-inflammatory ['æntɪ ɪn'flæmətrɪ] - entzündungshemmend
antiseptic [ˌæntɪ'septɪk] - antiseptisch
any ['enɪ] - (irgend)ein(e), einige, etwas
anyone ['enɪwʌn] - (irgend)jemand, jeder
apartment [ə'pɑ:tmənt] - das Appartement
apathy ['æpəθɪ] - die Apathie
application [ˌæplɪ'keɪʃən] - die Anwendung
apply [ə'plaɪ] - anwenden, bewerben
apron ['eɪprən] - die Schürze
archive ['ɑ:kaɪv] - das Archiv
area ['eərɪə] - die Gegend
around [ə'raʊnd] - herum
arrange [ə'reɪndʒ] - ordnen
arterial [ɑ:'tɪərɪəl] - arteriell
artery ['ɑ:tərɪ] - die Arterie
articular, joint [ɑ:'tɪkjʊlə | dʒɔɪnt] - Gelenk...,Gelenk
artificial [ˌɑ:tɪ'fɪʃəl] - oberflächlich
ask [ɑ:sk] - fragen
aspirator ['æspɪreɪtə] - das Absaugegerät
assert, to confirm [ə'sɜ:t | tə kən'fɜ:m] - beteuern, bestätigen
assess [ə'ses] - einschätzen
assistant [ə'sɪstənt] - der Assistent
assume [ə'sju:m] - annehmen
at [æt] - bei
at the beginning [ət ðə bɪ'gɪnɪŋ] - zu Beginn
atlas ['ætləs] - der Atlas
attachment [ə'tætʃmənt] - die Anlage
attention [ə'tenʃən] - die Aufmerksamkeit
attentive, careful [ə'tentɪv | 'keəfʊl] - aufmerksam, vorsichtig
avoid [ə'vɔɪd] - vermeiden
back ['bæk] - der Rücken; hinten
background ['bækgraʊnd] - der Hintergrund
bad [bæd] - schlecht
bag [bæg] - die Tasche
bandage, sling ['bændɪdʒ | səlɪŋ] - der Verband, die Bandage, die Schlinge

bank [bæŋk] - die Bank
basis ['beɪsɪs] - die Basis
be [bɪ] - sein
be able to [bɪ 'eɪbəl tu:] - fähig sein zu
be afraid [bɪ ə'freɪd] - Angst haben
be attached [bɪ ə'tætʃt] - angehängt
be disappointed [bɪ ˌdɪsə'pɔɪntɪd] - enttäuscht sein
be disrupted [bɪ dɪs'rʌptɪd] - unterbrochen werden
be ill [bɪ ɪl] - krank sein
be irritated [bɪ 'ɪrɪteɪtɪd] - irritiert sein
be patient, to endure [bɪ 'peɪʃnt | tʊ ɪn'djʊə] - geduldig sein, ertragen
be sick, to be ill [bɪ sɪk | tə bɪ ɪl] - krank sein
be surprised [bɪ sə'praɪzd] - überrascht sein
be tired [bɪ 'taɪəd] - müde sein
be worried, anxious [bɪ 'wʌrɪd | 'æŋkʃəs] - besorgt sein, ängstlich
beam [bi:m] - der Lichtstrahl
because [bɪ'kɔz] - weil
become [bɪ'kʌm] - werden
become numb [bɪ'kʌm 'nʌm] - taub werden
bed rest [bed rest] - die Bettruhe
begin [bɪ'gɪn] - anfangen
beginning [bɪ'gɪnɪŋ] - der Anfang
behind, on the back [bɪ'haɪnd | ɔn ðə 'bæk] - hinten, auf dem Rücken
below [bɪ'loʊ] - unter
better ['betə] - besser
big [bɪg] - groß
biological [ˌbaɪə'lɔdʒɪkəl] - biologisch
bladder ['blædə] - die Blase
bleach [bli:tʃ] - bleichen
bleeding ['bli:dɪŋ] - das Bluten
blood [blʌd] - das Blut
blood flow [blʌd floʊ] - der Blutfluss
blood pressure [blʌd 'preʃə] - der Blutdruck
blood pressure monitor [blʌd 'preʃə 'mɔnɪtə] - das Blutdruckmessgerät
blurred vision [blɜ:d 'vɪʒən] - die verschwommene Sicht
body ['bɔdɪ] - der Körper
bone [boʊn] - der Knochen
both [boʊθ] - beide/s
bother ['bɔðə] - sich kümmern
brace, fixator [breɪs | fɪk'sætə] - der Stützapparat, die Fixierung
brain [breɪn] - das Gehirn
breath [breθ] - der Atem
breathe [bri:ð] - atmen
bring [brɪŋ] - bringen
bring out, to take out [brɪŋ 'aʊt | tə teɪk 'aʊt] - rausbringen, rausnehmen
bringing out, taking out ['brɪŋɪŋ 'aʊt | 'teɪkɪŋ 'aʊt] - herausbringen, herausnehmen
bronchi ['brɔŋkaɪ] - der Bronchus
bubble ['bʌbəl] - die Blase
building ['bɪldɪŋ] - das Gebäude
burn [bɜ:n] - brennen
business ['bɪznəs] - das Geschäft
but [bʌt] - aber
buttock ['bʌtək] - das Gesäß
buy [baɪ] - kaufen
calcium ['kælsɪəm] - das Calcium
calendula [kə'lendjʊlə] - die Ringelblume
call, to ring [kɔ:l | tə rɪŋ] - (an)rufen, klingeln
calm down, relax [kɑ:m daʊn | rɪ'læks] - sich beruhigen, sich entspannen
calmly ['kɑ:mlɪ] - ruhig
carbon paper ['kɑ:bən 'peɪpə] - das Kohlepapier
card, medical record [kɑ:d | 'medɪkəl rɪ'kɔ:d] - die Karte, die Krankengeschichte
cardiologist [ˌkɑ:dɪ'ɔlədʒɪst] - der Kardiologe
cardiovascular [ˌkɑ:dɪoʊ'væskjələ] - kardiovaskulär
careful ['keəfʊl] - vorsichtig
carefully, attentively ['keəfəlɪ | ə'tentɪvlɪ] - sorgsam, aufmerksam
case [keɪs] - der Fall
cast, plaster [kɑ:st | 'plɑ:stə] - der Gips, das Pflaster
cataract ['kætərækt] - der graue Star
catheter ['kæθɪtə] - der Katheter
cause [kɔ:z] - verursachen
cavity / cell ['kævɪtɪ | sel] - die Karies, der Hohlraum / die Zelle
ceiling ['si:lɪŋ] - die Decke
center, hearth ['sentə | hɑ:θ] - das Zentrum, der Herd
central ['sentrəl] - zentral
certain ['sɜ:tən] - sicher, bestimmt
chair [tʃeə] - der Stuhl
chamomile ['kæməmaɪl] - die Kamille
change [tʃeɪndʒ] - der Wechsel, wechseln

cheap [tʃi:p] - billig
check [tʃek] - überprüfen
check, examine [tʃek | ɪɡ'zæmɪn] - überprüfen, untersuchen
cheek [tʃi:k] - die Wange
chemical ['kemɪkəl] - chemisch
chest [tʃest] - die Brust
child [tʃaɪld] - das Kind
children ['tʃɪldrən] - die Kinder
children's ['tʃɪldrənz] - von Kindern
chin [tʃɪn] - das Kinn
choose, put together [tʃu:z | 'pʊt tə'ɡeðə] - wählen, zusammenlegen
Chopin ['ʃopæn] - Chopin
chronic ['krɔnɪk] - chronisch
circulatory, blood-carrying [ˌsɜ:kjə'leɪtərɪ | 'blʌd-ˌkærɪŋ] - der Kreislauf, bluttragend
clamp [klæmp] - die Klemme
clarify, make clear ['klærɪfaɪ | 'meɪk klɪə] - näher erläutern, klarstellen
clasp [klɑ:sp] - der Griff
class [klɑ:s] - die Klasse
clavicle ['kəlævɪkl] - das Schlüsselbein
clean [kli:n] - sauber, säubern
clean up [kli:n ʌp] - sauber machen
clinic ['klɪnɪk] - die Klinik
clinical ['kəlɪnɪkl] - klinisch
clogged [klɔgd] - verstopft
clogging ['klɔgɪŋ] - verstopfen
closed [kloʊzd] - geschlossen
clothes [kloʊðz] - die Kleidung
CNS (central nervous system) ['sentrəl 'nɜ:vəs 'sɪstəm] - ZNS (zentrales Nervensystem)
coagulator [ko'æɡjʊleɪtə] - das Gerinnungsmittel
coat ['koʊt] - der Mantel
cold [koʊld] - kalt
collect [kə'lekt] - sammeln
come, to arrive [kʌm | tʊ ə'raɪv] - kommen, ankommen
come out [kʌm 'aʊt] - herauskommen
comfortable ['kʌmftəbəl] - gemütlich
comminuted (fracture) ['kɔmɪnju:tɪd 'frækt∫ə] - Trümmer(bruch)
compatibility [kəmˌpætə'bɪlɪtɪ] - die Kompatibilität
compensate ['kɔmpənseɪt] - entschädigen
complains [kəm'pleɪnz] - die Beschwerden
complaint, what bothers a patient [kəm'pleɪnt | 'wɔt 'bɔðəz ə 'peɪʃnt] - das Leiden, das einen Patienten stört
completely [kəm'pli:tlɪ] - komplett, völlig
complicated ['kɔmplɪkeɪtɪd] - kompliziert
complications [ˌkɔmplɪ'keɪʃənz] - die Komplikationen
compomer [kəm'poʊmə] - das Compomer
component [kəm'poʊnənt] - der Bestandteil
composite ['kɔmpəzɪt] - das Gemisch
comprehensive [ˌkɔmprɪ'hensɪv] - umfassend
compress [kəm'pres] - zusammendrücken
computerized, electronic [kəm'pju:təraɪzd | ˌɪlek'trɔnɪk] - computerisiert, elektronisch
conclusion [kən'klu:ʒən] - die Schlussfolgerung
conduct [kən'dʌkt] - durchführen
confirm [kən'fɜ:m] - bestätigen
congeal [kən'dʒi:l] - erstarren
connected, related [kə'nektɪd | rɪ'leɪtɪd] - verbunden
consequences, effects ['kɔnsɪkwənsɪz | ɪ'fekts] - die Konsequenzen, die Effekte
consist of [kən'sɪst ɔv] - bestehen aus
construction, design [kən'strʌkʃən | dɪ'zaɪn] - die Konstruktion, das Design
consult [kən'sʌlt] - beraten
contact-free ['kɔntækt fri:] - kontaktfrei
contain [kən'teɪn] - enthalten
containing [kən'teɪnɪŋ] - beinhaltend
continue [kən'tɪnju:] - fortfahren
contractions [kən'trækʃənz] - Die Verengungen
control [kən'troʊl] - die Kontrolle
cool [ku:l] - kühl
cornea ['kɔ:nɪə] - die Hornhaut
correction [kə'rekʃən] - die Korrektur
correctly [kə'rektlɪ] - korrekt
corridor, hall ['kɔrɪdɔ: | hɔ:l] - der Korridor, die Halle
cotton wool ['kɔtən wʊl] - die Baumwolle
cough [kɔf] - der Husten
couple ['kʌpəl] - das Paar
course [kɔ:s] - ein Kurs
cover, to close ['kʌvə | tə kloʊz] - bedecken, schließen
covered ['kʌvəd] - bedeckt
crown (of the head) [kraʊn əv ðə hed] - der

Scheitel (des Kopfes)
crush [krʌʃ] - zerdrücken
cry [kraɪ] - weinen
cupboard [ˈkʌbəd] - der Schrank
cure [kjʊə] - heilen
curette [kjʊəˈret] - die Ausschabung
cystitis [sɪˈstaɪtɪs] - die Blasenentzündung
cystoscope [ˈsɪstəˌskəʊp] - das Zystoskop
damage [ˈdæmɪdʒ] - der Schaden
damaged [ˈdæmɪdʒd] - beschädigt
dangerous [ˈdeɪndʒərəs] - gefährlich
day, 24 hours [deɪ | ˈtwentɪ fɔː ˈaʊəz] - ein Tag, 24 Stunden
debt [det] - die Schulden
decay, caries [dɪˈkeɪ | ˈkeəriːz] - der Verfall, die Karies
decoction [dɪˈkɔkʃən] - das Auskochen
deep [diːp] - tief
deficiency [dɪˈfɪʃnsɪ] - das Defizit
degree [dɪˈgriː] - der Grad
delicate [ˈdelɪkət] - empfindlich
demand [dɪˈmɑːnd] - fordern
dental [ˈdentəl] - Zahn…
dental drill [ˈdentəl drɪl] - der Zahnbohrer
dental excavator [ˈdentəl ˈekskəveɪtə] - der Zahnexkavator
dental surgeon [ˈdentəl ˈsɜːdʒən] - der Zahnarzt
dentin [ˈdentiːn] - das Dentin
dentist. [ˈdentɪst] - der Zahnarzt
department [dɪˈpɑːtmənt] - die Abteilung
depend [dɪˈpend] - sich verlassen, angewiesen sein
deposit [dɪˈpɔzɪt] - die Ablage
dermatitis [ˌdɜːməˈtaɪtɪs] - die Hautreizung
dermatologist [ˌdɜːməˈtɔlədʒɪst] - der Dermatologe
dermatoscope [ˌdɜːmətosˈkoʊp] - das Dermatoskop
describe [dɪˈskraɪb] - beschreiben
destroy [dɪˈstroɪ] - zerstören
detect [dɪˈtekt] - bemerken
determine, to measure [dɪˈtɜːmɪn | tə ˈmeʒə] - bestimmen, messen
develop, grow into [dɪˈveləp | groʊ ˈɪntə] - entwickeln, hineinwachsen
development [dɪˈveləpmənt] - die Entwicklung
device [dɪˈvaɪs] - das Gerät
diabetes [ˌdaɪəˈbiːtɪz] - Diabetes
diagnosis [ˌdaɪəgˈnoʊsɪs] - die Diagnose
diagnostics, test [ˌdaɪəgˈnɔstɪks | ˈtest] - die Diagnostik, der Test
diet [ˈdaɪət] - die Diät
difficult [ˈdɪfɪkəlt] - schwierig
digestion [dɪˈdʒestʃən] - die Verdauung
diphtheria [dɪfˈθɪərɪə] - die Diphterie
direct [dɪˈrekt] - direkt
direction [dɪˈrekʃən] - die Richtung
disappear [ˌdɪsəˈpɪə] - verschwinden
disappearance [ˌdɪsəˈpɪərəns] - das Verschwinden
discover [dɪˈskʌvə] - entdecken
discuss [dɪˈskʌs] - diskutieren
disinfect [ˌdɪsɪnˈfekt] - desinfizieren
disrupted [dɪsˈrʌptɪd] - unterbrochen
disruption, imbalance [dɪsˈrʌpʃən | ˌɪmˈbæləns] - die Unterbrechung, die Schwankung
dizziness [ˈdɪzɪnəs] - der Schwindel
do [duː] - machen
doctor, physician [ˈdɔktə | fɪˈzɪʃən] - der Doktor, der Arzt
Doppler ultrasound [ˈdɑːplər ˈʌltrəsaʊnd] - der Doppler-Ultraschall
drill [drɪl] - bohren
drink [drɪŋk] - trinken
drop [drɔp] - der Tropfen
drug, preparation [ˈdrʌg | ˌprepəˈreɪʃən] - die Droge, die Vorbereitung
dryness [ˈdraɪnəs] - die Trockenheit
DTP (Absorbed pertussis-diphtheria-tetanus) [ədˈsɔːbd pərˈtəˌsɪs dɪfˈθɪərɪə ˈtetənəs] - DTP (Absorbierte Pertussis-Diphterie-Tetanus)
durable [ˈdjʊərəbəl] - haltbar
during [ˈdjʊərɪŋ] - während
dying [ˈdaɪɪŋ] - sterbend
each [iːtʃ] - jede(r, -s)
ear [ɪə] - das Ohr
earlier [ˈɜːlɪə] - früher
easy [ˈiːzɪ] - einfach
eat [iːt] - essen
echocardiogram [ˌekoʊˈkɑːdɪəgræm] - das Elektrokardiogramm
echocardiography [ˌekoʊˈkɑːdɪəgræfɪ] - die Kardiografie
effect [ɪˈfekt] - der Effekt

effective [ɪ'fektɪv] - effektiv
eight [eɪt] - acht
elastic [ɪ'læstɪk] - elastisch
elbow ['elboʊ] - der Ellbogen
elderly ['eldəlɪ] - älter
electric current [ɪ'lektrɪk 'kʌrənt] - der elektrische Strom
electrocardiogram (ECG) [ɪˌlektroʊ'kɑːdɪoʊgræm] - Elektrokardiogramm (EKG)
electronic [ˌɪlek'trɔnɪk] - elektronisch
electrophoresis [əlektrofɔˌrɪˌsɪs] - die Elektrophorese
eleven [ɪ'levən] - elf
end [end] - das Ende
endocrinologist [ˌendokrə'nɑːlədʒəst] - der Endokrinologe
endoscopic [ˌendo'skɑːpɪk] - endoskopisch
enlarge [ɪn'lɑːdʒ] - vergrößern
enough [ɪ'nʌf] - genug
ENT (Ear, Nose, and Throat) doctor ['ent | ɪə noʊz ənd θroʊt '| dɔktə] - der HNS-Arzt (Hals, Nasen und Ohren)
enter ['entə] - eintreten
eosinophil [ˌiːə'sɪnəfɪl] - das Eosinophil
equipment [ɪ'kwɪpmənt] - die Ausrüstung
escort [ɪ'skɔːt] - begleiten
esophagus [iː'sɔfəgəs] - die Speiseröhre
especially [ɪ'speʃəlɪ] - besonders
establishing [ɪ'stæblɪʃɪŋ] - einführen
eucalyptus [ˌjuːkə'lɪptəs] - der Eukalyptus
evacuator [ɪ'vækjʊeɪtə] - der Absauger
even ['iːvən] - gleichmäßig
evening ['iːvənɪŋ] - der Abend
examination, check-up [ɪgˌzæmɪ'neɪʃən | 'tʃekʌp] - die Untersuchung, die Kontrolluntersuchung
examine, to look closely [ɪg'zæmɪn | tə lʊk 'kloʊslɪ] - untersuchen, nah betrachten
excessive [ɪk'sesɪv] - exzessiv
exercise, exercises ['eksəsaɪz | 'eksəsaɪzɪz] - die Übung, die Übungen
exhibit [ɪg'zɪbɪt] - zeigen
existence [ɪg'zɪstəns] - die Existenz
expand [ɪk'spænd] - erweitern
expansion [ɪk'spænʃən] - die Erweiterung
expensive [ɪk'spensɪv] - teuer
experience [ɪk'spɪərɪəns] - die Erfahrung, erfahren
experienced [ɪk'spɪərɪənst] - erfahren
explain [ɪk'spleɪn] - erklären
expose [ɪk'spoʊz] - entblößen
extended [ɪk'stendɪd] - ausgedehnt
extra ['ekstrə] - extra
extract [ɪk'strækt] - der Extrakt
extremity, limb [ɪk'stremɪtɪ | lɪm] - das äußerste Ende, das Glied
eye [aɪ] - das Auge
eyeball (also apple) ['aɪbɔːl 'ɔːlsoʊ 'æpəl] - der Augapfel
eyebrow ['aɪbraʊ] - die Augenbraue
eyelash ['aɪlæʃ] - die Wimper
eyelid ['aɪlɪd] - das Augenlid
face [feɪs] - das Gesicht
fall [fɔːl] - fallen
fast, quick [fɑːst | kwɪk] - schnell
fasten, to attach ['fɑːsən | tʊ ə'tætʃ] - befestigen, anhängen
faster ['fɑːstə] - schneller
fatigue [fə'tiːg] - die Müdigkeit
fear, to be afraid [fɪə | tə bɪ ə'freɪd] - fürchten, Angst haben
feel [fiːl] - fühlen
feeling ['fiːlɪŋ] - das Gefühl
fenestrated ['fenɪˌstreɪtɪd] - gefenstert
fever ['fiːvə] - das Fieber
field [fiːld] - das Feld
fifteen [ˌfɪf'tiːn] - fünfzehn
filling ['fɪlɪŋ] - die Füllung
film [fɪlm] - der Film
finger ['fɪŋgə] - der Finger
fingernail [ˌfɪŋgə'neɪl] - der Fingernagel
first ['fɜːst] - zuerst, als Erster
fit [fɪt] - anpassen
fitting ['fɪtɪŋ] - die Ausstattung
five [faɪv] - fünf
fixed, non-removable, permanent [fɪkst | nɔn rɪ'muːvəbəl | 'pɜːmənənt] - fest, nicht entfernbar, permanent
flashlight pen ['flæʃlaɪt pen] - der Leuchtstift
flatfoot [flæt fʊt] - der Plattfuß
flexible ['fleksəbəl] - flexibel
floor [flɔː] - der Flur
flow [floʊ] - fließen
flu [fluː] - die Grippe
fluoride ['flʊəraɪd] - das Fluorid
follow ['fɔloʊ] - folgen
following ['fɔloʊɪŋ] - folgend

follow-up, second [ˈfɔloʊ ʌp | ˈsekənd] - weiterverfolgen, der Zweite
food [fuːd] - das Essen, die Ernährung
foot [fʊt] - der Fuß
for [fɔː] - für
for a long time [fər ə ˈlɔŋ ˈtaɪm] - für eine lange Zeit
for now, so far [fə naʊ | ˈsoʊ ˈfɑː] - für jetzt, soweit
for what [fə ˈwɔt] - für was
forceps [ˈfɔːseps] - die Zange
forearm [ˌfɔːˈrɑːm] - der Vorderarm
forehead [ˈfɔrɪd] - die Stirn
forget [fəˈget] - vergessen
form [ˈfɔːm] - die Form, formen
forty [ˈfɔːtɪ] - vierzig
four [fɔː] - vier
fracture, broken bone [ˈfræktʃə | ˈbroʊkən boʊn] - die Fraktur, der gebrochene Knochen
fragment [frægˈment] - das Fragment
freely [ˈfriːlɪ] - frei
frequency [ˈfriːkwənsɪ] - die Häufigkeit
frequent [frɪˈkwent] - oft
from [frɔm] - von
front, frontal [frʌnt | ˈfrʌntəl] - vorne, frontal
frontal [ˈfrʌntəl] - frontal
frontal sinusitis [ˈfrʌntəl ˌsaɪnəˈsaɪtɪs] - die vordere Nasennebenhöhlenentzündung
fruit [fruːt] - das Obst
full [fʊl] - voll
further [ˈfɜːðə] - weiter
gargle [ˈgɑːgəl] - gurgeln
gastritis [gæˈstraɪtɪs] - die Gastritis
gel [dʒel] - das Gel
general [ˈdʒenrəl] - allgemein
genital [ˈdʒenɪtəl] - Genital…
get tired [ˈget ˈtaɪəd] - müde werden
get upset [ˈget ˌʌpˈset] - sich aufregen
gingivitis [ˌdʒɪndʒɪˈvaɪtəs] - die Zahnfleischentzündung
girdle, belt [ˈgɜːdəl | belt] - der Gürtel
girl [gɜːl] - das Mädchen
give [gɪv] - geben
give back [gɪv ˈbæk] - zurückgeben
glad [glæd] - froh sein
gland [glænd] - die Drüse
glass [ˈglɑːs] - das Glas
glasses [ˈglɑːsɪz] - die Gläser
glove [glʌv] - der Handschuh
go [goʊ] - gehen
go in [goʊ ɪn] - hineingehen
go out [goʊ ˈaʊt] - ausgehen
goal [goʊl] - das Ziel
good [gʊd] - gut
goodbye [ˌgʊdˈbaɪ] - Auf Wiedersehen
grandmother [ˈgræn ˌmʌðə] - die Großmutter
guarantee [ˌgærənˈtiː] - die Garantie
gum [gʌm] - das Zahnfleisch
hair [heə] - das Haar
half [hɑːf] - halb
hand [hænd] - die Hand
happen [ˈhæpən] - geschehen, passieren
harden [ˈhɑːdən] - erhärten
harm, damage [hɑːm | ˈdæmɪdʒ] - die Verletzung, der Schaden
harmless [ˈhɑːmləs] - harmlos
have [hæv] - haben
have a doubt, to be unsure [həv ə daʊt | tə bɪ ʌnˈʃʊə] - einen Zweifel haben, unsicher sein
have time [həv ˈtaɪm] - die Zeit haben
he [hɪ] - er
head [hed] - der Kopf
heal [hiːl] - heilen
heals [hiːlz] - heilt
health [helθ] - die Gesundheit
healthy [ˈhelθɪ] - gesund
heart [hɑːt] - das Herz
heartbeat [ˈhɑːtbiːt] - der Herzschlag
heavy [ˈhevɪ] - schwer
heel [hiːl] - die Ferse
hello [həˈloʊ] - Hallo
help [help] - helfen
hemisphere [ˈhemɪsfɪə] - die Hemisphäre
herb [hɜːb] - das Heilkraut
here [hɪə] - hier
high, elevated [haɪ | ˈelɪveɪtɪd] - hoch, gesteigert
himself, myself [hɪmˈself | maɪˈself] - sich selbst, mich selbst
history [ˈhɪstrɪ] - die Geschichte
hit (a mark) [hɪt ə mɑːk] - treffen (eine Markierung)
hold [hoʊld] - halten
homeopathic [ˌhoʊmɪəˈpæθɪk] - homöopathisch
hook [hʊk] - der Haken

hormonal ['hɔːmoʊn] - hormonell
hormone ['hɔːmoʊn] - die Hormone
hospital ['hɔspɪtəl] - das Krankenhaus
hour ['aʊə] - die Stunde
house ['haʊs] - das Haus
how ['haʊ] - wie
how much ['haʊ 'mʌtʃ] - wieviel
however [haʊ'evə] - trotzdem
human being ['hjuːmən 'biːɪŋ] - das menschliche Wesen
hurt [hɜːt] - sich wehtun
hydrogen ['haɪdrədʒən] - der Wasserstoff
hypertension [ˌhaɪpə'tenʃən] - der erhöhte Blutdruck
hypothermia [ˌhaɪpə'θɜːmɪə] - die Unterkühlung
I ['aɪ] - ich
if [ɪf] - wenn
illness, sickness ['ɪlnəs | 'sɪknəs] - die Krankheit
illuminates [ɪ'luːmɪneɪts] - erhellen
image ['ɪmɪdʒ] - das Bild
immediately [ɪ'miːdɪətlɪ] - sofort
immune system [ɪ'mjuːn 'sɪstəm] - das Immunsystem
immune-busting [ɪ'mjuːn 'bʌstɪŋ] - immunhemmend
implant [ɪm'plɑːnt] - das Implantat; implantieren
impossible [ɪm'pɔsəbəl] - unmöglich
improvement [ɪm'pruːvmənt] - die Verbesserung
in (a period of time) [ɪn ə 'pɪərɪəd əv 'taɪm] - in (einer Zeitspanne)
in [ɪn] - in, an, auf
in addition [ɪn ə'dɪʃən] - zusätzlich
in advance [ɪn əd'vɑːns] - im Voraus
in front [ɪn frʌnt] - vorne
incision [ɪn'sɪʒən] - der Einschnitt
include [ɪn'kluːd] - einfügen
index finger ['ɪndeks 'fɪŋgə] - der Zeigefinger
indicator ['ɪndɪkeɪtə] - der Indikator
indirect [ˌɪndɪ'rekt] - indirekt
individual [ˌɪndɪ'vɪdʒʊəl] - individuell
ineffective [ˌɪnɪ'fektɪv] - ineffektiv
inexpensive [ˌɪnɪk'spensɪv] - billig
inexperienced [ˌɪnɪk'spɪərɪənst] - unerfahren
Infanrix [ɪn'fʌnrɪks] - Infanrix
infect [ɪn'fekt] - infizieren
infection [ɪn'fekʃən] - die Infektion
inflammation [ˌɪnflə'meɪʃən] - die Entzündung
inflammatory [ɪn'flæmətrɪ] - entzündlich
ingredient, component [ɪn'griːdɪənt | kəm'poʊnənt] - der Inhaltsstoff, die Komponente
inhalation [ˌɪnhə'leɪʃən] - das Inhalieren
initial [ɪ'nɪʃəl] - anfänglich
injection [ɪn'dʒekʃən] - die Injektion
injure, to damage ['ɪndʒə | tə 'dæmɪdʒ] - verletzen, beschädigen
inoculation, vaccination [ɪˌnɔkjʊ'leɪʃən | ˌvæksɪ'neɪʃən] - die Impfung
inquire [ɪn'kwaɪə] - fragen, sich erkundigen
insert [ɪn'sɜːt] - einfügen
insist [ɪn'sɪst] - bestehen
insole ['ɪnsoʊl] - die Einlegesohle
instructions [ɪn'strʌkʃənz] - die Anleitungen
instrument ['ɪnstrʊmənt] - das Instrument
insurance [ɪn'ʃʊərəns] - die Versicherung
interdental ['ɪntə'dentl] - Zahnzwischen..
interfere [ˌɪntə'fɪə] - unterbrechen
internal [ɪn'tɜːnəl] - das Innere
interval ['ɪntəvəl] - der Abstand
intestine [ɪn'testɪn] - der Darm
intolerance [ɪn'tɔlərəns] - die Intoleranz
intraocular [ˌɪntrə'okjuːlə] - augeninnen-
intravenous [ˌɪntrə'viːnəs] - intravenös
invisible [ɪn'vɪzəbəl] - unsichtbar
invite [ɪn'vaɪt] - einladen
irritable ['ɪrɪtəbəl] - reizbar
is called [ɪz kɔːld] - wird genannt
it [ɪt] - es
jaw [dʒɔː] - der Kiefer
job [dʒɔb] - die Arbeit, der Job
joint [dʒɔɪnt] - das Gelenk
juice [dʒuːs] - der Saft
kidney ['kɪdnɪ] - die Niere
knee [niː] - das Knie
knock [nɔk] - klopfen
know [noʊ] - wissen
laboratory [lə'bɔrətrɪ] - das Labor
lack, deficiency [læk | dɪ'fɪʃnsɪ] - der Mangel, das Defizit
lamp [læmp] - die Lampe
large / thick [lɑːdʒ θɪk] - groß / dick
laryngeal, relating to throat [lə'rɪndʒɪəl |

rɪˈleɪtɪŋ tə θroʊt] - der Kehlkopf, in Bezug auf den Hals
laryngitis [ˌlærɪnˈdʒaɪtɪs] - die Kehlkopfentzündung
laser [ˈleɪzə] - der Laser
last [lɑːst] - halten, letzte(r, -s)
last name [lɑːst ˈneɪm] - der letzte Name
later [ˈleɪtə] - später
lay, to put [leɪ | tə ˈpʊt] - stellen, setzen, legen
layer [ˈleɪə] - die Schicht
lead [liːd] - die Führung, führen
learn [lɜːn] - lernen
leave [liːv] - verlassen
left [left] - links
leftover [ˈleftoʊvə] - übrig geblieben
leg [leg] - das Bein
less [les] - weniger
level [ˈlevəl] - das Level, die Stufe
lie, rest [laɪ | rest] - liegen, sich ausruhen
lie down [laɪ daʊn] - unten liegen
life [laɪf] - das Leben
ligate [ˈlaɪˌgeɪt] - verbinden
ligature [ˈlɪgətʃə] - die Binde
light, bright [laɪt | braɪt] - leicht, hell
light-curing [laɪt ˈkjʊərɪŋ] - lichthärtend
lighting [ˈlaɪtɪŋ] - die Beleuchtung
like [ˈlaɪk] - mögen
line, appointment [laɪn | əˈpɔɪntmənt] - die Linie, der Termin
lining [ˈlaɪnɪŋ] - das Innenfutter
link, feedback [lɪŋk | ˈfiːdbæk] - die Verbindung, die Rückmeldung
lip [lɪp] - die Lippe
liquid [ˈlɪkwɪd] - flüssig
listen / hear [ˈlɪsən hɪə] - zuhören / hören
lithotripter [ˈlɪθəˌtrɪptə] - der Nierensteinzertrümmerer
live [laɪv] - leben
liver [ˈlɪvə] - die Leber
loca [ˈlokə] - örtlich
located [loʊˈkeɪtɪd] - sich befinden
location [loʊˈkeɪʃən] - der Standort
long [ˈlɔŋ] - lange
long ago, for a long time [ˈlɔŋ əˈgoʊ | fər ə ˈlɔŋ ˈtaɪm] - vor langer Zeit, für eine lange Zeit
long time [ˈlɔŋ ˈtaɪm] - lange Zeit
look, to examine [lʊk | tʊ ɪgˈzæmɪn] - schauen, prüfen
lose [luːz] - verlieren
loss [lɔs] - der Verlust
loud [laʊd] - laut
low [loʊ] - niedrig
lower [ˈloʊə] - der Untere
lower back [ˈloʊə ˈbæk] - der untere Rücken
lowered, weakened [ˈloʊəd | ˈwiːkənd] - niedriger, geschwächt
low-toxic [loʊ ˈtɔksɪk] - gering giftig
lumbar, low back [ˈlʌmbə] lou ˈbæk] - lumbal, hinten unten
lung [lʌŋ] - die Lunge
lungs [lʌŋz] - die Lungen
lymph nod e [lɪmf nɔd iː] - der Lymphknoten
magnetic resonance [mægˈnetɪk ˈrezənəns] - die magnetische Resonanz
make, to commit [ˈmeɪk | tə kəˈmɪt] - machen, festlegen
mallet [ˈmælɪt] - der Holzhammer
man [mæn] - der Mann
manipulation [məˌnɪpjʊˈleɪʃən] - die Manipulation
Mantoux test [mənˈtʊ ˈtest] - der Mantoux Test
manual [ˈmænjʊəl] - manuell
manufacturing [ˌmænjʊˈfæktʃərɪŋ] - die Herstellung
many, a lot [ˈmenɪ | ə lɔt] - viele, eine Menge
mark [mɑːk] - der Fleck, Spur, das (Körper)Mal
material [məˈtɪərɪəl] - das Material
me [miː] - mich
meaning [ˈmiːnɪŋ] - die Bedeutung
measles [ˈmiːzəlz] - die Masern
measure [ˈmeʒə] - messen
measurement [ˈmeʒəmənt] - die Maße
medical, for medical use [ˈmedɪkəl | fə ˈmedɪkəl ˈjuːs] - medizinisch, für medizinischen Gebrauch
medicinal [mɪˈdɪsnəl] - medizinisch
medicine, medication [ˈmedsən | ˌmedɪˈkeɪʃən] - die Medizin, die Medikation
meet [miːt] - treffen
metabolism [məˈtæbəˌlɪzəm] - der Stoffwechsel
method, technique [ˈmeθəd | tekˈniːk] - die Methode, die Technik

microscope [ˈmaɪkrəskoʊp] - das Mikroskop
middle [ˈmɪdəl] - die Mitte
migraine [ˈmiːgreɪn] - die Migräne
milk [mɪlk] - die Milch
mine, my [maɪn | maɪ] - meins, mein
mineral [ˈmɪnərəl] - das Mineral, das Mineral…
minimum [ˈmɪnɪməm] - das Minimum
minute [maɪˈnjuːt] - die Minute
mirror [ˈmɪrə] - der Spiegel
miss, to absent [mɪs | tʊ æbˈsent] - vermissen, verpassen, sich zurückziehen
missing [ˈmɪsɪŋ] - vermisst
mistake [mɪˈsteɪk] - der Fehler
mix [mɪks] - mischen
model [ˈmɔdəl] - das Modell
modern, contemporary [ˈmɔdən | kənˈtemprərɪ] - modern, zeitgenössisch
mole, growth [moʊl | groʊθ] - der Leberfleck, das Wachstum
Monday [ˈmʌndeɪ] - der Montag
monitor, to control [ˈmɔnɪtə | tə kənˈtroʊl] - überwachen, kontrollieren
month [mʌnθ] - der Monat
mood [muːd] - die Laune
more [mɔː] - mehr
more expensive [mɔːr ɪkˈspensɪv] - teurer
more often [mɔːr ˈɔfən] - öfter
more seriously [mɔː ˈsɪərɪəslɪ] - ernster
morning [ˈmɔːnɪŋ] - der Morgen
most [moʊst] - meist, größte; die meisten
mother [ˈmʌðə] - die Mutter
mouth [maʊθ] - der Mund
move [muːv] - bewegen
movement [ˈmuːvmənt] - die Bewegung
MRT (magnetic resonance tomography) [mægˈnetɪk ˈrezənəns təˈmɔgrəfɪ] - MRT(die Magnetresonanztomografie)
much [ˈmʌtʃ] - viel
muscles [ˈmʌsəlz] - die Muskeln
must, have to [mʌst | həv tuː] - müssen
nape [neɪp] - der Nacken
narrowing [ˈnæroʊɪŋ] - enger werden
nausea [ˈnɔːsɪə] - die Übelkeit
near, next to [nɪə | nekst tuː] - nah, neben
necessary, necessarily [ˈnesəsərɪ | ˌnesəˈserəlɪ] - nötig, notwendigerweise
necessity [nɪˈsesɪtɪ] - die Notwendigkeit
neck [nek] - der Hals
need, must [niːd | mʌst] - brauchen, müssen
needle [ˈniːdəl] - die Nadel
needle holder [ˈniːdəl ˈhoʊldə] - der Nadelhalter
nerve [nɜːv] - der Nerv
neurological [ˌnjʊərəˈlɔdʒɪkəl] - neurologisch
neurologist [njʊəˈrɔlədʒɪst] - der Neurologe
never [ˈnevə] - nie
new [njuː] - neu
next [nekst] - der Nächste, nächst
night [naɪt] - die Nacht
nine [naɪn] - neun
no [noʊ] - nein
no one, none [noʊ wʌn | nʌn] - niemand, kein
nod [nɔd] - nicken
noise [nɔɪz] - der Lärm
norm [nɔːm] - die Norm
normal [ˈnɔːməl] - normal
nose [noʊz] - die Nase
not [nɔt] - nicht
not big, small [nɔt bɪg | smɔːl] - nicht groß, klein
not complicated [nɔt ˈkɔmplɪkeɪtɪd] - nicht kompliziert
not enough [nɔt ɪˈnʌf] - nicht genug
not well [nɔt wel] - nicht gut
not young, elderly [nɔt jʌŋ | ˈeldəlɪ] - nicht jung, älter
note, record [noʊt | rɪˈkɔːd] - eine Notiz, Aufzeichnung ; bemerken, anmerken
notebook, journal [ˈnoʊtbʊk | ˈdʒɜːnəl] - das Notizbuch, das Protokoll
nothing [ˈnʌθɪŋ] - nichts
notice, to note [ˈnoʊtɪs | tə noʊt] - bemerken
now [naʊ] - jetzt
nozzle, head [ˈnɔzəl | hed] - die Düse, der Kopf
number [ˈnʌmbə] - die Nummer
numbness [ˈnʌmnəs] - die Taubheit
nurse [nɜːs] - die Krankenschwester
nylon [ˈnaɪlɔn] - das Nylon
of course [əv kɔːs] - natürlich
office [ˈɔfɪs] - das Büro
office hours [ˈɔfɪs ˈaʊəz] - die Bürozeiten
often [ˈɔfən] - oft
Oh (exclamation) [oʊ ˌekskləˈmeɪʃən] - Oh (der Ausruf)

ointment ['ɔɪntmənt] - die Salbe
old [oʊld] - alt
on [ɔn] - auf
on the left [ɔn ðə left] - links
on the right [ɔn ðə raɪt] - rechts
on the side [ɔn ðə saɪd] - auf der Seite
one time [wʌn 'taɪm] - rechtzeitig
only ['oʊnlɪ] - nur
open ['oʊpən] - öffnen
ophthalmologist [ˌɔfθæl'mɔlədʒɪst] - der Augenarzt
ophthalmoscope [ɔf'θælməskoʊp] - das Ophthalmoskop
or [ɔ:] - oder
order ['ɔ:də] - der Auftrag, die Reihenfolge
organ ['ɔ:gən] - das Organ
organism ['ɔ:gənɪzəm] - der Organismus
ormocer [o:'mosə] - das Ormocer
oropharyngoscopy [ˌorəfərɪngəs'kɔpɪ] - Oropharyngoskopie
orthodontic surgeon [ˌɔ:θə'dɔntɪk 'sɜ:dʒən] - der Kieferorthopäde
orthodontist [ˌɔ:θə'dɔntɪst] - der Kieferorthopäde
orthopedic, orthotic [ˌɔ:θə'pi:dɪk | ˌɔ:θə'tɪk] - orthopädisch, die Orthese
osteochondrosis [osteokond'rosɪs] - die Osteochondrose
other ['ʌðə] - der Andere
otherwise ['ʌðəwaɪz] - andererseits
otitis [əʊ'taɪtɪs] - die Ohrenentzündung
otoscope ['oʊtəskoʊp] - das Otoskop
otoscopy [ˌotəs'kɔpɪ] - Otoskopie
ours ['aʊəz] - unser
outdoor ['aʊtdɔ:] - draußen
outer ['aʊtə] - äußerlich
outside [ˌaʊt'saɪd] - draußen
overload [ˌoʊvə'loʊd] - überlasten
overloaded [ˌoʊvə'loʊdɪd] - überlastet
own [oʊn] - eigen
ozone therapy ['oʊzoʊn 'θerəpɪ] - die Ozontherapie
paid, covered [peɪd | 'kʌvəd] - bezahlt, bedeckt
pain [peɪn] - der Schmerz
painful ['peɪnfəl] - schmerzhaft
painkillers ['peɪnkɪləz] - die Schmerzmittel
painless ['peɪnləs] - schmerzlos
palm of the hand [pɑ:m əv ðə hænd] - die Innenfläche der Hand
palpate [pæl'peɪt] - abtasten
parent ['peərənt] - der Elternteil
parotitis, mumps [ˌpærə'taɪtɪs | mʌmps] - die Masern
part [pɑ:t] - der Teil
pathology [pə'θɔlədʒɪ] - die Pathologie
patient ['peɪʃnt] - der Patient
pay [peɪ] - bezahlen
pediatric [ˌpɪdɪ'ætrɪk] - pädiatrisch
pediatrician [ˌpi:dɪə'trɪʃən] - der Kinderarzt
pelvis ['pelvɪs] - das Becken
people ['pi:pəl] - die Leute
percussion [pə'kʌʃən] - die Perkussion
perfect [pə'fekt] - perfekt
period of time ['pɪərɪəd əv 'taɪm] - eine Zeitspanne
periodically [ˌpɪərɪ'ɔdɪkəlɪ] - periodisch
periodontal [ˌperɪə'dɑ:ntəl] - parodontal
periodontitis [ˌpɛrɪoʊdɑn'taɪtɪs] - Parodontosis, Zahnfleischschwund
peripheral [pə'rɪfərəl] - unbedeutend
permission [pə'mɪʃən] - die Erlaubnis
peroxide [pə'rɔksaɪd] - das Peroxid
pharmacy ['fɑ:məsɪ] - die Apotheke
phenomenon [fɪ'nɔmɪnən] - das Phänomen
phonendoscope [fə'nɛndəˌskəʊp] - das Endoskop
phoropter [fə'rəʊptə] - der Phoropter
photo composite ['foʊtoʊ 'kɔmpəzɪt] - die Fotokomposit
photograph ['foʊtəgrɑ:f] - die Fotografie
physical ['fɪzɪkəl] - körperlich
physical therapy ['fɪzɪkəl 'θerəpɪ] - die Sporttherapie
pick up [pɪk ʌp] - aufsammeln
pin [pɪn] - die Nadel
pinky finger ['pɪŋkɪ 'fɪŋgə] - der kleine Finger
place ['pleɪs] - der Ort
place weight / strain ['pleɪs weɪt streɪn] - das Gewicht legen / der Druck
plan, instructions [plæn | ɪn'strʌkʃənz] - planen, die Anweisungen
plaque, deposit [plɑ:k | dɪ'pɔzɪt] - der Zahnbelag, die Ablagerung
plate [pleɪt] - der Teller
please [pli:z] - bitte
plexus ['pleksəs] - das Netzwerk

pneumonia [njuːˈmoʊnɪə] - die Lungenentzündung
pocket [ˈpɔkɪt] - die Tasche
podiatrist, orthopedist [pəˈdaɪəˌtrɪst | ˌɔːθəˈpiːdəst] - der Fußspezialist, der Orthopäde
point [pɔɪnt] - der Punkt
poliomyelitis, polio [ˌpoʊlɪoʊˌmaɪəˈlaɪtɪs | ˈpoʊlɪoʊ] - die Poliomyelitis, die Kinderlähmung
polish [ˈpɔlɪʃ] - polieren
porcelain [ˈpɔːsəlɪn] - das Porzellan
positive [ˈpɔzətɪv] - positiv
possible [ˈpɔsəbəl] - möglich
postpone, to defer [pəˈspoʊn | tə dɪˈfɜː] - verschieben, aufschieben
practically, actually [ˈpræktɪkəlɪ | ˈæktʃʊəlɪ] - praktisch, eigentlich
practice [ˈpræktɪs] - üben
premature [ˈpremətjʊə] - vorzeitig
prepare [prɪˈpeə] - vorbereiten
prescribe, to appoint [prɪˈskraɪb | tʊ əˈpɔɪnt] - verschreiben, anordnen
prescription [prɪˈskrɪpʃən] - die Verschreibung
press [pres] - drücken
prevent, hinder [prɪˈvent | ˈhɪndə] - vorbeugen, verhindern
preventative [prɪˈventətɪv] - vorbeugend
prevention, preventative treatment [prɪˈvenʃən | prɪˈventətɪv ˈtriːtmənt] - die Vorbeugung, die vorbeugende Behandlung
probably [ˈprɔbəblɪ] - wahrscheinlich
probe [proʊb] - die Sonde
problem [ˈprɔbləm] - das Problem
procedural, relating to treatment [prəˈsiːdʒərəl | rɪˈleɪtɪŋ tə ˈtriːtmənt] - verfahrenstechnisch, in Bezug auf die Behandlung
procedure, treatment [prəˈsiːdʒə | ˈtriːtmənt] - die Prozedur, die Behandlung
process [ˈproʊses] - der Prozess
product [ˈprɔdʌkt] - das Produkt
program [ˈproʊgræm] - das Programm
progressive, advanced [prəˈgresɪv | ədˈvɑːnst] - fortschreitend, fortgeschritten
prosthesis, denture (removable) [prɔsˈθiːsɪs | ˈdentʃə rɪˈmuːvəbəl] - die Prothese, der Zahnersatz (entfernbar)
prosthodontics [ˌprɑsθəˈdantɪks] - die zahnärztliche Prothetik
protect [prəˈtekt] - schützen
protective [prəˈtektɪv] - schützend
provoke [prəˈvoʊk] - hervorrufen
pulse [pʌls] - der Puls
pupil [ˈpjuːpəl] - die Pupille
purulent [ˈpjʊərələnt] - eitrig
pus [pʌs] - der Eiter
put [ˈpʊt] - stellen, setzen, legen
put in a filling [ˈpʊt ɪn ə ˈfɪlɪŋ] - eine Füllung einsetzen
put on / to wear [ˈpʊt ɔn | tə weə] - anziehen / tragen
put together [ˈpʊt təˈgeðə] - zusammenlegen
pyelonephritis [ˌpaɪələʊnɪˈfraɪtɪs] - die Nierenbeckenentzündung
quality [ˈkwɔlɪtɪ] - die Qualität
quick, fast [kwɪk | fɑːst] - schnell
quiet [ˈkwaɪət] - ruhig
radiologist [ˌreɪdɪˈɔlədʒɪst] - der Radiologe
rarely [ˈreəlɪ] - selten
rash [ræʃ] - der Ausschlag
rather [ˈrɑːðə] - ziemlich; eher, lieber; vielmehr
reaction [rɪˈækʃən] - die Reaktion
read [riːd] - lesen
ready [ˈredɪ] - bereit
really [ˈrɪəlɪ] - wirklich
rearrangement [ˌriːəˈreɪndʒmənt] - die Umstellung
reason, cause [ˈriːzən | kɔːz] - der Grund, die Ursache
recall, to remember [rɪˈkɔːl | tə rɪˈmembə] - widerrufen, sich erinnern
receipt [rɪˈsiːt] - das Rezept
receive [rɪˈsiːv] - erhalten
recently [ˈriːsəntlɪ] - gerade
recommendation [ˌrekəmenˈdeɪʃən] - die Empfehlung
record / to write down [rɪˈkɔːd | tə ˈraɪt daʊn] – Akte, Notiz / aufnehmen, aufschreiben
recover [rɪˈkʌvə] - sich erholen
recovery [rɪˈkʌvərɪ] - die Genesung
red [red] - rot
redness [ˈrednɪs] - die Rötung
refe [rɪˈfɜː] - sich beziehen auf
refer, to send [rɪˈfɜː | tə send] - überweisen,

senden
referral, prescription [rɪ'fɜ:rəl | prɪ'skrɪpʃən] - die Überweisung, die Verschreibung
reflector [rɪ'flektə] - der Reflektor
reflex ['ri:fleks] - der Reflex
reflexology treatment, acupuncture [ˌri:fleks'ɔlədʒɪ 'tri:tmənt | 'ækjʊˌpʌŋktʃə] - die Reflexzonenbehandlung, die Akupunktur
refuse [rɪ'fju:z] - sich weigern, ablehnen
register, sign up ['redʒɪstə | saɪn ʌp] - registrieren, sich anmelden
registered ['redʒɪstəd] - registriert
registration desk [ˌredʒɪ'streɪʃən desk] - die Anmeldung
regularly ['regjʊləlɪ] - regelmäßig
rejoice, to be happy [rɪ'dʒɔɪs | tə bɪ 'hæpɪ] - sich freuen, glücklich sein
related to nerves [rɪ'leɪtɪd tə nɜ:vz] - in Bezug auf die Nerven
related to pain [rɪ'leɪtɪd tə peɪn] - in Bezug auf den Schmerz
related to plaster, related to cast [rɪ'leɪtɪd tə 'plɑ:stə | rɪ'leɪtɪd tə kɑ:st] - in Bezug auf Pflaster, Gips
related to the eye [rɪ'leɪtɪd tə ðɪ aɪ] - in Bezug auf das Auge
relating to decay, carious [rɪ'leɪtɪŋ tə dɪ'keɪ | 'keərɪəs] - in Bezug auf Verfall, kariös
relating to percussion [rɪ'leɪtɪŋ tə pə'kʌʃən] - in Bezug auf Perkussion
relating to pharmacotherapy [rɪ'leɪtɪŋ tə ˌfɑ:mə'kɔ'θerəpɪ] - in Bezug auf Medikamententherapie
relating to shoulder [rɪ'leɪtɪŋ tə 'ʃoʊldə] - in Bezug auf die Schulter
relating to sugar [rɪ'leɪtɪŋ tə 'ʃʊgə] - auf Zucker bezogen
relating to the back [rɪ'leɪtɪŋ tə ðə 'bæk] - in Bezug auf den Rücken
relation [rɪ'leɪʃən] - die Beziehung
relative ['relətɪv] - relativ
relax [rɪ'læks] - sich entspannen
release [rɪ'li:s] - freigeben
reliable [rɪ'laɪəbəl] - zuverlässig
relief [rɪ'li:f] - die Entlastung, die Erleichterung
remaining [rɪ'meɪnɪŋ] - überbleibend
remember [rɪ'membə] - erinnern
remind [rɪ'maɪnd] - sich erinnern
removable [rɪ'mu:vəbəl] - entfernbar
remove [rɪ'mu:v] - entfernen
replace [rɪ'pleɪs] - ersetzen
require [rɪ'kwaɪə] - erfordern, brauchen, verlangen
restorative, tonic [rɪ'stɔ:rətɪv | 'tɔnɪk] - das Stärkungsmittel, das Tonikum
result [rɪ'zʌlt] - das Resultat
retina ['retɪnə] - die Netzhaut
return [rɪ'tɜ:n] - wiederkehren, zurückgeben
rheumatism ['ru:mətɪzəm] - das Rheuma
rhythm ['rɪðəm] - der Rhythmus
right [raɪt] - rechts
right now [raɪt naʊ] - jetzt
ring finger [rɪŋ 'fɪŋgə] - der Ringfinger
rinse [rɪns] - ausspülen
risk [rɪsk] - das Risiko
room [ru:m] - der Raum
root [ru:t] - die Wurzel
root canal [ru:t kə'næl] - der Wurzelkanal
rough [rʌf] - rau
rub [rʌb] - rubbeln
rubbing alcohol ['rʌbɪŋ 'ælkəhɔl] - der Reinigungsalkohol
rubella [ru:'belə] - die Röteln
rule out, exclude [ru:l 'aʊt | ɪk'sklu:d] - ausschließen
ruler ['ru:lə] - das Lineal
ruling out ['ru:lɪŋ 'aʊt] - ausschließen
run [rʌn] - rennen
runny nose ['rʌnɪ noʊz] - die laufende Nase
sample ['sɑ:mpəl] - die Probe, das Muster
sand [sænd] - der Sand
save [seɪv] - sparen
say ['seɪ] - sagen
scaler [s'keɪlə] - der Scaler
scalpel ['skælpəl] - das Skalpell
scapula ['skæpjʊlə] - das Schulterblatt
schedule, regimen ['ʃedju:l | 'redʒɪmən] - der Zeitplan, der Tagesablauf, die Kur
scissors ['sɪzəz] - die Schere
scream [skri:m] - schreien
second ['sekənd] - der, die, das Zweite
secretion [sɪ'kri:ʃən] - die Sekretion
sedative ['sedətɪv] - beruhigend
see (patients, clients) ['si: 'peɪʃnts | 'klaɪənts] - sehen (die Patienten, die Klienten)
self-treatment (without medical care) [self

'triːtmənt | wɪð'aʊt 'medɪkəl keə] - die Selbstbehandlung (ohne medizinische Unterstützung)
sell [sel] - verkaufen
sensitivity [ˌsensə'tɪvɪtɪ] - die Empfindlichkeit
serious ['sɪərɪəs] - ernst
service ['sɜːvɪs] - der Dienst
session ['seʃən] - die Sitzung
set, in combination with [set | ɪn ˌkɔmbɪ'neɪʃən wɪð] - ein Satz, in Kombination mit
set, to establish [set | tʊ ɪ'stæblɪʃ] - einstellen, einführen
seven ['sevən] - sieben
seventeen [ˌsevn'tiːn] - siebzehn
several ['sevrəl] - mehrere
sharp [ʃɑːp] - genau; scharf
she [ʃɪ] - sie
shin [ʃɪn] - scheinen
shoes [ʃuːz] - die Schuhe
shortfall, deficiency ['ʃɔːtfɔːl | dɪ'fɪʃnsɪ] - der Mangel, das Defizit
shortness of breath ['ʃɔːtnəs əv breθ] - die Kurzatmigkeit
shoulder ['ʃoʊldə] - die Schulter
show [ʃoʊ] - zeigen
show up [ʃoʊ ʌp] - sich zeigen
showing, developed ['ʃoʊɪŋ | dɪ'veləpt] - zeigend, entwickelt
sick-leave ['sɪk liːv] - der Genesungsurlaub
side [saɪd] - die Seite
side-effect [saɪd ɪ'fekt] - die Nebenwirkung
sign, symptom [saɪn | 'sɪmptəm] - das Zeichen, das Symptom
sign [saɪn] - unterschreiben
simple ['sɪmpəl] - einfach
simply ['sɪmplɪ] - einfach
sinus ['saɪnəs] - der Sinus
sit [sɪt] - sitzen
sit down [sɪt daʊn] - sich hinsetzen
six months, half a year [sɪks mʌnθs | hɑːf ə 'jɪə] - die sechs Monate, das halbe Jahr
skeleton ['skelɪtən] - das Skelett
skiascopic [skɪas'kəpɪc>] - endoskopisch
skin [skɪn] - die Haut
sleep [sliːp] - schlafen
small [smɔːl] - klein
smoke [smoʊk] - rauchen
so, therefore ['soʊ | 'ðeəfɔː] - so, deswegen
soda ['soʊdə] - das Natron
soft [sɔft] - weich
sole [soʊl] - die Sohle
solution [sə'luːʃən] - die Lösung
some [sʌm] - einige
someone ['sʌmwʌn] - jemand
something ['sʌmθɪŋ] - etwas
sometimes ['sʌmtaɪmz] - manchmal
soon [suːn] - bald
special ['speʃəl] - besonders
specialist ['speʃəlɪst] - der Spezialist
speculum ['spekjələm] - das Spekulum
speed, rate [spiːd | reɪt] - die Schnelligkeit, die Geschwindigkeit
spin [spɪn] - drehen
spine [spaɪn] - die Wirbelsäule
sport, athletics [spɔːt | æθ'letɪks] - der Sport, die Athleten
stabilize ['steɪbəlaɪz] - stabilisieren
stage [steɪdʒ] - das Stadium, die Phase
stairs [steəz] - die Stufen
stand [stænd] - stehen
stands [stændz] - der Ständer
start [stɑːt] - anfangen
state, condition [steɪt | kən'dɪʃən] - die Lage, der Zustand
stay, to stop [steɪ | tə stɔp] - bleiben, aufhören
steady, stable ['stedɪ | 'steɪbəl] - stabil, konstant
sterile ['steraɪl] - steril
sterilization [ˌsterəlaɪ'zeɪʃən] - die Sterilisation
stethoscope ['steθəskoʊp] - das Stethoskop
stimulate ['stɪmjʊleɪt] - stimulieren
stomach ['stʌmək] - der Magen
stomatitis [ˌstɔmə'taɪtɪs] - die Mundschleimhautentzündung
stone [stoʊn] - der Stein
stop [stɔp] - aufhören
strain, tension, exertion [streɪn | 'tenʃən | ɪg'zɜːʃən] - die Belastung, der Druck, die Anstrengung
strain [streɪn] - die Zerrung
strange [streɪndʒ] - komisch
street [striːt] - die Straße
strengthen ['streŋθən] - stärken
strictly ['strɪklɪ] - streng

strong [strɔŋ] - stark
stronger [ˈstrɔŋgə] - stärker
structure [ˈstrʌktʃə] - die Struktur
study [ˈstʌdɪ] - lernen
stuffy, congested [ˈstʌfɪ | kənˈdʒestɪd] - stickig, verstopft
style [staɪl] - der Stil
subgingival [ˌsəbˈdʒɪndʒəvəl] - subgingival
substance [ˈsʌbstəns] - die Substanz
such, similar [sʌtʃ | ˈsɪmələ] - solche, ähnlich
suffer [ˈsʌfə] - leiden
sugar [ˈʃʊgə] - der Zucker
suggest [səˈdʒest] - vorschlagen
support [səˈpɔːt] - die Unterstützung
surface [ˈsɜːfɪs] - die Oberfläche
surgeon [ˈsɜːdʒən] - der Chirurg
surgical [ˈsɜːdʒɪkəl] - chirurgisch
surgical corset [ˈsɜːdʒɪkəl ˈkɔːsɪt] - chirurgisches Korsett
suture, stitch [ˈsuːtʃə | stɪtʃ] - die Naht, der Stich
sweating [ˈswetɪŋ] - schwitzen
swelling [ˈswelɪŋ] - die Schwellung
swing [swɪŋ] - hin und her schwingen
symptom [ˈsɪmptəm] - das Symptom
syringe [sɪˈrɪndʒ] - die Spritze
syrup [ˈsɪrəp] - der Sirup
system [ˈsɪstəm] - das System
table [ˈteɪbəl] - der Tisch
tablet [ˈtæblɪt] - das Tablett
take (a place) [teɪk ə ˈpleɪs] - (Platz) nehmen
take [teɪk] - nehmen
take leave, say goodbye [teɪk liːv | ˈseɪ ˌgʊdˈbaɪ] - eine Auszeit nehmen, auf Wiedersehen sagen
take off [teɪk ɔf] - ablegen
talk [ˈtɔːk] - sprechen
tampon [ˈtæmpan] - der Tampon
tear up [teər ʌp] - zerreißen
tell [tel] - erzählen
temperature, fever [ˈtemprətʃə | ˈfiːvə] - die Temperatur, das Fieber
template [ˈtemplɪt] - die Schablone
temporary [ˈtemprərɪ] - vorübergehend
ten [ten] - zehn
tendon [ˈtendən] - die Sehne
tension [ˈtenʃən] - die Spannung
terrible, frightening [ˈterəbəl | ˈfraɪtənɪŋ] - schrecklich, angsteinflößend
test, analysis [ˈtest | əˈnæləsɪs] - der Test, die Analyse
tetanus [ˈtetənəs] - der Tetanus
thank [θæŋk] - danken
thank you [θæŋk jʊ] - danke
that [ðæt] - dies
then [ðen] - dann
therapist [ˈθerəpɪst] - der Therapeut
therapy [ˈθerəpɪ] - die Therapie
there [ðeə] - da
there is [ðə ɪz] - dort ist
thermometer [θəˈmɔmɪtə] - das Thermometer
these [ðiːz] - diese
they [ˈðeɪ] - sie
thigh [θaɪ] - der Schenkel
thin, small [θɪn | smɔːl] - dünn, klein
think [ˈθɪŋk] - denken
third [ˈθɜːd] - drittens
thirteen [ˌθɜːˈtiːn] - dreizehn
thirty [ˈθɜːtɪ] - durstig
this, that [ðɪs | ðæt] - dies, das
thoroughly [ˈθʌrəlɪ] - gründlich
three [θriː] - drei
throat [θroʊt] - die Kehle, die Gurgel, der Hals
Thursday [ˈθɜːzdeɪ] - der Donnerstag
thyroid [ˈθaɪrɔɪd] - die Schilddrüse
tight [taɪt] - eng
time [ˈtaɪm] - Zeit
time period [ˈtaɪm ˈpɪərɪəd] - die Zeitspanne
tiring, fatigue [ˈtaɪərɪŋ | fəˈtiːg] - ermüdend, die Müdigkeit
tissue [ˈtɪʃuː] - das Gewebe
to [tuː] - bis, zu
to who, whom [tə huː | huːm] - für wen, wen; wem; den, die, das
today [təˈdeɪ] - heute
tolerate, to go through [ˈtələreɪt | tə goʊ θruː] - tolerieren, durchmachen
tomograph [toˈməgraf] - der Tomograph
tomography [təˈmɔgrəfɪ] - Tomografie
tongue [tʌŋ] - die Zunge
tongue compressor [tʌŋ kəmˈpresə] - der Zungenkompressor
tonsil [ˈtɔnsɪl] - die Mandel
tonsillitis [ˌtɔnsɪˈlaɪtɪs] - die Mandelentzündung
tooth [tuːθ] - der Zahn

torso ['tɔ:soʊ] - der Rumpf
touch [tʌtʃ] - berühren
trachea [trə'ki:ə] - die Luftröhre
traumatic injury [trɔ:'mætɪk 'ɪndʒərɪ] - die traumatische Verletzung
tray [treɪ] - das Tablett
treat, to process [tri:t | tə 'proʊses] - behandeln, bearbeiten
treatment ['tri:tmənt] - die Behandlung
trowel ['traʊəl] - der kleine Spaten
try ['traɪ] - versuchen
Tuesday ['tju:zdɪ] - der Dienstag
turn around [tɜ:n ə'raʊnd] - umdrehen
turn out [tɜ:n 'aʊt] - ausschalten, sich herausstellen
turn red [tɜ:n red] - rot werden
turn to [tɜ:n tu:] - sich zuwenden
turning ['tɜ:nɪŋ] - die Abzweigung
tweezers ['twi:zəz] - die Pinzetten
twenty ['twentɪ] - zwanzig
two ['tu:] - zwei
ultrasound ['ʌltrəsaʊnd] - der Ultraschall
ultrasound scanner ['ʌltrəsaʊnd 'skænə] - der Ultraschallscanner
unclear [ʌn'klɪə] - unklar
under ['ʌndə] - unter
underarm ['ʌndərɑ:m] - der Unterarm
undergo [ˌʌndə'goʊ] - sich unterziehen
understand [ˌʌndə'stænd] - verstehen
unhealthy, unwell [ʌn'helθɪ | ʌn'wel] - ungesund, unwohl
unpleasant [ʌn'pleznt] - unerfreulich
upper ['ʌpə] - der Obere
urethrae [jʊ'ri:θrə] - die Harnröhre
urethral cystoscope [jʊ'ri:θrəl 'sɪstəˌskəʊp] - das Harnröhrengastroskop
urgently ['ɜ:dʒəntlɪ] - dringend
urination [ˌjʊərɪ'neɪʃən] - das Urinieren
urine ['jʊərɪn] - der Urin
urolithiasis [jʊəroʊlɪ'θaɪəsɪs] - das Harnsteinleiden
urological [ˌjʊərəʊ'lædʒɪkl] - urologisch
urologist [jʊə'rɒlədʒɪst] - der Urologe
use ['ju:s] - die Benutzung
use eye drops ['ju:s aɪ drɒps] - die Augentropfen benutzen
usually ['ju:ʒəlɪ] - normalerweise
vaccination [ˌvæksɪ'neɪʃən] - die Impfung
vaccine ['væksi:n] - der Impfstoff
valve [vælv] - das Ventil
varicose ['værɪkoʊs] - varikös
vein [veɪn] - die Vene
veneer [və'nɪə] - die Fassade
ventilation [ˌventɪ'leɪʃən] - die Belüftung
very, strong ['verɪ | strɒŋ] - sehr, stark
vessel ['vesəl] - das Gefäß
view [vju:] - die Sicht
vision ['vɪʒən] - die Vision
visit ['vɪzɪt] - besuchen, der Besuch
vitamin ['vɪtəmɪn] - das Vitamin
voucher ['vaʊtʃə] - der Gutschein
wait [weɪt] - warten
wake up [weɪk ʌp] - aufwachen
walk, to stroll [wɔ:k | tə stroʊl] - gehen, schlendern
walk up to [wɔ:k ʌp tu:] - hingehen zu
walking ['wɔ:kɪŋ] - gehend
wall [wɔ:l] - die Wand
want [wɒnt] - möchten, wünschen
warm [wɔ:m] - warm
warn [wɔ:n] - warnen
wash [wɒʃ] - waschen
watch, to observe [wɒtʃ | tʊ əb'zɜ:v] - zusehen, beobachten
water ['wɔ:tə] - das Wasser
wax [wæks] - das Wachs
we [wɪ] - wir
weak [wi:k] - schwach
weaken ['wi:kən] - schwächer werden
weakened ['wi:kənd] - geschwächt
weakness ['wi:knəs] - die Schwäche
wear, to put on [weə | tə 'pʊt ɒn] - tragen, anziehen
weather ['weðə] - das Wetter
Wednesday ['wenzdeɪ] - der Mittwoch
week [wi:k] - die Woche
what, which ['wɒt | wɪtʃ] - was, welche/r/s
when [wen] - wenn
where [weə] - wo
whether, if ['weðə | ɪf] - weder, ob
which [wɪtʃ] - welche(r, -s)
white [waɪt] - weiß
whitening ['waɪtənɪŋ] - weißmachend, aufhellend
who [hu:] - wer
why [waɪ] - warum
wide, large [waɪd | lɑ:dʒ] - breit, groß
wight [waɪt] - der Kerl

will be [wəl bɪ] - wird sein
will be necessary [wəl bɪ 'nesəsərɪ] - wird nötig sein
window ['wɪndoʊ] - das Fenster
with [wɪð] - mit
with what [wɪð 'wɔt] - mit was
without [wɪð'aʊt] - ohne
woman ['wʊmən] - die Frau
work ['wɜːk] - die Arbeit; arbeiten
worker, professional ['wɜːkə | prə'feʃnəl] - der Arbeiter, der Fachmann
worry ['wʌrɪ] - die Sorge, sich Sorgen machen
worse [wɜːs] - schlechter
would [wʊd] - würde
wound [wuːnd] - die Wunde
wrist [rɪst] - das Handgelenk
write down ['raɪt daʊn] - aufschreiben
x-ray ['eks reɪ] - die Röntgenaufnahme, röntgen
x-ray room ['eks reɪ ruːm] - der Röntgenraum
year ['jɪə] - das Jahr
yes [jes] - ja
yesterday ['jestədɪ] - gestern
you [jʊ] - Sie (formell)
young [jʌŋ] - jung
your, yours [jə | jɔːz] - dein(e), euer, eure, Ihr(e)/deine(r, -s), euer, eure(s), Ihre(r, -s)

Wörterbuch Deutsch-Englisch

Abdruck, der (Gips)Verband - cast [kɑ:st]
Abend - evening ['i:vənɪŋ]
aber - but [bʌt]
Ablage - deposit [dɪ'pɔzɪt]
ablegen - take off [teɪk ɔf]
Abnutzung - abrasion [ə'breɪʒən]
Absaugegerät - aspirator ['æspɪreɪtə]
Absauger - evacuator [ɪ'vækjʊeɪtə]
absolut, komplett - absolutely, completely ['æbsəlu:tlɪ | kəm'pli:tlɪ]
Abstand - interval ['ɪntəvəl]
abtasten - palpate [pæl'peɪt]
Abteilung - department [dɪ'pɑ:tmənt]
Abwesenheit - absence ['æbsəns]
Abzweigung - turning ['tɜ:nɪŋ]
acht - eight [eɪt]
Adresse - address [ə'dres]
Aktion - action ['ækʃən]
aktiv, flink - active, agile ['æktɪv | 'ædʒaɪl]
Aktivität, die Sorte - activity, strain [æk'tɪvətɪ | streɪn]
all, ganz ; jede(r, -s) - all [ɔ:l]
alle - all [ɔ:l]
Allergie - allergy ['ælədʒɪ]
allergisch - allergic [ə'lɜ:dʒɪk]
Allergologe - allergist ['ælədʒɪst]
allgemein - general ['dʒenrəl]
alt - old [oʊld]
älter - elderly ['eldəlɪ]
Anästhesie - anesthesia [ˌænəs'θi:ʒə]
anatomisch - anatomical [ˌænə'tɔmɪkəl]
Andere - other ['ʌðə]
andererseits - otherwise ['ʌðəwaɪz]
Anfang - beginning [bɪ'gɪnɪŋ]
anfangen - begin [bɪ'gɪn], start [stɑ:t]
anfänglich - initial [ɪ'nɪʃəl]
anfragen - inquire [ɪn'kwaɪə]
angehängt - be attached [bɪ ə'tætʃt]
Angst haben - be afraid [bɪ ə'freɪd]
ankommen - arrive [tʊ ə'raɪv]
Anlage - attachment [ə'tætʃmənt]
Anleitungen - instructions [ɪn'strʌkʃənz]
Anmeldung - registration desk [ˌredʒɪ'streɪʃən desk]
anmerken - note, to remark [noʊt | tə rɪ'mɑ:k]
annehmen - assume [ə'sju:m]
anpassen - fit [fɪt]
anrufen, klingeln - call, to ring [kɔ:l | tə rɪŋ]
antiallergen - antiallergenic [æntɪ'ælərˌdʒɛn]
Anti-Allergie Medizin - anti-allergy medicine ['æntɪ 'ælədʒɪ 'medsən]
antibakteriell - antibacterial [ˌæntɪbæk'tɪərɪəl]
Antibiotika - antibiotics [ˌæntɪbaɪ'ɔtɪks]
antibiotisch - antibiotic [ˌæntɪbaɪ'ɔtɪk]
antiseptisch - antiseptic [ˌæntɪ'septɪk]
antworten - answer ['ɑ:nsə]
Anweisungen - plan, instructions [plæn | ɪn'strʌkʃənz]
anwenden - apply [ə'plaɪ]
Anwendung - application [ˌæplɪ'keɪʃən]
anziehen / tragen - put on / to wear ['pʊt ɔn | tə weə]
Apathie - apathy ['æpəθɪ]
Apotheke - pharmacy ['fɑ:məsɪ]
Appartement - apartment [ə'pɑ:tmənt]
Arbeit, der Job - job [dʒɔb], work ['wɜ:k]
Arbeit; arbeiten - work ['wɜ:k]
arbeiten - work ['wɜ:k]
Arbeiter, der Fachmann - worker, professional ['wɜ:kə | prə'feʃnəl]
Archiv - archive ['ɑ:kaɪv]
Arterie - artery ['ɑ:tərɪ]
arteriell - arterial [ɑ:'tɪərɪəl]
Assistent - assistant [ə'sɪstənt]
Atem - breath [breθ]
Atlas - atlas ['ætləs]
atmen - breathe [bri:ð]
Au, autsch - Ah, ouch [ɑ: | aʊtʃ]
auch - also ['ɔ:lsoʊ]
auf - on [ɔn]
auf der Seite - on the side [ɔn ðə saɪd]
Auf Wiedersehen - goodbye [ˌgʊd'baɪ]
auf Zucker bezogen - relating to sugar [rɪ'leɪtɪŋ tə 'ʃʊgə]
aufhören - stop [stɔp]
aufmerksam, vorsichtig - attentive, careful [ə'tentɪv | 'keəfʊl]
Aufmerksamkeit - attention [ə'tenʃən]
aufnehmen, aufschreiben - record, to write down [rɪ'kɔ:d | tə 'raɪt daʊn]
aufsammeln - pick up [pɪk ʌp]
aufschreiben - write down ['raɪt daʊn]
Auftrag - order ['ɔ:də]
aufwachen - wake up [weɪk ʌp]

Augapfel - eyeball (also apple) ['aɪbɔ:l 'ɔ:lsoʊ 'æpəl]
Auge - eye [aɪ]
Augenarzt - ophthalmologist [ˌɔfθæl'mɔlədʒɪst]
Augenbraue - eyebrow ['aɪbraʊ]
augeninnen- - intraocular [ˌɪntrə'okju:lə]
Augenlid - eyelid ['aɪlɪd]
Augentropfen benutzen - use eye drops ['ju:s aɪ drɔps]
ausgedehnt - extended [ɪk'stendɪd]
ausgehen - go out [goʊ 'aʊt]
Auskochen - decoction [dɪ'kɔkʃən]
Ausrüstung - equipment [ɪ'kwɪpmənt]
Ausschabung - curette [kjʊə'ret]
ausschalten, sich herausstellen - turn out [tɜ:n 'aʊt]
Ausschlag - rash [ræʃ]
ausschließen - rule out, exclude [ru:l 'aʊt | ɪk'sklu:d]
äußerlich - outer ['aʊtə]
äußerste Ende, das Glied - extremity, limb [ɪk'stremɪtɪ | lɪm]
ausspülen - rinse [rɪns]
Ausstattung - fitting ['fɪtɪŋ]
Auszeit nehmen, auf Wiedersehen sagen - take leave, say goodbye [teɪk li:v | 'seɪ ˌgʊd'baɪ]
bald - soon [su:n]
Bandage, die Schlinge - bandage, sling ['bændɪdʒ | səlɪŋ]
Bank - bank [bæŋk]
Basis - basis ['beɪsɪs]
Baumwolle - cotton wool ['kɔtən wʊl]
Becken - pelvis ['pelvɪs]
bedecken, schließen - cover, to close ['kʌvə | tə kloʊz]
bedeckt - covered ['kʌvəd]
Bedeutung - meaning ['mi:nɪŋ]
befestigen, anhängen - fasten, to attach ['fɑ:sən | tʊ ə'tætʃ]
begleiten - escort [ɪ'skɔ:t]
behandeln, bearbeiten - treat, to process [tri:t | tə 'proʊses]
Behandlung - treatment ['tri:tmənt]
bei - at [æt]
beide/s - both [boʊθ]
Bein - leg [leg]
beinhaltend - containing [kən'teɪnɪŋ]
Belastung, der Druck, die Anstrengung - strain, tension, exertion [streɪn | 'tenʃən | ɪg'zɜ:ʃən]
Beleuchtung - lighting ['laɪtɪŋ]
Belüftung - ventilation [ˌventɪ'leɪʃən]
bemerken - detect [dɪ'tekt]; notice, to note ['noʊtɪs | tə noʊt]
Benutzung - use ['ju:s]
beraten - advise [əd'vaɪz], consult [kən'sʌlt]
bereit - ready ['redɪ]
beruhigend - sedative ['sedətɪv]
berühren - touch [tʌtʃ]
beschädigt - damaged ['dæmɪdʒd]
beschleunigt - accelerated [ək'seləreɪtɪd]
beschreiben - describe [dɪ'skraɪb]
Beschwerden - complains [kəm'pleɪnz]
besonders - especially [ɪ'speʃəlɪ], special ['speʃəl]
besorgt sein, ängstlich - be worried, anxious [bɪ 'wʌrɪd | 'æŋkʃəs]
besser - better ['betə]
Bestandteil - component [kəm'poʊnənt]
bestätigen - confirm [kən'fɜ:m]
bestehen - insist [ɪn'sɪst]
bestehen aus - consist of [kən'sɪst ɔv]
bestimmen, messen - determine, to measure [dɪ'tɜ:mɪn | tə 'meʒə]
Besuch - visit ['vɪzɪt]
Besuch; besuchen - visit ['vɪzɪt]
besuchen - visit ['vɪzɪt]
beteuern, bestätigen - assert, to confirm [ə'sɜ:t | tə kən'fɜ:m]
Bettruhe - bed rest [bed rest]
bewegen - move [mu:v]
Bewegung - movement ['mu:vmənt]
bewerben - apply [ə'plaɪ]
bezahlen - pay [peɪ]
bezahlt, bedeckt - paid, covered [peɪd | 'kʌvəd]
Beziehung - relation [rɪ'leɪʃən]
Bild - image ['ɪmɪdʒ]
billig - cheap [tʃi:p], inexpensive [ˌɪnɪk'spensɪv]
Binde - ligature ['lɪgətʃə]
biologisch - biological [ˌbaɪə'lɔdʒɪkəl]
bis - to [tu:]
bisschen - a little [ə 'lɪtəl]
bitte - please [pli:z]
Blase - bladder ['blædə], bubble ['bʌbəl]

Blasenentzündung - cystitis [sɪ'staɪtɪs]
bleiben - stay [steɪ]
bleichen - bleach [bli:tʃ]
Blut - blood [blʌd]
Blutdruck - blood pressure [blʌd 'preʃə]
Blutdruckmessgerät - blood pressure monitor [blʌd 'preʃə 'mɔnɪtə]
Bluten - bleeding ['bli:dɪŋ]
Blutfluss - blood flow [blʌd floʊ]
bohren - drill [drɪl]
brauchen, müssen - need, must [ni:d | mʌst]
breit, groß - wide, large [waɪd | lɑ:dʒ]
brennen - burn [bɜ:n]
bringen - bring [brɪŋ]
Bronchus - bronchi ['brɔŋkaɪ]
Brust - chest [tʃest]
Büro - office ['ɔfɪs]
Bürozeiten - office hours ['ɔfɪs 'aʊəz]
Calcium - calcium ['kælsɪəm]
chemisch - chemical ['kemɪkəl]
Chirurg - surgeon ['sɜ:dʒən]
chirurgisch - surgical ['sɜ:dʒɪkəl]
chirurgisches Korsett - surgical corset ['sɜ:dʒɪkəl 'kɔ:sɪt]
Chopin - Chopin ['ʃopæn]
chronisch - chronic ['krɔnɪk]
Compomer - compomer [kəm'poʊmə]
computerisiert, elektronisch - computerized, electronic [kəm'pju:təraɪzd | ˌɪlek'trɔnɪk]
da - there [ðeə]
danke - thank you [θæŋk jʊ]
danken - thank [θæŋk]
dann - then [ðen]
Darm - intestine [ɪn'testɪn]
Decke - ceiling ['si:lɪŋ]
Defizit - deficiency [dɪ'fɪʃnsɪ]
dein(e), euer, eure, Ihr(e)/deine(r, -s), euer, eure(s), Ihre(r, -s) - your, yours [jə | jɔ:z]
denken - think ['θɪŋk]
Dentin - dentin ['denti:n]
der, die, das Zweite - second ['sekənd]
Dermatologe - dermatologist [ˌdɜ:mə'tɔlədʒɪst]
Dermatoskop - dermatoscope [ˌdɜ:mətos'koʊp]
desinfizieren - disinfect [ˌdɪsɪn'fekt]
Diabetes - diabetes [ˌdaɪə'bi:tɪz]
Diagnose - diagnosis [ˌdaɪəg'noʊsɪs]
Diagnostik, der Test - diagnostics, test [ˌdaɪəg'nɔstɪks | 'test]
Diät - diet ['daɪət]
Dienst - service ['sɜ:vɪs]
Dienstag - Tuesday ['tju:zdɪ]
dies, das - this, that [ðɪs | ðæt]
diese - these [ði:z]
diese(r, -s) - this [ðɪs]
Diphterie - diphtheria [dɪf'θɪərɪə]
direkt - direct [dɪ'rekt]
diskutieren - discuss [dɪ'skʌs]
Doktor, der Arzt - doctor, physician ['dɔktə | fɪ'zɪʃən]
Donnerstag - Thursday ['θɜ:zdeɪ]
Doppler-Ultraschall - Doppler ultrasound ['dɑ:plər 'ʌltrəsaʊnd]
dort ist - there is [ðə ɪz]
draußen - outdoor ['aʊtdɔ:], outside [ˌaʊt'saɪd]
drehen - spin [spɪn]
drei - three [θri:]
dreizehn - thirteen [ˌθɜ:'ti:n]
dringend - urgently ['ɜ:dʒəntlɪ]
drittens - third ['θɜ:d]
Droge, die Vorbereitung - drug, preparation ['drʌg | ˌprepə'reɪʃən]
drücken - press [pres]
Drüse - gland [glænd]
DTP (Absorbierte Pertussis-Diphterie-Tetanus) - DTP (Absorbed pertussis-diphtheria-tetanus) [əd'sɔ:bd pər'təˌsɪs dɪf'θɪərɪə 'tetənəs]
dünn, klein - thin, small [θɪn | smɔ:l]
durchführen - conduct [kən'dʌkt]
durstig - thirty ['θɜ:tɪ]
Düse, der Kopf - nozzle, head ['nɔzəl | hed]
Effekt - effect [ɪ'fekt]
effektiv - effective [ɪ'fektɪv]
eigen - own [oʊn]
einfach - easy ['i:zɪ], simply ['sɪmplɪ]
einfügen - include [ɪn'klu:d], insert [ɪn'sɜ:t]
einführen - establishing [ɪ'stæblɪʃɪŋ]
einige - some [sʌm]
einladen - invite [ɪn'vaɪt]
Einlegesohle - insole ['ɪnsoʊl]
einschätzen - assess [ə'ses]
Einschnitt - incision [ɪn'sɪʒən]
einstellen, einführen - set, to establish [set | tʊ ɪ'stæblɪʃ]
eintreten - enter ['entə]

Eiter - pus [pʌs]
eitrig - purulent [ˈpjʊərələnt]
elastisch - elastic [ɪˈlæstɪk]
elektrische Strom - electric current [ɪˈlektrɪk ˈkʌrənt]
Elektrokardiogramm - echocardiogram [ˌekoʊˈkɑːdɪəgræm], electrocardiogram [ɪˌlektroʊˈkɑːdɪoʊgræm]
elektronisch - electronic [ˌɪlekˈtrɔnɪk]
Elektrophorese - electrophoresis [əlektrofɔˌrɪˌsɪs]
elf - eleven [ɪˈlevən]
Ellbogen - elbow [ˈelboʊ]
Elternteil - parent [ˈpeərənt]
Empfehlung - recommendation [ˌrekəmenˈdeɪʃən]
empfindlich - delicate [ˈdelɪkət]
Empfindlichkeit - sensitivity [ˌsensəˈtɪvɪtɪ]
Ende - end [end]
Endokrinologe - endocrinologist [ˌendokrəˈnɑːlədʒəst]
Endoskop - phonendoscope [fəˈnɛndəˌskəʊp]
endoskopisch - endoscopic [ˌendoˈskɑːpɪk], skiascopic [skɪasˈkəpɪc]
eng - tight [taɪt]
enger werden - narrowing [ˈnæroʊɪŋ]
entblößen - expose [ɪkˈspoʊz]
entdecken - discover [dɪˈskʌvə]
entfernbar - removable [rɪˈmuːvəbəl]
entfernen - remove [rɪˈmuːv]
enthalten - contain [kənˈteɪn]
Entlastung, die Erleichterung - relief [rɪˈliːf]
entschädigen - compensate [ˈkɔmpənseɪt]
enttäuscht sein - be disappointed [bɪ ˌdɪsəˈpoɪntɪd]
entwickeln, hineinwachsen - develop, grow into [dɪˈveləp | groʊ ˈɪntə]
Entwicklung - development [dɪˈveləpmənt]
entzündlich - inflammatory [ɪnˈflæmətrɪ]
Entzündung - inflammation [ˌɪnfləˈmeɪʃən]
entzündungshemmend - anti-inflammatory [ˈæntɪ ɪnˈflæmətrɪ]
Eosinophil - eosinophil [ˌiːəˈsɪnəfɪl]
er - he [hɪ]
erfahren - experience [ɪkˈspɪərɪəns]
Erfahrung - experience [ɪkˈspɪərɪəns]
erfordern, brauchen, verlangen - require [rɪˈkwaɪə]
erhalten - receive [rɪˈsiːv]
erhärten - harden [ˈhɑːdən]
erhellen - illuminates [ɪˈluːmɪneɪts]
erhöhte Blutdruck - hypertension [ˌhaɪpəˈtenʃən]
erinnern - remember [rɪˈmembə]
erklären - explain [ɪkˈspleɪn]
erlauben - allow [əˈlaʊ]
Erlaubnis - permission [pəˈmɪʃən]
ermüdend, die Müdigkeit - tiring, fatigue [ˈtaɪərɪŋ | fəˈtiːg]
Ernährung - food [fuːd]
ernst - serious [ˈsɪərɪəs]
ernster - more seriously [mɔː ˈsɪərɪəslɪ]
ersetzen - replace [rɪˈpleɪs]
erstarren - congeal [kənˈdʒiːl]
erstens - first [ˈfɜːst]
erweitern - expand [ɪkˈspænd]
Erweiterung - expansion [ɪkˈspænʃən]
erzählen - tell [tel]
es - it [ɪt]
essen - eat [iːt]
Essen - food [fuːd]
etwas - something [ˈsʌmθɪŋ]
Eukalyptus - eucalyptus [ˌjuːkəˈlɪptəs]
Existenz - existence [ɪgˈzɪstəns]
extra - extra [ˈekstrə]
Extrakt - extract [ɪkˈstrækt]
exzessiv - excessive [ɪkˈsesɪv]
fähig sein zu - be able to [bɪ ˈeɪbəl tuː]
Fall - case [keɪs]
fallen - fall [fɔːl]
Fassade - veneer [vəˈnɪə]
fast - almost [ˈɔːlmoʊst]
Fehler - mistake [mɪˈsteɪk]
Feld - field [fiːld]
Fenster - window [ˈwɪndoʊ]
Ferse - heel [hiːl]
fest, nicht entfernbar, permanent - fixed, non-removable, permanent [fɪkst | nɔn rɪˈmuːvəbəl | ˈpɜːmənənt]
Fieber - fever [ˈfiːvə]
Film - film [fɪlm]
Finger - finger [ˈfɪŋgə]
Fingernagel - fingernail [ˌfɪŋgəˈneɪl]
Fleck, Spur, das (Körper)Mal - mark [mɑːk]
flexibel - flexible [ˈfleksəbəl]
fließen - flow [floʊ]
Fluorid - fluoride [ˈflʊəraɪd]

Flur - floor [flɔ:]
flüssig - liquid [ˈlɪkwɪd]
folgen - follow [ˈfɔloʊ]
folgend - following [ˈfɔloʊɪŋ]
fordern - demand [dɪˈmɑ:nd]
Form - form [ˈfɔ:m]
formen - form [ˈfɔ:m]
fortfahren - continue [kənˈtɪnju:]
fortschreitend, fortgeschritten - progressive, advanced [prəˈgresɪv | ədˈvɑ:nst]
Fotografie - photograph [ˈfoʊtəgrɑ:f]
Fotokomposit - photo composite [ˈfoʊtoʊ ˈkɔmpəzɪt]
fragen, sich erkundigen - ask [ɑ:sk], inquire [ɪnˈkwaɪə]
Fragment - fragment [frægˈment]
Fraktur, der gebrochene Knochen - fracture, broken bone [ˈfræktʃə | ˈbroʊkən boʊn]
Frau - woman [ˈwʊmən]
frei - freely [ˈfri:lɪ]
freigeben - release [rɪˈli:s]
froh sein - glad [glæd]
frontal - frontal [frʌnt | ˈfrʌntəl]
früher - earlier [ˈɜ:lɪə]
fühlen - feel [fi:l]
führen - lead [li:d]
Führung - lead [li:d]
Füllung - filling [ˈfɪlɪŋ]
Füllung einsetzen - put in a filling [ˈpʊt ɪn ə ˈfɪlɪŋ]
Füllungen einsetzen - put in fillings [ˈpʊt ɪn ˈfɪlɪŋz]
fünf - five [faɪv]
fünfzehn - fifteen [ˌfɪfˈti:n]
für - for [fɔ:]
für eine lange Zeit - for a long time [fər ə ˈlɔŋ ˈtaɪm]
für jetzt, soweit - for now, so far [fə naʊ | ˈsoʊ ˈfɑ:]
für was - for what [fə ˈwɔt]
für wen, wen; wem; den, die, das - to who, whom [tə hu: | hu:m]
fürchten, Angst haben - fear, to be afraid [fɪə | tə bɪ əˈfreɪd]
Fuß - foot [fʊt]
Fußspezialist, der Orthopäde - podiatrist, orthopedist [pəˈdaɪəˌtrɪst | ˌɔ:θəˈpi:dəst]
Garantie - guarantee [ˌgærənˈti:]
Gastritis - gastritis [gæˈstraɪtɪs]
Gebäude - building [ˈbɪldɪŋ]
geben - give [gɪv]
geduldig sein, ertragen - be patient, to endure [bɪ ˈpeɪʃnt | tʊ ɪnˈdjʊə]
gefährlich - dangerous [ˈdeɪndʒərəs]
Gefäß - vessel [ˈvesəl]
gefenstert - fenestrated [ˈfɛnɪˌstreɪtɪd]
Gefühl - feeling [ˈfi:lɪŋ]
gegen - against [əˈgenst]
Gegend - area [ˈeərɪə]
gehen - go [goʊ], walk [wɔ:k]
gehen in - go in [goʊ ɪn]
gehend - walking [ˈwɔ:kɪŋ]
Gehirn - brain [breɪn]
Gel - gel [dʒel]
Gelenk - joint [dʒɔɪnt]
Gelenk…,Gelenk - articular, joint [ɑ:ˈtɪkjʊlə | dʒɔɪnt]
Gemisch - composite [ˈkɔmpəzɪt]
gemütlich - comfortable [ˈkʌmftəbəl]
genau - accurate [ˈækjərət]
genau; scharf - sharp [ʃɑ:p]
Genesung - recovery [rɪˈkʌvərɪ]
Genesungsurlaub - sick-leave [ˈsɪk li:v]
Genital… - genital [ˈdʒenɪtəl]
genug - enough [ɪˈnʌf]
gerade - recently [ˈri:səntlɪ]
Gerät - device [dɪˈvaɪs]
gering giftig - low-toxic [loʊ ˈtɔksɪk]
Gerinnungsmittel - coagulator [koʊˈægjʊleɪtə]
Gesäß - buttock [ˈbʌtək]
Geschäft - business [ˈbɪznəs]
geschehen, passieren - happen [ˈhæpən]
Geschichte - history [ˈhɪstrɪ]
geschlossen - closed [kloʊzd]
geschwächt - weakened [ˈwi:kənd]
Gesicht - face [feɪs]
gestern - yesterday [ˈjestədɪ]
gesund - healthy [ˈhelθɪ]
Gesundheit - health [helθ]
Gewebe - tissue [ˈtɪʃu:]
Gewicht legen / der Druck - place weight / strain [ˈpleɪs weɪt streɪn]
Gips, das Pflaster - cast, plaster [kɑ:st | ˈplɑ:stə]
Glas - glass [ˈglɑ:s]
Gläser - glasses [ˈglɑ:sɪz]
gleichmäßig - even [ˈi:vən]
Grad - degree [dɪˈgri:]

graue Star - cataract [ˈkætərækt]
Griff - clasp [klɑːsp]
Grippe - flu [fluː]
groß / dick - big [bɪg] large [lɑːdʒ] / thick [θɪk]
Großmutter - grandmother [ˈgræn ˌmʌðə]
Grund, die Ursache - reason, cause [ˈriːzən | kɔːz]
gründlich - thoroughly [ˈθʌrəlɪ]
gurgeln - gargle [ˈgɑːgəl]
Gürtel - girdle, belt [ˈgɜːdəl | belt]
gut - good [gʊd]
Gutschein - voucher [ˈvaʊtʃə]
Haar - hair [heə]
haben - have [hæv]
Haken - hook [hʊk]
halb - half [hɑːf]
Hallo - hello [həˈloʊ]
Hals - neck [nek], throat [θroʊt]
haltbar - durable [ˈdjʊərəbəl]
halten - hold [hoʊld], last [lɑːst]
Hand - hand [hænd]
handeln, beeinflussen - act, to affect [ækt | tʊ əˈfekt]
Handgelenk - wrist [rɪst]
Handschuh - glove [glʌv]
harmlos - harmless [ˈhɑːmləs]
Harnröhre - urethrae [jʊˈriːθrə]
Harnröhrengastroskop - urethral cystoscope [jʊˈriːθrəl ˈsɪstəˌskəʊp]
Harnsteinleiden - urolithiasis [jʊəroʊlɪˈθaɪəsɪs]
Häufigkeit - frequency [ˈfriːkwənsɪ]
Haus - house [ˈhaʊs]
Haut - skin [skɪn]
Hautreizung - dermatitis [ˌdɜːməˈtaɪtɪs]
heilen - cure [kjʊə], heal [hiːl]
Heilkraut - herb [hɜːb]
heilt - heals [hiːlz]
helfen - help [help]
Hemisphäre - hemisphere [ˈhemɪsfɪə]
herausbringen, herausnehmen - bringing out, taking out [ˈbrɪŋɪŋ ˈaʊt | ˈteɪkɪŋ ˈaʊt]
herauskommen - come out [kʌm ˈaʊt]
Herstellung - manufacturing [ˌmænjʊˈfæktʃərɪŋ]
herum - around [əˈraʊnd]
hervorrufen - provoke [prəˈvoʊk]
Herz - heart [hɑːt]
Herzschlag - heartbeat [ˈhɑːtbiːt]
heute - today [təˈdeɪ]
hier - here [hɪə]
hin und her schwingen - swing [swɪŋ]
hineingehen - go in [goʊ ɪn]
hingehen zu - walk up to [wɔːk ʌp tuː]
hinsetzen - sit down [sɪt daʊn]
hinten - back [ˈbæk]; auf dem Rücken - behind, on the back [bɪˈhaɪnd | ɔn ðə ˈbæk]
hinter - behind [bɪˈhaɪnd]
Hintergrund - background [ˈbækgraʊnd]
hinzufügen - add [æd]
HNS-Arzt (Hals, Nasen und Ohren) - ENT (Ear, Nose, and Throat) doctor [ˈent | ɪə noʊz ənd θroʊt ˈ| dɔktə]
hoch, gesteigert - high, elevated [haɪ | ˈelɪveɪtɪd]
Hohlraum - cavity [ˈkævɪtɪ]
Holzhammer - mallet [ˈmælɪt]
homöopathisch - homeopathic [ˌhoʊmɪəˈpæθɪk]
Hormone - hormone [ˈhɔːmoʊn]
hormonell - hormonal [ˈhɔːmoʊn]
Hornhaut - cornea [ˈkɔːnɪə]
Husten - cough [kɔf]
ich - I [ˈaɪ]
im Voraus - in advance [ɪn ədˈvɑːns]
immunhemmend - immune-busting [ɪˈmjuːn ˈbʌstɪŋ]
Immunsystem - immune system [ɪˈmjuːn ˈsɪstəm]
Impfstoff - vaccine [ˈvæksiːn]
Impfung - inoculation, vaccination [ɪˌnɔkjʊˈleɪʃən | ˌvæksɪˈneɪʃən]
Implantat; implantieren - implant [ɪmˈplɑːnt]
in (einer Zeitspanne) - in (a period of time) [ɪn ə ˈpɪərɪəd əv ˈtaɪm]
in, an, auf - in [ɪn]
in Bezug auf das Auge - related to the eye [rɪˈleɪtɪd tə ðɪ aɪ]
in Bezug auf den Rücken - relating to the back [rɪˈleɪtɪŋ tə ðə ˈbæk]
in Bezug auf den Schmerz - related to pain [rɪˈleɪtɪd tə peɪn]
in Bezug auf die Nerven - related to nerves [rɪˈleɪtɪd tə nɜːvz]
in Bezug auf die Schulter - relating to shoulder [rɪˈleɪtɪŋ tə ˈʃoʊldə]
in Bezug auf Medikamententherapie - rela-

ting to pharmacotherapy [rɪˈleɪtɪŋ tə ˌfɑːməˈkɔˈθerəpɪ]
in Bezug auf Perkussion - relating to percussion [rɪˈleɪtɪŋ tə pəˈkʌʃən]
in Bezug auf Pflaster, Gips - related to plaster, related to cast [rɪˈleɪtɪd tə ˈplɑːstə | rɪˈleɪtɪd tə kɑːst]
in Bezug auf Verfall, kariös - relating to decay, carious [rɪˈleɪtɪŋ tə dɪˈkeɪ | ˈkeərɪəs]
Indikator - indicator [ˈɪndɪkeɪtə]
indirekt - indirect [ˌɪndɪˈrekt]
individuell - individual [ˌɪndɪˈvɪdʒʊəl]
ineffektiv - ineffective [ˌɪnɪˈfektɪv]
Infanrix - Infanrix [ɪnˈfʌnrɪks]
Infektion - infection [ɪnˈfekʃən]
infizieren - infect [ɪnˈfekt]
Inhalieren - inhalation [ˌɪnhəˈleɪʃən]
Inhaltsstoff, die Komponente - ingredient, component [ɪnˈgriːdɪənt | kəmˈpoʊnənt]
Injektion - injection [ɪnˈdʒekʃən]
Innenfläche der Hand - palm of the hand [pɑːm əv ðə hænd]
Innenfutter - lining [ˈlaɪnɪŋ]
Innere - internal [ɪnˈtɜːnəl]
Instrument - instrument [ˈɪnstrʊmənt]
Intoleranz - intolerance [ɪnˈtɔlərəns]
intravenös - intravenous [ˌɪntrəˈviːnəs]
irgendein(e), einige, etwas - any [ˈenɪ]
irgendjemand, jeder - anyone [ˈenɪwʌn]
irritiert sein - be irritated [bɪ ˈɪrɪteɪtɪd]
ja - yes [jes]
Jahr - year [ˈjɪə]
jährlich, geplant, allgemein - annual, planned, general [ˈænjʊəl | plænd | ˈdʒenrəl]
jede(r, -s) - each [iːtʃ]
jeder - anyone [ˈenɪwʌn]
jemand - someone [ˈsʌmwʌn]
jetzt - now [naʊ], right now [raɪt naʊ]
jung - young [jʌŋ]
kalt - cold [koʊld]
Kamille - chamomile [ˈkæməmaɪl]
Kardiografie - echocardiography [ˌekoʊˈkɑːdɪəgræfɪ]
Kardiologe - cardiologist [ˌkɑːdɪˈɔlədʒɪst]
kardiovaskulär - cardiovascular [ˌkɑːdɪoʊˈvæskjələ]
Karies, die Zelle - cavity, cell [ˈkævɪtɪ | sel]
Karte, die Krankengeschichte - card, medical record [kɑːd | ˈmedɪkəl rɪˈkɔːd]
Katheter - catheter [ˈkæθɪtə]
kaufen - buy [baɪ]
Kehle, die Gurgel, der Hals - throat [θroʊt]
Kehlkopf, in Bezug auf den Hals - laryngeal, relating to throat [ləˈrɪndʒɪəl | rɪˈleɪtɪŋ tə θroʊt]
Kehlkopfentzündung - laryngitis [ˌlærɪnˈdʒaɪtɪs]
keiner - no one [noʊ wʌn]
Kerl - wight [waɪt]
Kiefer - jaw [dʒɔː]
Kieferorthopäde - orthodontic surgeon [ˌɔːθəˈdɔntɪk ˈsɜːdʒən], orthodontist [ˌɔːθəˈdɔntɪst]
Kind - child [tʃaɪld]
Kinder - children [ˈtʃɪldrən]
Kinderarzt - pediatrician [ˌpiːdɪəˈtrɪʃən]
Kinn - chin [tʃɪn]
Klasse - class [klɑːs]
Kleidung - clothes [kloʊðz]
klein - small [smɔːl]
kleine Finger - pinky finger [ˈpɪŋkɪ ˈfɪŋgə]
kleine Spaten - trowel [ˈtraʊəl]
Klemme - clamp [klæmp]
Klinik - clinic [ˈklɪnɪk]
klinisch - clinical [ˈkəlɪnɪkl]
klopfen - knock [nɔk]
Knie - knee [niː]
Knochen - bone [boʊn]
Kohlepapier - carbon paper [ˈkɑːbən ˈpeɪpə]
komisch - strange [streɪndʒ]
kommen - come [kʌm]
Kompatibilität - compatibility [kəmˌpætəˈbɪlɪtɪ]
komplett - completely [kəmˈpliːtlɪ]
Komplikationen - complications [ˌkɔmplɪˈkeɪʃənz]
kompliziert - complicated [ˈkɔmplɪkeɪtɪd]
Konsequenzen, die Effekte - consequences, effects [ˈkɔnsɪkwənsɪz | ɪˈfekts]
Konstruktion, das Design - construction, design [kənˈstrʌkʃən | dɪˈzaɪn]
kontaktfrei - contact-free [ˈkɔntækt friː]
Konto - account [əˈkaʊnt]
Kontrolle - control [kənˈtroʊl]
Kopf - head [hed]
Körper - body [ˈbɔdɪ]
körperlich - physical [ˈfɪzɪkəl]
korrekt - correctly [kəˈrektlɪ]

Korrektur - correction [kə'rekʃən]
Korridor, die Halle - corridor, hall ['kɔrɪdɔ: | hɔ:l]
krank sein - be sick, be ill [bɪ sɪk | bɪ ɪl]
Krankenhaus - hospital ['hɔspɪtəl]
Krankenschwester - nurse [nɜ:s]
Krankheit - illness, sickness ['ɪlnəs | 'sɪknəs]
Kreislauf, bluttragend - circulatory, blood-carrying [ˌsɜ:kjə'leɪtərɪ | 'blʌd-ˌkærɪŋ]
kühl - cool [ku:l]
Kurs - course [kɔ:s]
Kurzatmigkeit - shortness of breath ['ʃɔ:tnəs əv breθ]
Labor - laboratory [lə'bɔrətrɪ]
Laboratorium - laboratory [lə'bɔrətrɪ]
Lage, der Zustand - state, condition [steɪt | kən'dɪʃən]
Lampe - lamp [læmp]
lange - long ['lɔŋ]
lange Zeit - long time ['lɔŋ 'taɪm]
Lärm - noise [nɔɪz]
Laser - laser ['leɪzə]
laufende Nase - runny nose ['rʌnɪ noʊz]
Laune - mood [mu:d]
laut - loud [laʊd]
Leben - life [laɪf]
leben - live [laɪv]
Leber - liver ['lɪvə]
Leberfleck, das Wachstum - mole, growth [moʊl | groʊθ]
leicht, hell - light, bright [laɪt | braɪt]
leiden - suffer ['sʌfə]
Leiden, das einen Patienten stört - complaint, what bothers a patient [kəm'pleɪnt | 'wɔt 'bɔðəz ə 'peɪʃnt]
lernen - learn [lɜ:n], study ['stʌdɪ]
lesen - read [ri:d]
letzte Name - last name [lɑ:st 'neɪm]
letzte(r, -s) - last [lɑ:st]
Leuchtstift - flashlight pen ['flæʃlaɪt pen]
Leute - people ['pi:pəl]
Level - level ['levəl]
lichthärtend - light-curing [laɪt 'kjʊərɪŋ]
Lichtstrahl - beam [bi:m]
liegen, sich ausruhen - lie, rest [laɪ | rest]
Lineal - ruler ['ru:lə]
Linie, der Termin - line, appointment [laɪn | ə'pɔɪntmənt]
links - left [left], on the left [ɔn ðə left]
Lippe - lip [lɪp]
Lösung - solution [sə'lu:ʃən]
Luft - air [eə]
Luftröhre - trachea [trə'ki:ə]
lumbal, hinten unten - lumbar, low back ['lʌmbə] lou 'bæk]
Lunge - lung [lʌŋ]
Lungen - lungs [lʌŋz]
Lungenentzündung - pneumonia [nju:'moʊnɪə]
Lymphknoten - lymph nod e [lɪmf nɔd i:]
machen - do [du:], make ['meɪk]
Mädchen - girl [gɜ:l]
Magen - stomach ['stʌmək]
magnetische Resonanz - magnetic resonance [mæg'netɪk 'rezənəns]
manchmal - sometimes ['sʌmtaɪmz]
Mandel - tonsil ['tɔnsɪl]
Mandelentzündung - tonsillitis [ˌtɔnsɪ'laɪtɪs]
Mangel, das Defizit - lack, deficiency [læk | dɪ'fɪʃnsɪ]
Manipulation - manipulation [məˌnɪpjʊ'leɪʃən]
Mann - man [mæn]
Mantel - coat ['koʊt]
Mantoux Test - Mantoux test [mən'tʊ 'test]
manuell - manual ['mænjʊəl]
Masern - measles ['mi:zəlz], parotitis, mumps [ˌpærə'taɪtɪs | mʌmps]
Maße - measurement ['meʒəmənt]
Material - material [mə'tɪərɪəl]
Medizin, die Medikation - medicine, medication ['medsən | ˌmedɪ'keɪʃən]
medizinisch, für medizinischen Gebrauch - medicinal [mɪ'dɪsnəl], medical, for medical use ['medɪkəl | fə 'medɪkəl 'ju:s]
mehr - more [mɔ:]
mehrere - several ['sevrəl]
mein - mine [maɪn]
meine(r, -s) - mine [maɪn]
meins, mein - mine, my [maɪn | maɪ]
meist, größte; die meisten - most [moʊst]
Menge - amount [ə'maʊnt]
menschliche Wesen - human being ['hju:mən 'bi:ɪŋ]
messen - measure ['meʒə]
Methode, die Technik - method, technique ['meθəd | tek'ni:k], procedure [prə'si:dʒə]
mich - me [mi:]

Migräne - migraine [ˈmi:greɪn]
Mikroskop - microscope [ˈmaɪkrəskoʊp]
Milch - milk [mɪlk]
Mineral, das Mineral… - mineral [ˈmɪnərəl]
Minimum - minimum [ˈmɪnɪməm]
Minute - minute [maɪˈnju:t]
mischen - mix [mɪks]
mit - with [wɪð]
mit was - with what [wɪð ˈwɔt]
Mitte - middle [ˈmɪdəl]
Mittwoch - Wednesday [ˈwenzdeɪ]
möchten, wünschen - want [wɔnt]
Modell - model [ˈmɔdəl]
modern, zeitgenössisch - modern, contemporary [ˈmɔdən | kənˈtemprərɪ]
mögen - like [ˈlaɪk]
möglich - possible [ˈpɔsəbəl]
Monat - month [mʌnθ]
Montag - Monday [ˈmʌndeɪ]
Morgen - morning [ˈmɔ:nɪŋ]
MRT(die Magnetresonanztomografie) - MRT (magnetic resonance tomography) [mægˈnetɪk ˈrezənəns təˈmɔgrəfɪ]
müde sein - be tired [bɪ ˈtaɪəd]
müde werden - get tired [ˈget ˈtaɪəd]
Müdigkeit - fatigue [fəˈti:g]
Mund - mouth [maʊθ]
Mundschleimhautentzündung - stomatitis [ˌstɔməˈtaɪtɪs]
Muskeln muscles [ˈmʌsəlz]
müssen - must, have to [mʌst | həv tu:]
Mutter - mother [ˈmʌðə]
nach - after [ˈɑ:ftə]
Nächste, nächst - next [nekst]
Nacht - night [naɪt]
Nacken - nape [neɪp]
Nadel - needle [ˈni:dəl], pin [pɪn]
Nadelhalter - needle holder [ˈni:dəl ˈhoʊldə]
nah, neben - near, next to [nɪə | nekst tu:]
näher erläutern, klarstellen - clarify, make clear [ˈklærɪfaɪ | ˈmeɪk klɪə]
Naht, der Stich - suture, stitch [ˈsu:tʃə | stɪtʃ]
Nase - nose [noʊz]
Natron - soda [ˈsoʊdə]
natürlich - of course [əv kɔ:s]
Nebenwirkung - side-effect [saɪd ɪˈfekt]
nehmen - take [teɪk]
nehmen (Platz) - take (a place) [teɪk ə ˈpleɪs]
nein - no [noʊ]
Nerv - nerve [nɜ:v]
Netzhaut - retina [ˈretɪnə]
Netzwerk - plexus [ˈpleksəs]
neu - new [nju:]
neun - nine [naɪn]
Neurologe - neurologist [njʊəˈrɔlədʒɪst]
neurologisch - neurological [ˌnjʊərəˈlɔdʒɪkəl]
nicht - not [nɔt]
nicht genug - not enough [nɔt ɪˈnʌf]
nicht groß, klein - not big, small [nɔt bɪg | smɔ:l]
nicht gut - not well [nɔt wel]
nicht jung, älter - not young, elderly [nɔt jʌŋ | ˈeldəlɪ]
nicht kompliziert - not complicated [nɔt ˈkɔmplɪkeɪtɪd]
nichts - nothing [ˈnʌθɪŋ]
nicken - nod [nɔd]
nie - never [ˈnevə]
niedrig - low [loʊ]
niedriger, geschwächt - lowered, weakened [ˈloʊəd | ˈwi:kənd]
niemand, kein - no one, none [noʊ wʌn | nʌn]
Niere - kidney [ˈkɪdnɪ]
Nierenbeckenentzündung - pyelonephritis [ˌpaɪələʊnɪˈfraɪtɪs]
Nierensteinzertrümmerer - lithotripter [ˈlɪθəˌtrɪptə]
nochmal - again [əˈgen]
Norm - norm [nɔ:m]
normal - normal [ˈnɔ:məl]
normalerweise - usually [ˈju:ʒəlɪ]
nötig, notwendigerweise - necessary, necessarily [ˈnesəsərɪ | ˌnesəˈserəlɪ]
Notiz, Aufzeichnung - note, record [noʊt | rɪˈkɔ:d]
Notizbuch, das Protokoll - notebook, journal [ˈnoʊtbʊk | ˈdʒɜ:nəl]
Notwendigkeit - necessity [nɪˈsesɪtɪ]
Nummer - number [ˈnʌmbə]
nur - only [ˈoʊnlɪ]
Nylon - nylon [ˈnaɪlɔn]
Obere - upper [ˈʌpə]
Oberfläche - surface [ˈsɜ:fɪs]
oberflächlich - artificial [ˌɑ:tɪˈfɪʃəl]
Obst - fruit [fru:t]
oder - or [ɔ:]

öffnen - open [ˈoʊpən]
oft - frequent [frɪˈkwent], often [ˈɔfən]
öfter - more often [mɔ:r ˈɔfən]
Oh (der Ausruf) - Oh (exclamation) [oʊ ˌeksklə ˈmeɪʃən]
ohne - without [wɪðˈaʊt]
Ohr - ear [ɪə]
Ohrenentzündung - otitis [əʊˈtaɪtɪs]
Ophthalmoskop - ophthalmoscope [ɔfˈθælməskoʊp]
ordnen - arrange [əˈreɪndʒ]
Organ - organ [ˈɔ:gən]
Organismus - organism [ˈɔ:gənɪzəm]
Ormocer - ormocer [o:ˈmosə]
Oropharyngoskopie - oropharyngoscopy [ˌorəfərɪngəsˈkɔpɪ]
Ort - place [ˈpleɪs]
orthopädisch, die Orthese - orthopedic, orthotic [ˌɔ:θəˈpi:dɪk | ˌɔ:θəˈtɪk]
örtlich - loca [ˈlokə]
Osteochondrose - osteochondrosis [osteokondˈrosɪs]
Otoskop - otoscope [ˈoʊtəskoʊp]
Otoskopie - otoscopy [ˌotəsˈkɔpɪ]
Ozontherapie - ozone therapy [ˈoʊzoʊn ˈθerəpɪ]
Paar - couple [ˈkʌpəl]
pädiatrisch - pediatric [ˌpɪdɪˈætrɪk]
parodontal - periodontal [ˌperɪəˈdɑ:ntəl]
Parodontosis, Zahnfleischschwund - periodontitis [ˌpɛrɪoʊdɑnˈtaɪtɪs]
passieren - happen [ˈhæpən]
Pathologie - pathology [pəˈθɔlədʒɪ]
Patient - patient [ˈpeɪʃnt]
perfekt - perfect [pəˈfekt]
periodisch - periodically [ˌpɪərɪˈɔdɪkəlɪ]
Perkussion - percussion [pəˈkʌʃən]
Peroxid - peroxide [pəˈrɔksaɪd]
Phänomen - phenomenon [fɪˈnɔmɪnən]
Phoropter - phoropter [fəˈrəʊptə]
Pinzetten - tweezers [ˈtwi:zəz]
planen (etwas zu machen) - plan (to do something) [plæn tə də ˈsʌmθɪŋ]
Plattfuß - flatfoot [flæt fʊt]
polieren - polish [ˈpɔlɪʃ]
Poliomyelitis, die Kinderlähmung - poliomyelitis, polio [ˌpoʊlɪoʊˌmaɪəˈlaɪtɪs | ˈpoʊlɪoʊ]
Porzellan - porcelain [ˈpɔ:səlɪn]
positiv - positive [ˈpɔzətɪv]
praktisch, eigentlich - practically, actually [ˈpræktɪkəlɪ | ˈæktʃʊəlɪ]
Probe, das Muster - sample [ˈsɑ:mpəl]
Problem - problem [ˈprɔbləm]
Produkt - product [ˈprɔdʌkt]
Programm - program [ˈproʊgræm]
Prothese, der Zahnersatz (entfernbar) - prosthesis, denture (removable) [prɔsˈθi:sɪs | ˈdentʃə rɪˈmu:vəbəl]
Prozedur, die Behandlung - procedure, treatment [prəˈsi:dʒə | ˈtri:tmənt]
Prozess - process [ˈproʊses]
Puls - pulse [pʌls]
Punkt - point [pɔɪnt]
Pupille - pupil [ˈpju:pəl]
Qualität - quality [ˈkwɔlɪtɪ]
Radiologe - radiologist [ˌreɪdɪˈɔlədʒɪst]
raten - advise [ədˈvaɪz]
rau - rough [rʌf]
rauchen - smoke [smoʊk]
Raum - room [ru:m]
rausbringen, rausnehmen - bring out, to take out [brɪŋ ˈaʊt | tə teɪk ˈaʊt]
Reaktion - reaction [rɪˈækʃən]
rechts - on the right [ɔn ðə raɪt], right [raɪt]
rechtzeitig - one time [wʌn ˈtaɪm]
Reflektor - reflector [rɪˈflektə]
Reflex - reflex [ˈri:fleks]
Reflexzonenbehandlung, die Akupunktur - reflexology treatment, acupuncture [ˌri:fleksˈɔlədʒɪ ˈtri:tmənt | ˈækjʊˌpʌŋktʃə]
regelmäßig - regularly [ˈregjʊləlɪ]
registrieren, aufschreiben - register, to write down [ˈredʒɪstə | tə ˈraɪt daʊn]
registriert - registered [ˈredʒɪstəd]
Reihenfolge - order [ˈɔ:də]
Reinigungsalkohol - rubbing alcohol [ˈrʌbɪŋ ˈælkəhɔl]
reizbar - irritable [ˈɪrɪtəbəl]
relativ - relative [ˈrelətɪv]
rennen - run [rʌn]
Resultat - result [rɪˈzʌlt]
Rezept - receipt [rɪˈsi:t]
Rheuma - rheumatism [ˈru:mətɪzəm]
Rhythmus - rhythm [ˈrɪðəm]
Richtung - direction [dɪˈrekʃən]
Ringelblume - calendula [kəˈlendjʊlə]
Ringfinger - ring finger [rɪŋ ˈfɪŋgə]

Risiko - risk [rɪsk]
Röntgenaufnahme, röntgen - x-ray ['eks reɪ]
Röntgenraum - x-ray room ['eks reɪ ru:m]
Röntgenuntersuchung - X-ray ['eks reɪ]
rot - red [red]
rot werden - turn red [tɜ:n red]
Röteln - rubella [ru:'belə]
Rötung - redness ['rednɪs]
rubbeln - rub [rʌb]
Rücken; hinten - back ['bæk]
ruhig - calmly ['kɑ:mlɪ], quiet ['kwaɪət]
Rumpf - torso ['tɔ:soʊ]
Saft - juice [dʒu:s]
sagen - say ['seɪ]
Salbe - ointment ['ɔɪntmənt]
sammeln - collect [kə'lekt]
Sand - sand [sænd]
Satz, in Kombination mit - set, in combination with [set | ɪn ˌkɔmbɪ'neɪʃən wɪð]
sauber - clean [kli:n]
sauber machen - clean up [kli:n ʌp]
säubern - clean [kli:n]
Säure - acid ['æsɪd]
Scaler - scaler [s'keɪlə]
Schablone - template ['templɪt]
Schaden - damage ['dæmɪdʒ]
Schärfe - acuity [ə'kju:ətɪ]
schauen, prüfen - look, to examine [lʊk | tʊ ɪg'zæmɪn]
scheinen - shin [ʃɪn]
Scheitel (des Kopfes) - crown (of the head) [kraʊn əv ðə hed]
Schenkel - thigh [θaɪ]
Schere - scissors ['sɪzəz]
Schicht - layer ['leɪə]
Schilddrüse - thyroid ['θaɪrɔɪd]
schlafen - sleep [sli:p]
schlecht - bad [bæd]
schlechter - worse [wɜ:s]
Schlüsselbein - clavicle ['kəlævɪkl]
Schlussfolgerung - conclusion [kən'klu:ʒən]
Schmerz - pain [peɪn]
schmerzhaft - painful ['peɪnfəl]
schmerzlos - painless ['peɪnləs]
Schmerzmittel - painkillers ['peɪnkɪləz]
schnell - quick, fast [kwɪk | fɑ:st]
schneller - faster ['fɑ:stə]
Schnelligkeit, die Geschwindigkeit - speed, rate [spi:d | reɪt]
schon - already [ɔ:l'redɪ]
Schrank - cupboard ['kʌbəd]
schrecklich, angsteinflößend - terrible, frightening ['terəbəl | 'fraɪtənɪŋ]
schreien - scream [skri:m]
Schuhe - shoes [ʃu:z]
Schulden - debt [det]
Schulter - shoulder ['ʃoʊldə]
Schulterblatt - scapula ['skæpjʊlə]
Schürze - apron ['eɪprən]
schützen - protect [prə'tekt]
schützend - protective [prə'tektɪv]
schwach - weak [wi:k]
Schwäche - weakness ['wi:knəs]
schwächer werden - weaken ['wi:kən]
Schwellung - swelling ['swelɪŋ]
schwer - heavy ['hevɪ]
schwierig - difficult ['dɪfɪkəlt]
Schwindel - dizziness ['dɪzɪnəs]
schwitzen - sweating ['swetɪŋ]
sechs Monate, das halbe Jahr - six months, half a year [sɪks mʌnθs | hɑ:f ə 'jɪə]
sehen (die Patienten, die Klienten) - see (patients, clients) ['si: 'peɪʃnts | 'klaɪənts]
Sehne - tendon ['tendən]
sehr, stark - very, strong ['verɪ | strɔŋ]
sein - be [bɪ]
Seite - side [saɪd]
Sekretion - secretion [sɪ'kri:ʃən]
Selbstbehandlung (ohne medizinische Unterstützung) - self-treatment (without medical care) [self 'tri:tmənt | wɪð'aʊt 'medɪkəl keə]
selten - rarely ['reəlɪ]
setzen, stellen, legen - set [set]
sich anmelden - register, sign up ['redʒɪstə | saɪn ʌp]
sich aufregen - get upset ['get ˌʌp'set]
sich befinden - located [loʊ'keɪtɪd]
sich beruhigen, sich entspannen - calm down, relax [kɑ:m daʊn | rɪ'læks]
sich beziehen auf - refe [rɪ'fɜ:]
sich entspannen - relax [rɪ'læks]
sich erholen - recover [rɪ'kʌvə]
sich erinnern - remind [rɪ'maɪnd]
sich freuen, glücklich sein - rejoice, to be happy [rɪ'dʒɔɪs | tə bɪ 'hæpɪ]
sich hinsetzen - sit down [sɪt daʊn]
sich kümmern - bother ['bɔðə]

sich selbst, mich selbst - himself, myself [hɪm'self | maɪ'self]
sich Sorgen machen - worry ['wʌrɪ]
sich unterziehen - undergo [ˌʌndə'goʊ]
sich verlassen, angewiesen sein - depend [dɪ'pend]
sich wehtun - hurt [hɜ:t]
sich weigern, ablehnen - refuse [rɪ'fju:z]
sich zeigen - show up [ʃoʊ ʌp]
sich zuwenden - turn to [tɜ:n tu:]
sicher, bestimmt - certain ['sɜ:tən]
Sicht - view [vju:]
sie - she [ʃɪ] (sing), they ['ðeɪ] (pl)
Sie (formell) - you [jʊ]
sieben - seven ['sevən]
siebzehn - seventeen [ˌsevn'ti:n]
Sinus - sinus ['saɪnəs]
Sirup - syrup ['sɪrəp]
sitzen - sit [sɪt]
Sitzung - session ['seʃən]
Skalpell - scalpel ['skælpəl]
Skelett - skeleton ['skelɪtən]
so, deswegen - so, therefore ['soʊ | 'ðeəfɔ:]
sofort - immediately [ɪ'mi:dɪətlɪ]
Sohle - sole [soʊl]
solch - such [sʌtʃ]
solche, ähnlich - such, similar [sʌtʃ | 'sɪmələ]
Sonde - probe [proʊb]
Sorge - worry ['wʌrɪ]
sorgsam, aufmerksam - carefully, attentively ['keəfəlɪ | ə'tentɪvlɪ]
Spannung - tension ['tenʃən]
sparen - save [seɪv]
später - later ['leɪtə]
Speiseröhre - esophagus [i:'sɔfəgəs]
Spekulum - speculum ['spekjələm]
Spezialist - specialist ['speʃəlɪst]
Spiegel - mirror ['mɪrə]
Sport, die Athleten - sport, athletics [spɔ:t | æθ'letɪks]
Sporttherapie - physical therapy ['fɪzɪkəl 'θerəpɪ]
sprechen - talk ['tɔ:k]
Spritze - syringe [sɪ'rɪndʒ]
stabil, konstant - steady, stable ['stedɪ | 'steɪbəl]
stabilisieren - stabilize ['steɪbəlaɪz]
Stadium, die Phase - stage [steɪdʒ]
Ständer - stands [stændz]
Standort - location [loʊ'keɪʃən]
stark - strong [strɔŋ]
stärken - strengthen ['streŋθən]
stärker - stronger ['strɔŋgə]
Stärkungsmittel, das Tonikum - restorative, tonic [rɪ'stɔ:rətɪv | 'tɔnɪk]
stehen - stand [stænd]
Stein - stone [stoʊn]
stellen, setzen, legen - lay, to put [leɪ | tə 'pʊt]
sterbend - dying ['daɪɪŋ]
steril - sterile ['steraɪl]
Sterilisation - sterilization [ˌsterəlaɪ'zeɪʃən]
Stethoskop - stethoscope ['steθəskoʊp]
stickig, verstopft - stuffy, congested ['stʌfɪ | kən'dʒestɪd]
Stil - style [staɪl]
stimulieren - stimulate ['stɪmjʊleɪt]
Stirn - forehead ['fɔrɪd]
Stoffwechsel - metabolism [mə'tæbəˌlɪzəm]
Straße - street [stri:t]
streng - strictly ['strɪklɪ]
Struktur - structure ['strʌktʃə]
Stufe - level ['levəl]
Stufen - stairs [steəz]
Stuhl - chair [tʃeə]
Stunde - hour ['aʊə]
Stützapparat, die Fixierung - brace, fixator [breɪs | fɪk'sætə]
subgingival - subgingival [ˌsəb'dʒɪndʒəvəl]
Substanz - substance ['sʌbstəns]
Symptom - symptom ['sɪmptəm]
System - system ['sɪstəm]
Tablett - tablet ['tæblɪt], tray [treɪ]
Tag, 24 Stunden - day, 24 hours [deɪ | 'twentɪ fɔ: 'aʊəz]
Tampon - tampon ['tæmpan]
Tasche - bag [bæg], pocket ['pɔkɪt]
taub werden - become numb [bɪ'kʌm 'nʌm]
Taubheit - numbness ['nʌmnəs]
Teil - part [pɑ:t]
Teller - plate [pleɪt]
Temperatur, das Fieber - temperature, fever ['temprətʃə | 'fi:və]
Test, die Analyse - test, analysis ['test | ə'næləsɪs]
Tetanus - tetanus ['tetənəs]
teuer - expensive [ɪk'spensɪv]
teurer - more expensive [mɔ:r ɪk'spensɪv]

Therapeut - therapist [ˈθerəpɪst]
Therapie - therapy [ˈθerəpɪ]
Thermometer - thermometer [θəˈmɔmɪtə]
tief - deep [diːp]
Tisch - table [ˈteɪbəl]
tolerieren, durchmachen - tolerate, to go through [ˈtɔləreɪt | tə goʊ θruː]
Tomografie - tomography [təˈmɔgrəfɪ]
Tomograph - tomograph [toˈməgraf]
tragen, anziehen - wear, to put on [weə | tə ˈpʊt ɔn]
traumatische Verletzung - traumatic injury [trɔːˈmætɪk ˈɪndʒərɪ]
treffen - meet [miːt]
treffen eine Markierung - hit a mark [hɪt ə mɑːk]
trinken - drink [drɪŋk]
Trockenheit - dryness [ˈdraɪnəs]
Tropfen - drop [drɔp]
trotzdem - however [haʊˈevə]
Trümmer(bruch) - comminuted (fracture) [ˈkɔmɪnjuːtɪd ˈfræktʃə]
Übelkeit - nausea [ˈnɔːsɪə]
üben - practice [ˈpræktɪs]
über - above, over [əˈbʌv | ˈoʊvə], across [əˈkrɔs]
überbleibend - remaining [rɪˈmeɪnɪŋ]
überlasten - overload [ˌoʊvəˈloʊd]
überlastet - overloaded [ˌoʊvəˈloʊdɪd]
überprüfen, untersuchen - check, examine [tʃek | ɪgˈzæmɪn]
überrascht sein - be surprised [bɪ səˈpraɪzd]
überwachen, kontrollieren - monitor, to control [ˈmɔnɪtə | tə kənˈtroʊl]
überweisen, senden - refer, to send [rɪˈfɜː | tə send]
Überweisung, die Verschreibung - referral, prescription [rɪˈfɜːrəl | prɪˈskrɪpʃən]
übrig geblieben - leftover [ˈleftoʊvə]
Übung, die Übungen - exercise, exercises [ˈeksəsaɪz | ˈeksəsaɪzɪz]
Ultraschall - ultrasound [ˈʌltrəsaʊnd]
Ultraschallscanner - ultrasound scanner [ˈʌltrəsaʊnd ˈskænə]
umdrehen - turn around [tɜːn əˈraʊnd]
umfassend - comprehensive [ˌkɔmprɪˈhensɪv]
Umstellung - rearrangement [ˌriːəˈreɪndʒmənt]
unbedeutend - peripheral [pəˈrɪfərəl]
und - and [ænd]
unerfahren - inexperienced [ˌɪnɪkˈspɪərɪənst]
unerfreulich - unpleasant [ʌnˈpleznt]
ungesund, unwohl - unhealthy, unwell [ʌnˈhelθɪ | ʌnˈwel]
unklar - unclear [ʌnˈklɪə]
unmöglich - impossible [ɪmˈpɔsəbəl]
unser - ours [ˈaʊəz]
unsichtbar - invisible [ɪnˈvɪzəbəl]
unten liegen - lie down [laɪ daʊn]
unter - below [bɪˈloʊ], under [ˈʌndə]
Unterarm - underarm [ˈʌndərɑːm]
unterbrechen - interfere [ˌɪntəˈfɪə]
Unterbrechung, die Schwankung - disruption, imbalance [dɪsˈrʌpʃən | ˌɪmˈbæləns]
unterbrochen - disrupted [dɪsˈrʌptɪd]
unterbrochen werden - be disrupted [bɪ dɪsˈrʌptɪd]
Untere - lower [ˈloʊə]
untere Rücken - lower back [ˈloʊə ˈbæk]
Unterkühlung - hypothermia [ˌhaɪpəˈθɜːmɪə]
Unterleibs… - abdominal [æbˈdɔmɪnəl]
unterschreiben - sign [saɪn]
Unterstützung - support [səˈpɔːt]
untersuchen, nah betrachten - examine, to look closely [ɪgˈzæmɪn | tə lʊk ˈkloʊslɪ]
Untersuchung, die Kontrolluntersuchung - examination, check-up [ɪgˌzæmɪˈneɪʃən | ˈtʃekʌp]
Urin - urine [ˈjʊərɪn]
Urinieren - urination [ˌjʊərɪˈneɪʃən]
Urologe - urologist [jʊəˈrɔlədʒɪst]
urologisch - urological [ˌjʊərəʊˈlædʒɪkl]
varikös - varicose [ˈværɪkoʊs]
Vene - vein [veɪn]
Ventil - valve [vælv]
Verband - bandage [ˈbændɪdʒ]
verbessern - ameliorate [əˈmiːlɪəreɪt]
Verbesserung - improvement [ɪmˈpruːvmənt]
verbinden - ligate [ˈlaɪˌgeɪt]
Verbindung, die Rückmeldung - link, feedback [lɪŋk | ˈfiːdbæk]
verbunden - connected, related [kəˈnektɪd | rɪˈleɪtɪd]
Verdauung - digestion [dɪˈdʒestʃən]
Vereinbarung - agreement [əˈgriːmənt]
Verengungen - contractions [kənˈtrækʃənz]

verfahrenstechnisch, in Bezug auf die Behandlung - procedural, relating to treatment [prə'si:dʒərəl | rɪ'leɪtɪŋ tə 'tri:tmənt]
Verfall, die Karies - decay, caries [dɪ'keɪ | 'keəri:z]
vergessen - forget [fə'get]
vergrößern - enlarge [ɪn'lɑ:dʒ]
verkaufen - sell [sel]
verlassen - leave [li:v]
verletzen, beschädigen - injure, to damage ['ɪndʒə | tə 'dæmɪdʒ]
Verletzung, der Schaden - harm, damage [hɑ:m | 'dæmɪdʒ]
verlieren - lose [lu:z]
Verlust - loss [lɔs]
vermeiden - avoid [ə'vɔɪd]
vermissen - miss [mɪs]
vermisst - missing ['mɪsɪŋ]
verpassen, sich zurückziehen - miss, to absent [mɪs | tʊ æb'sent]
verschieben, aufschieben - postpone, to defer [pə'spoʊn | tə dɪ'fɜ:]
verschreiben, anordnen - prescribe, to appoint [prɪ'skraɪb | tʊ ə'pɔɪnt]
Verschreibung - prescription [prɪ'skrɪpʃən]
verschwinden - disappear [ˌdɪsə'pɪə]
Verschwinden - disappearance [ˌdɪsə'pɪərəns]
verschwommene Sicht - blurred vision [blɜ:d 'vɪʒən]
Versicherung - insurance [ɪn'ʃʊərəns]
verstehen - understand [ˌʌndə'stænd]
verstopfen - clogging ['klɔgɪŋ]
verstopft - clogged [klɔgd]
versuchen - try ['traɪ]
verursachen - cause [kɔ:z]
viel - much ['mʌtʃ]
viele, eine Menge - many, a lot ['menɪ | ə lɔt]
vier - four [fɔ:]
vierzig - forty ['fɔ:tɪ]
Vision - vision ['vɪʒən]
Vitamin - vitamin ['vɪtəmɪn]
voll - full [fʊl]
völlig - completely [kəm'pli:tlɪ]
von - from [frɔm]
von Kindern - children's ['tʃɪldrənz]
vor langer Zeit, für eine lange Zeit - long ago, for a long time ['lɔŋ ə'goʊ | fər ə 'lɔŋ 'taɪm]
vorbereiten - prepare [prɪ'peə]
vorbeugen, verhindern - prevent, hinder [prɪ'vent | 'hɪndə]
vorbeugend - preventative [prɪ'ventətɪv]
Vorbeugung, die vorbeugende Behandlung - prevention, preventative treatment [prɪ'venʃən | prɪ'ventətɪv 'tri:tmənt]
Vorderarm - forearm [ˌfɔ:'rɑ:m]
vordere Nasennebenhöhlenentzündung - frontal sinusitis ['frʌntəl ˌsaɪnə'saɪtɪs]
vorne - in front [ɪn frʌnt]
vorschlagen - suggest [sə'dʒest]
vorsichtig - careful ['keəfʊl]
vorübergehend - temporary ['temprərɪ]
vorzeitig - premature ['premətjʊə]
Wachs - wax [wæks]
wählen, zusammenlegen - choose, put together [tʃu:z | 'pʊt tə'geðə]
während - during ['djʊərɪŋ]
wahrscheinlich - probably ['prɔbəblɪ]
Wand - wall [wɔ:l]
Wange - cheek [tʃi:k]
warm - warm [wɔ:m]
warnen - warn [wɔ:n]
warten - wait [weɪt]
warum - why [waɪ]
was, welche/r/s - what, which ['wɔt | wɪtʃ]
waschen - wash [wɔʃ]
Wasser - water ['wɔ:tə]
Wasserstoff - hydrogen ['haɪdrədʒən]
Wechsel - change [tʃeɪndʒ]
wechseln - change [tʃeɪndʒ]
weder, ob - whether, if ['weðə | ɪf]
weich - soft [sɔft]
weil - because [bɪ'kɔz]
weinen - cry [kraɪ]
weiß - white [waɪt]
weißmachend, aufhellend - whitening ['waɪtənɪŋ]
weit - wide [waɪd]
weiter - further ['fɜ:ðə]
weiterverfolgen, der Zweite - follow-up, second ['fɔloʊ ʌp | 'sekənd]
welche - which [wɪtʃ]
welche(r, -s) - which [wɪtʃ]
weniger - less [les]
wenn - if [ɪf], when [wen]
wer - who [hu:]

werden - become [bɪˈkʌm]
Wetter - weather [ˈweðə]
widerrufen, sich erinnern - recall, to remember [rɪˈkɔ:l | tə rɪˈmembə]
wie - how [ˈhaʊ]
wieder - again [əˈgen]
wiederkehren - return [rɪˈtɜ:n]
wieviel - how much [ˈhaʊ ˈmʌtʃ]
Wimper - eyelash [ˈaɪlæʃ]
wir - we [wɪ]
Wirbelsäule - spine [spaɪn]
wird genannt - is called [ɪz kɔ:ld]
wird nötig sein - will be necessary [wəl bɪ ˈnesəsərɪ]
wird sein - will be [wəl bɪ]
wirklich - really [ˈrɪəlɪ]
wissen - know [noʊ]
wo - where [weə]
Woche - week [wi:k]
Wunde - wound [wu:nd]
würde - would [wʊd]
Wurzel - root [ru:t]
Wurzelkanal - root canal [ru:t kəˈnæl]
Zahn - tooth [tu:θ]
Zahn… - dental [ˈdentəl]
Zahnarzt - dental surgeon [ˈdentəl ˈsɜ:dʒən], dentist. [ˈdentɪst]
zahnärztliche Prothetik - prosthodontics [ˌprɑsθəˈdantɪks]
Zahnbelag, die Ablagerung - plaque, deposit [plɑ:k | dɪˈpɔzɪt]
Zahnbohrer - dental drill [ˈdentəl drɪl]
Zahnexkavator - dental excavator [ˈdentəl ˈekskəveɪtə]
Zahnfleisch - gum [gʌm]
Zahnfleischentzündung - gingivitis [ˌdʒɪndʒɪˈvaɪtəs]
Zahnzwischen.. - interdental [ˈɪntəˈdentl]
Zange - forceps [ˈfɔ:seps]
zehn - ten [ten]
Zeichen, das Symptom - sign, symptom [saɪn | ˈsɪmptəm]
Zeigefinger - index finger [ˈɪndeks ˈfɪŋgə]
zeigen - exhibit [ɪgˈzɪbɪt], show [ʃoʊ]
zeigend, entwickelt - showing, developed [ˈʃoʊɪŋ | dɪˈveləpt]
Zeit - time [ˈtaɪm]
Zeit haben - have time [həv ˈtaɪm]
Zeitplan, der Tagesablauf, die Kur - schedule, regimen [ˈʃedju:l | ˈredʒɪmən]
Zeitspanne - period of time [ˈpɪərɪəd əv ˈtaɪm]
zentral - central [ˈsentrəl]
Zentrum, der Herd - center, hearth [ˈsentə | hɑ:θ]
zerdrücken - crush [krʌʃ]
zerreißen - tear up [teər ʌp]
Zerrung - strain [streɪn]
zerstören - destroy [dɪˈstroɪ]
Ziel - goal [goʊl]
ziemlich; eher, lieber; vielmehr - rather [ˈrɑ:ðə]
ZNS (zentrales Nervensystem) - CNS (central nervous system) [ˈsentrəl ˈnɜ:vəs ˈsɪstəm]
zu - to [tu:]
zu Beginn - at the beginning [ət ðə bɪˈgɪnɪŋ]
zu etwas werden - turn to [tɜ:n tu:]
Zucker - sugar [ˈʃʊgə]
zuerst, als Erster - first [ˈfɜ:st]
zuhören / hören - listen / hear [ˈlɪsən hɪə]
Zunge - tongue [tʌŋ]
Zungenkompressor - tongue compressor [tʌŋ kəmˈpresə]
zurückgeben - give back [gɪv ˈbæk], return [rɪˈtɜ:n]
zusammendrücken - compress [kəmˈpres]
zusammenlegen - put together [ˈpʊt təˈgeðə]
zusätzlich - additional [əˈdɪʃənəl], in addition [ɪn əˈdɪʃən]
zusehen, beobachten - watch, to observe [wɔtʃ | tʊ əbˈzɜ:v]
zustimmen - agree [əˈgri:]
Zustimmung - agrees [əˈgri:z]
zuteilen, extrahieren - allocate, to extract [ˈæləkeɪt | tʊ ɪkˈstrækt]
zuverlässig - reliable [rɪˈlaɪəbəl]
zwanzig - twenty [ˈtwentɪ]
zwei - two [ˈtu:]
Zweifel haben, unsicher sein - have a doubt, to be unsure [həv ə daʊt | tə bɪ ʌnˈʃʊə]
Zystoskop - cystoscope [ˈsɪstəˌskəʊp]

Buchtipps

Das Erste Englische Lesebuch für Anfänger Band 1

Zweisprachig mit Englisch-deutscher Übersetzung

Niveaustufen A1 A2

Das Buch enthält einen Kurs für Anfänger und fortgeschrittene Anfänger, wobei die Texte auf Deutsch und auf Englisch nebeneinanderstehen. Die Motivation des Schülers wird durch lustige Alltagsgeschichten über das Kennenlernen neuer Freunde, Studieren, die Arbeitssuche, das Arbeiten etc. aufrechterhalten. Die dabei verwendete Methode basiert auf der natürlichen menschlichen Gabe, sich Wörter zu merken, die immer wieder und systematisch im Text auftauchen. Sätze werden stets aus den im vorherigen Kapitel erklärten Wörtern gebildet. Das zweite und die folgenden Kapitel des Anfängerkurses haben nur jeweils 29 neue Wörter. Audiodateien sind auf www.lppbooks.com/English/FirstEnglishReader_audio/ inklusive erhältlich.

Das Erste Englische Lesebuch für Anfänger Band 2

Zweisprachig mit Englisch-deutscher Übersetzung

Niveaustufe A2

Dieses Buch ist Band 2 des Ersten Englischen Lesebuches für Anfänger. Das Buch enthält einen Kurs für Anfänger und fortgeschrittene Anfänger, wobei die Texte auf Deutsch und auf Englisch nebeneinanderstehen. Die dabei verwendete Methode basiert auf der natürlichen menschlichen Gabe, sich Wörter zu merken, die immer wieder und systematisch im Text auftauchen. Sätze werden stets aus den im vorherigen Kapitel erklärten Wörtern gebildet. Audiodateien sind auf www.lppbooks.com/English/FirstEnglishReaderV2_audio/ inklusive erhältlich.

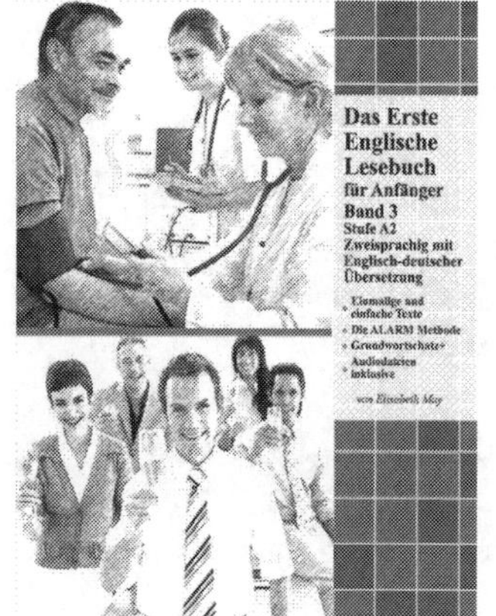

Das Erste Englische Lesebuch für Anfänger Band 3

Zweisprachig mit Englisch-deutscher Übersetzung

Niveaustufe A2

Dieses Buch ist Band 3 des Ersten Englischen Lesebuches für Anfänger. Das Buch enthält einen Kurs für Anfänger und fortgeschrittene Anfänger, wobei die Texte auf Deutsch und auf Englisch nebeneinanderstehen. Die dabei verwendete Methode basiert auf der natürlichen menschlichen Gabe, sich Wörter zu merken, die immer wieder und systematisch im Text auftauchen. Sätze werden stets aus den im vorherigen Kapitel erklärten Wörtern gebildet. Audiodateien sind auf www.lppbooks.com/English/FirstEnglishReaderV3_audio/ inklusive erhältlich.

Das Zweite Englische Lesebuch

Zweisprachig mit Englisch-deutscher Übersetzung

Niveaustufen A2 B1

Das Zweite Englische Lesebuch ist ein zweisprachiges Buch für die Stufen A2 B1. Dieses Buch ist bestens für Sie geeignet, wenn Sie bereits Erfahrung mit der englischen Sprache haben. Das Buch ist nach der A-LARM-Methode aufgebaut. Neue Worte werden im Buch von Zeit zu Zeit wiederholt, dadurch können Sie sich leichter an sie erinnern. Sie werden den englischen Wortschatz ohne Probleme erlernen, dabei helfen Ihnen die deutschen Übersetzungen und Paralleltexte. Audiodateien sind auf www.lppbooks.com/English/SecondEnglishReader_audio/ inklusive erhältlich.

Das Erste Englische Lesebuch für Kinder und Eltern

Zweisprachig mit Englisch-deutscher Übersetzung

Niveaustufe A1

Das Buch enthält einen Anfängerkurs für Kinder, wobei die Texte auf Deutsch und auf Englisch nebeneinanderstehen. Die dabei verwendete Methode basiert auf der natürlichen menschlichen Gabe, sich Wörter zu merken, die immer wieder und systematisch im Text auftauchen. Sätze werden stets aus den im vorherigen Kapitel erklärten Wörtern gebildet. Mit dem ersten Kapitel gibt es Bilder und die ersten einfachen Vokabeln, aus welchen verschiedene Sätze gebildet wurden. Mit dem zweiten Kapitel kommen die nächsten Bilder und Vokabeln hinzu, bis im Laufe des Buches aus zusammengewürfelten Sätze, kleine Geschichten werden. Einfache Texte und ein ausgewählter und dosierter Grundwortschatz führen den Lernenden behutsam in die englische Sprache ein. Audiodateien sind auf www.lppbooks.com/English/DasErsteEnglischeLesebuchfürKinderund Eltern/ inklusive erhältlich.

Das Erste Englische Lesebuch für Kaufmännische Berufe und Wirtschaft

Zweisprachig mit Englisch-deutscher Übersetzung

Niveaustufen A1 A2

Der Inhalt des Buches ist aufgeteilt in 25 Kapitel, die auf die Stufen A1 und A2 des gemeinsamen europäischen Referenzrahmen vorbereiten sollen. In jedem Kapitel wird eine Anzahl an Vokabeln vermittelt, die anschließend direkt in kurzen, einprägsamen Sätzen und Texten veranschaulicht werden. Dabei handelt es sich durchgehend um alltagstaugliches Material für Berufssituationen wie Telefonate, Besprechungen, Geschäftsreisen und Geschäftskorrespondenz. Die Übungen bauen logisch aufeinander auf, sodass die Texte allmählich komplexer werden. Audiodateien sind auf www.lppbooks.com/English/FirstBusinessReader/ inklusive erhältlich.

Das Erste Englische Lesebuch für Medizinische Fachangestellte

Zweisprachig mit Englisch-deutscher Übersetzung
Niveaustufen A1 A2

Bei diesem Lehrbuch handelt es sich um ein Lesebuch für medizinische Fachangestellte, und dementsprechend behandeln die Lektionstexte und Vokabeln auch Themen wie Patientengespräche, Diagnostik, die Beschreibung von Symptomen und vieles mehr, was man im Kontakt mit Ärzten und Patienten braucht. Die Lektionen sind in mehrere Blöcke unterteilt: Vokabelliste mit Lautschrift und Übersetzung, kurze Übungsdialoge und zweisprachige Texte und meistens im Anschluss einige Verständnisfragen zu den Gesprächsinhalten. Im Anhang finden sich Vokabellisten mit wichtigen Adjektiven, Eigenschaftswörtern, Gegenteilspaaren und irregulären Verben. Audiodateien sind auf www.lppbooks.com/English/FirstMedicalReader/ inklusive erhältlich.

Das Erste Englische Lesebuch für Studenten

Zweisprachig mit Englisch-deutscher Übersetzung
Niveaustufen A1 A2

Das Buch enthält einen Kurs für Anfänger und fortgeschrittene Anfänger, wobei die Texte auf Deutsch und auf Englisch nebeneinander stehen. Die Dialoge sind praxisnah und alltagstauglich. Die dabei verwendete Methode basiert auf der natürlichen menschlichen Gabe, sich Wörter zu merken, die immer wieder und systematisch im Text auftauchen. In jedem Kapitel wird eine Anzahl an Vokabeln vermittelt, die anschließend direkt in kurzen, einprägsamen Texten und Dialogen veranschaulicht werden. Audiodateien sind auf www.lppbooks.com/English/SuG/ erhältlich.

Das Englische Lesebuch zum Kochen

Zweisprachig mit Englisch-deutscher Übersetzung
Niveaustufen A1 A2

Lernt man eine Sprache, hilft die Bekanntheit mit einem Thema, eine Verbindung zwischen zwei Sprachen herzustellen. Das Englische Lesebuch zum Kochen stellt die Wörter und Sätze sowohl in Englisch als auch in Deutsch zur Verfügung. Fünfundzwanzig Kapitel sind in Themen und Inhalte bezüglich Kochen und Nahrung gegliedert. Rezeptanleitungen, zusammen mit leichten Fragen und Antworten, zeigen den Gebrauch dieser Wörter und Sätze. Es könnte Ihren Appetit anregen oder Englischlernenden wie Ihnen helfen, ihre Kenntnis in einem bekannten Umfeld der Küche zu verbessern. Audiodateien sind auf www.lppbooks.com/English/DELKv1/ inklusive erhältlich.

Erste Englische Fragen und Antworten für Anfänger

Zweisprachig mit Englisch-deutscher Übersetzung
Niveaustufen A1 A2

Das Buch enthält einen Kurs für Anfänger und fortgeschrittene Anfänger, wobei die Texte auf Deutsch und auf Englisch nebeneinander stehen. Die Lektionen sind in mehrere Blöcke unterteilt: Vokabelliste mit Übersetzung, zweisprachige Texte, und Verständnisfragen zu den Gesprächsinhalten. Das Buch enthält viele Beispiele für Fragen und Antworten im Englischen. Die dabei verwendete Methode basiert auf der natürlichen menschlichen Gabe, sich Wörter zu merken, die immer wieder und systematisch im Text auftauchen. Sätze werden stets aus den im vorherigen Kapitel erklärten Wörtern gebildet. Audiodateien sind inklusive auf www.lppbooks.com/English/Englische_Fragen/ erhältlich.

Das Erste Englische Lesebuch für Familien

Zweisprachig mit Englisch-Deutscher Übersetzung
Niveaustufen A1 A2

Das Buch enthält eine Darstellung der englischen Gespräche des täglichen Familienlebens, wobei die Texte auf Englisch und auf Deutsch nebeneinander stehen. Die Lektionen sind in mehrere Blöcke unterteilt: Vokabelliste für den täglichen Gebrauch, zweisprachige Texte, und Verständnisfragen zu den Gesprächsinhalten. Die dabei verwendete ALARM-Methode basiert auf der natürlichen menschlichen Gabe, sich Wörter zu merken, die immer wieder und systematisch im Text auftauchen. Sätze werden stets aus den im vorherigen Kapitel erklärten Wörtern gebildet. Audiodateien sind auf www.lppbooks.com/English/EELF inklusive erhältlich.

Thomas's Fears and Hopes

Plain Spoken English with Idioms
Bilingual for Speakers of German
Pre-intermediate Level B1

Thomas war zu seines Vaters Beerdigung nach Georgia heimgekehrt. Er wurde informiert, dass er das ganze Vermögen bekommen würde, denn er war ein Einzelkind. Da passierten einige Ereignisse, die ihm eine Furcht einjagten. Die Audiodateien sind auf www.lppbooks.com/English/PlainSpokenEnglish_audio/ inklusive erhältlich.

Fremde Wasser

Zweisprachig mit Englisch-deutscher Übersetzung

Stufe B2

Mitgründer eines Zwei-Mann-Unternehmens zu sein hat seine Vor- und Nachteile. Das kalte Wasser der Selbsttätigkeit ist aber nicht für jedermann geeignet. Die Audiodateien sind auf www.lppbooks.com/English/BusinessStartupEndeavor_audio/ inklusive erhältlich.

Das Erste Touristische Lesebuch für Anfänger

Zweisprachig mit Englisch-Deutscher Übersetzung

Niveaustufe A1

Das Lesebuch ist ein Kurs für Anfänger, wobei die Texte auf Deutsch und auf Englisch nebeneinanderstehen. Es ist der ideale Begleiter für alle, die Sprachen unterwegs lernen wollen. Das Buch enthält am häufigsten gebrauchten Wörter, einfache Sätze und Redewendungen, um sich schnell zu verständigen. Die dabei verwendete Methode basiert auf der natürlichen menschlichen Gabe, sich Wörter zu merken, die immer wieder und systematisch im Text auftauchen. Sätze werden stets aus den im vorherigen Kapitel erklärten Wörtern gebildet. Audiodateien sind auf www.lppbooks.com/English/ETLA inklusive erhältlich.

Who lost the money? Wer verlor das Geld?

First English Reader for Beginner and Elementary Level

Das Erste Englische Lesebuch für Stufen A1 A2

Zweisprachig mit Englisch-Deutscher Übersetzung

Der erste Teil des Buches erklärt mit Beispielen den grundlegenden Satzbau der englischen Sprache, wobei die Texte auf Englisch und auf Deutsch für einen leichteren Einsicht nebeneinander stehen. Der zweite Buchteil, der auch aus einfachen Sätzen zusammengestellt ist, stellt einen Krimi dar. Die dabei verwendete ALARM-Methode basiert auf der natürlichen menschlichen Gabe, sich Wörter zu merken, die immer wieder und systematisch im Text auftauchen. Sätze werden stets aus den im vorherigen Kapitel erklärten Wörtern gebildet. Die Audiodateien sind auf www.lppbooks.com/English/WLM/ inklusive erhältlich.

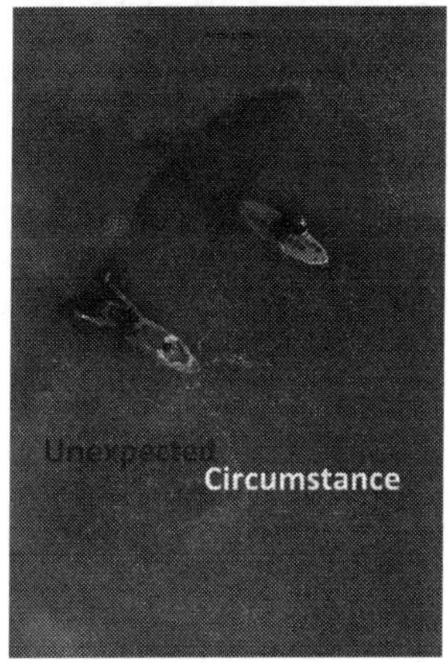

Unexpected Circumstance

Zweisprachig mit Englisch-Deutscher Übersetzung

Niveaustufe B2

Die forensische Wissenschaft war eine von Damien Morins Leidenschaften. Inzwischen betraf das erste wirkliche Verbrechen, dass er untersuchte, seine eigene Vergangenheit. Die Audiodateien sind auf www.audiolego.com/English/Lopez/ inklusive erhältlich.

Zeitfracht Medien GmbH
Ferdinand-Jühlke-Straße 7
99095 Erfurt, Deutschland
produktsicherheit@kolibri360.de